古代歷史文化 研究 輯刊

十八編

王明蓀 主編

第 **3** 冊

東周青銅禮器制度研究
——以中原和楚地爲中心（下）

張聞捷 著

國家圖書館出版品預行編目資料

東周青銅禮器制度研究——以中原和楚地為中心（下）／張聞捷
著 — 初版 — 新北市：花木蘭文化事業有限公司，2017〔民
106〕
目 4+184 面；19×26 公分
（古代歷史文化研究輯刊 十八編：第 3 冊）
ISBN 978-986-485-182-9（精裝）
1. 青銅器　2. 禮器　3. 東周
618　　　　　　　　　　　　　　　　　　106014289

ISBN-978-986-485-182-9

9 789864 851829

古代歷史文化研究輯刊
十八編　第 三 冊　　　　　　ISBN：978-986-485-182-9

東周青銅禮器制度研究
—— 以中原和楚地爲中心（下）

作　　者　張聞捷
主　　編　王明蓀
總 編 輯　杜潔祥
副總編輯　楊嘉樂
編　　輯　許郁翎、王筑　美術編輯　陳逸婷
出　　版　花木蘭文化事業有限公司
社　　長　高小娟
聯絡地址　235 新北市中和區中安街七二號十三樓
　　　　　電話：02-2923-1455 ／傳眞：02-2923-1452
網　　址　http://www.huamulan.tw 信箱 hml810518@gmail.com
印　　刷　普羅文化出版廣告事業
初　　版　2017 年 9 月
全書字數　294974 字
定　　價　十八編 18 冊（精裝）台幣 36,000 元　　　　　版權所有·請勿翻印

東周青銅禮器制度研究
——以中原和楚地爲中心（下）

張聞捷　著

目

次

上　冊

第一章　前　言 ……………………………………………… 1

　第一節　東周青銅禮器的考古發現與研究簡史 …… 4

　　一、傳統經學、金石學研究 ……………………… 4

　　二、清末、民國時期的研究 ……………………… 9

　　三、建國後至八十年代末的研究 ……………… 11

　　四、九十年代以後的研究 ……………………… 20

　第二節　研究目的與方法 ……………………… 26

　第三節　相關問題說明 ………………………… 29

第二章　東周青銅禮器的分類與分期 ……………… 33

　第一節　東周時期的典型銅器群 ……………… 33

　　一、中原地區 ……………………………………… 33

　　二、南方楚文化區 ……………………………… 43

　第二節　青銅禮器的類型學分析 ……………… 50

　　一、中原地區 ……………………………………… 50

　　二、南方楚文化區 ……………………………… 60

　小　結 ……………………………………………… 66

第三章　犧牲之盛：鼎的使用制度 ······················ 69
　第一節　鼎實與鼎的類別 ·························· 70
　　一、正鼎 ······································ 70
　　二、鑊鼎 ······································ 76
　　三、陪鼎與鉶鼎 ································ 78
　第二節　鼎制組合 ································ 80
　第三節　中原地區用鼎制度 ···················· 86
　　一、西周古制 ·································· 86
　　二、春秋中晚期的用鼎制度 ················ 89
　　三、戰國時期的用鼎制度 ·················· 94
　第四節　楚國用鼎制度 ························ 99
　小　結 ·· 107

第四章　粢盛：簋、簠、盨、敦的使用制度 ······· 109
　第一節　中原地區粢盛器制度 ················ 110
　第二節　楚國粢盛器制度 ···················· 117
　餘論：壽縣楚王墓的禮器組合 ·············· 129
　　一、考烈王器 ································ 130
　　二、王后、太后器 ·························· 130
　　三、太子器 ·································· 132
　　四、幽王器 ·································· 132
　　五、其他銅器 ································ 137
　小　結 ·· 139

第五章　庶羞之盛：豆的使用制度 ················ 141
　第一節　豆的分類與功能 ···················· 142
　　一、登 ······································ 142
　　二、豆與籩 ·································· 143
　第二節　中原地區銅豆制度 ·················· 147
　　一、銅豆的考古發現 ························ 147
　　二、與文獻記載的對照 ······················ 152
　第三節　楚墓中的用豆制度 ·················· 154
　小　結 ·· 159

第六章　酒醴之盛：方壺與圓壺的使用制度 ······· 161
　第一節　西周時期的方壺、圓壺及其器用制度 ··· 162

第二節　春秋時期的酒器制度 ……………………… 169

第三節　戰國時期的酒器制度 ……………………… 174

　　一、中原地區 ……………………………………… 174

　　二、南方楚文化區 ………………………………… 177

第四節　三禮中有關酒器使用的記載 ……………… 179

小　結 ………………………………………………… 182

下　冊

第七章　沃盥之盛：洗罍、盤匜的使用制度 ……… 185

第一節　盥洗器的類別 ……………………………… 185

第二節　鑒與洗 ……………………………………… 193

第三節　兩套盥洗器制度 …………………………… 196

小　結 ………………………………………………… 200

餘論：楚國北部地方的青銅禮器使用制度——

　　　中原與楚地的禮制文化交流物證 ………… 203

　　一、九連墩楚墓的葬器制度 …………………… 204

　　二、楚國北部地區貴族墓葬的葬器制度 ……… 216

　　三、小結 ………………………………………… 224

第八章　青銅器組合變化與禮制革新 …………… 225

第一節　西周古制 …………………………………… 226

第二節　春秋時期的器用制度 ……………………… 230

　　一、中原地區與楚文化區 ……………………… 230

　　二、關中地區 …………………………………… 236

第三節　戰國時期的器用制度 ……………………… 238

第四節　周代祭祀儀式的變革 ……………………… 240

小　結 ………………………………………………… 247

第九章　東周青銅禮器的今古式制度 …………… 249

第一節　今古式銅器的考古發現 …………………… 250

第二節　尊古與重今的思潮 ………………………… 261

第三節　文與質的討論 ……………………………… 264

小　結 ………………………………………………… 269

第十章　東周青銅禮器的稱名制度 ……………… 271

第一節　寶器與尊器 ………………………………… 272

第二節　媵器 ··· 282

第三節　食器 ··· 286

第四節　行器 ··· 294

第五節　用器、弄器 ··· 298

小　結 ··· 301

第十一章　從「敬神」到「事鬼」——青銅禮器
　　　　　的變革與周代貴族生死觀的變遷 ········ 303

第一節　西周時期的生死觀 ···································· 304

第二節　春秋時期的生死觀 ···································· 307

第三節　戰國時期的生死觀 ···································· 315

小　結 ··· 322

第十二章　漢淮、吳越地區青銅禮制初論 ··········· 325

第一節　漢淮地區青銅禮器制度 ···························· 325

第二節　吳越地區青銅禮器制度 ···························· 333

小　結 ··· 338

結　語 ··· 339

參考文獻 ··· 347

第七章 沃盥之盛：洗罍、盤匜的使用制度

　　在周代青銅彝器中，有一類專用於盥、洗的器具，如洗、罍、盤、匜等。盥即是盥手，洗則洗爵、觶等酒具。其不僅頻繁見於禮經所載，亦多出現在周代的貴族墓葬之中。所以系統地整理此類器物的考古資料並進而與禮經中記載的使用法則相互對照，將有助於瞭解周代相關銅器的定名、功能與器用制度。

第一節　盥洗器的類別

　　自西周中期以來，貴族墓葬中開始普遍出現以盤、盉爲主的盥洗器組合，且數量均爲一件。像陝西長安斗門鎮普渡村長由墓〔註1〕、扶風莊白白家村西周墓〔註2〕、河南平頂山應國墓地 M84〔註3〕、三門峽虢國墓地 M2006 孟姞墓〔註4〕等。這種搭配亦在銘文中多有所見，如三年衛盉銘「衛用作朕文考惠孟寶盤」（董家村窖藏），西周晚期王盉銘「王作豐妊單寶盤盉」（《集成》‧9438），

〔註1〕　陝西省文物管理委員會：《長安普渡村西周墓的發掘》，《考古學報》1957年第1期。

〔註2〕　陝西周原考古隊：《陝西扶風莊白一號西周青銅器窖藏發掘簡報》，《文物》1978年第3期。

〔註3〕　河南省文物考古研究所等：《平頂山應國墓地八十四號墓發掘簡報》，《文物》1998年第9期。

〔註4〕　河南省文物考古研究所等：《上村嶺虢國墓地 M2006 的清理》，《文物》1995年第1期。

函皇父盤銘「函皇父作琱（匜銘作周）妘盤盉尊器，鼎簋一具……」（《錄遺》·497）等。至此，周代青銅彝器中的樂器、食器、酒器、水器的基本組合已臻於完善。

到西周偏晚階段，盉又逐漸被匜取代，並成爲東周之後的定制。盤、匜不僅普及於各級別貴族墓葬內，文獻中也有大量關於用盤匜盥手禮節的細緻描述。如《儀禮·士虞禮》記載：「匜水錯於槃中，南流，在西階之南，簞巾在其東。」對於宗廟中盤、匜的擺放位置均有著嚴格的限定。而且，用盤、匜盥手後還需要用巾擦乾，如果直接揮手的話會被認爲是無禮的表現，《左傳·僖公二十三年》載：「（公子重耳在秦國時）秦伯納女五人，懷嬴與焉，奉匜沃盥，既而揮之」，懷嬴自然要勃然大怒了。

不過，除盤、匜之外，從春秋中期開始另兩種青銅水器也逐漸被納入到禮制組合中來：鑒和罍。「罍」之名主要來源於青銅器銘文，如春秋晚期的「邵伯夏子罍」（《集成》·10006），斂口、直頸、折肩、鼓腹、平底，盛行於中原地區的高級別貴族墓葬中。《儀禮》一書中也十分多見，且均爲盛水之用。南方楚國境內則稱爲「浴缶」或「盥缶」，形制、功能相近（見圖 7）。「鑒」亦有青銅器自銘可證其形制，如壽縣蔡侯墓中的吳王光薦鑒（圓形）、吳王夫差御鑒（方形）、美國弗利爾美術館收藏的「智君子弄鑒」等，均爲敞口、深腹器，平底或帶圈足，頸腹部多有鋪首銜環耳，口徑在 50-75 釐米之間。

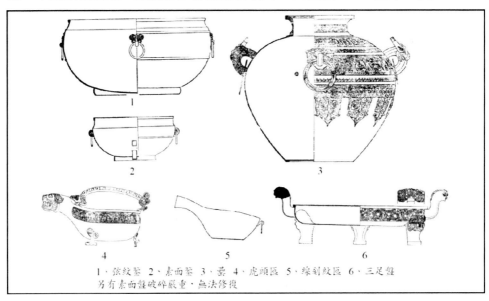

圖 41：山西太原 M251 趙卿墓出土盥洗器

　　但從出土資料以及典籍記載來看，這一時期鑒主要是與酒器壺搭配使用的。如山西太原金勝村 M251 趙卿墓（春戰之交）中〔註5〕，4 件方壺出土時即分別置於 4 件附耳夔鳳紋銅鑒內（M251：582、627、630、637）；曾侯乙墓中的兩件鑒缶（C.139、C.141）也是銅方鑒之內各置一件方尊缶，而且與尊盤、聯禁大壺等酒器一起被放置在中室中部偏東位置〔註6〕；壽縣蔡侯墓中的圓鑒缶、方鑒缶亦皆是如此，並且鑒腹壁內有四環紐恰與尊缶腹部的四環相連接〔註7〕。關於這一類鑒的功能，學界多認為是盛冰之器，應是沒有問題的。《周禮・天官・凌人》即有：「春始治鑒，凡外內饗之膳羞鑒焉，凡酒漿之酒醴亦如之。」鄭注云：「鑒如甄，大口，以盛冰，置食物於中，以御溫氣，春始治之。」無怪乎《墨子・節葬》：「鼎鼓幾梴，壺濫（鑒）戈劍」、《呂氏春秋・節喪》：「鍾鼎壺濫（鑒）」、《呂氏春秋・慎勢》：「功名著乎盤盂，銘篆著乎壺鑑」等戰國文獻均是將壺與鑒連稱，足見二者關係密切，似乎很難將其與盥洗儀節聯繫在一起。

　　而且，春秋時期的銅鑒出土寥寥無幾，並多集中於公卿級別墓葬中，鑒和罍的搭配也並不固定。像上馬 M1004（5 鼎）中有 2 罍而無鑒（亦無壺），M5218（5 鼎）中有 2 鑒卻無罍，同時 2 件銅壺出土時一件置於鑒內（M5218：6、7），另一件側翻於鑒旁（M5218：1、4）〔註8〕；又如長治分水嶺 M269（5 鼎）內，鼎、鬲、敦、簠等均位於墓葬中部偏西、棺槨的一側。而 2 件方壺和 1 件銅鑒則單獨位於墓葬的東南、棺槨足部；M270（5 鼎）則有罍而無鑒〔註9〕；此外，洛陽中州路 M4、M115、M2729 等均是有罍而無鑒〔註10〕。

　　由此可以說明，鑒在春秋時期的中原地區似並不具備盥洗的功能，而只是一種高級貴族們的「生活奢侈品」——盛冰鎮酒之器。真正將鑒用於盥洗場合的恐怕是南方楚人的習俗。如春秋中晚期的淅川下寺二號墓中，鼎、簋、

〔註5〕　山西省考古研究所等：《太原晉國趙卿墓》，文物出版社，1996 年。

〔註6〕　湖北省博物館：《曾侯乙墓》，中國社會科學院考古研究所編，文物出版社，1989 年。

〔註7〕　安徽省文物管理委員會等：《壽縣蔡侯墓出土遺物》，中國科學院考古研究所編輯，科學出版社，1956 年；陳夢家：《壽縣蔡侯墓銅器》，《考古學報》1956 年第 2 期。

〔註8〕　山西省考古研究所編：《上馬墓地》，文物出版社，1994 年。

〔註9〕　山西省考古研究所等：《長治分水嶺東周墓地》，文物出版社，2010 年。

〔註10〕　中國社會科學院考古研究所編著：《洛陽中州路（西工段）》，科學出版社，1959 年。

鬲、簠、豆、尊缶等酒食器均位於椁室內的北部，樂器則在東側，鑑（M2：50）、浴缶（M2：51、55）、盤（M2：52）、匜（M2：53）等一起位於椁室的中部，很顯然它們是作爲一套盥洗器具被擺放在一起的〔註11〕。徐家嶺九號墓中兩件尊缶（M9：17、142）出土時位於墓室東北部的「銅盆」（M9：143）內，而銅鑑（M9：26）和浴缶（M9：41、162）、盤、匜（M9：44、45）一起位於椁室中部，亦表明這件鑑不是用於和尊缶搭配而是作爲盥洗器使用的〔註12〕。曾侯乙墓中除去中室中部偏東位置的二鑑缶外另有二鑑、四盥缶和盤、匜一起放置於中室的西南角，也應是屬於盥洗器具〔註13〕。

所以，楚系墓葬中的鑑、浴缶、盤、匜的水器組合遠比中原地區成熟和固定，劉彬徽先生認爲「鑑是屬於中原文化系統的器類，浴缶是南方楚文化系統的器物」（《楚系青銅器研究》），無疑是十分正確的，不過若再考慮到浴缶最早於春秋中期偏早階段即已在南方大量出現，而中原地區作爲水器的鑑則集中於春秋偏晚時期且十分稀少，是否可以進一步推斷中原地區的鑑其實是在浴缶影響下被改造出來的一種新的器類呢？類似的經過改造的楚式浴缶在江蘇吳縣、廣東清遠、四川新都等地的墓葬中都有發現（形制略有不同）〔註14〕。也即是說，中原地區的鑑、鑑組合很可能是仿傚自楚人（均分佈於和楚國毗鄰的地區）。而這種外來的文化習俗此時還只是停留於流動性和文化交流更強的上層貴族間，尚難以向整個社會迅速普及。

到了戰國之後，中原地區的貴族們也逐漸將鑑納入到盥洗器組合中來。像上述山西太原趙卿墓中，除去與方壺搭配使用的 4 件附耳夔鳳紋鑑外，另有一件弦紋「鑑」（M251：531）和一件素面「鑑」（M251：622），器形相同，但弦紋「鑑」容積較大，口徑 45.5、通高 23.8 釐米，器體厚重（9.5 公斤），且腹部有弦紋裝飾以及四個鋪首銜環；而素面「鑑」形體較小，口徑 26.5、通高 13.5 釐米，重僅 2.6 公斤，且肩部爲兩簡略環形耳。恰好此墓中出土的盤、匜亦有兩套，且也分爲有紋飾和素面兩種，正與此兩類「鑑」相對應，

〔註11〕河南省文物研究所等：《淅川下寺春秋楚墓》，文物出版社，1991年。

〔註12〕河南省文物考古研究所等編著：《淅川和尚嶺與徐家嶺楚墓》，大象出版社，2004年。

〔註13〕湖北省博物館：《曾侯乙墓》，中國社會科學院考古研究所編，文物出版社，1989年。

〔註14〕劉彬徽：《論東周青銅缶》，《考古》1994年第10期；《楚系青銅器研究》，210頁，湖北教育出版社，1995年。

所以是否可以認爲這兩件「鑒」與盤、匜一起組成了兩套盥洗用具呢，其中一套器形較大，厚重，裝飾華麗（M251：531、614、538），而另一套則器形較小，素面，胎薄（M251：622、540、615）？

　　同樣的現象也見於戰國初年的山彪鎮 M1 中。根據郭寶鈞先生介紹，墓內「西北隅大致是鼎彝之屬；西南隅大致是壺鑑之屬；簠簋尊豆皆在西壁下；鍾鎛石磬等皆在南壁下。」可見壺鑒連用仍是延續春秋以來的傳統做法。不過除此兩件精美的水陸攻戰紋附耳銅鑒（M1：28、56，口徑 54.6 釐米）外，另有一件形制相近但容積較小的印製花紋銅「鑒」（M1：43），雙耳無垂環，平底，無圈足，口徑 32.8～36.9 釐米，可能即是用於盥洗儀節的，只不過與其配套的罍（M1：107、108）則已經改用陶製了〔註15〕。類似的小「鑒」在山西長子 M7 中亦有兩件，可惜皆已殘損，形制、尺寸不明〔註16〕。另如山西長治分水嶺 M12 中，兩件銅方壺出土時即分置於墓壙東南角的兩鑒內，而另有一「鑒」單獨位於列鼎與槨之間（墓室東側），與盤並列，很顯然是與盤、匜一起使用的盥洗器具，但簡報中卻也並未提及其形制的差別。

　　但在山西潞城潞河 M7 中，出土的 4 件銅「鑒」則保存完好（圖42），分爲兩式，Ⅰ式略大，口徑 52、通高 27.6 釐米，頸腹兩側附一對獸面鋪首環形耳；Ⅱ式口徑 38、通高 19 釐米，頸腹兩側爲一對獸面鋪首銜環、無耳〔註17〕。對比以上諸多材料可以發現，頸腹兩側帶有兩至四個鋪首銜環附耳的銅鑒均是與壺搭配使用的，而此僅有兩至四個鋪首銜環（無耳）或兩個簡化無垂環耳的小型銅「鑒」則是與罍、盤、匜一起使用的盥洗器。這種形態上的區別恐怕正是由於鑒在戰國時期的中原地區被分化出了盥洗器的功能後，才被特意「創造」出來的。而在更加偏北的趙國地域，這種區別又會換用爲一種不同的形式來體現。像河北邯鄲百家村 M3 中，2 件陶鑒爲平唇、假圈足，近口處有四個半圓形繫鈕；而另兩件形制相近但稱爲「盆」的陶器則是在器口稍下一端突出一個獸頭流〔註18〕。

〔註15〕郭寶鈞著：《山彪鎮與琉璃閣》，中國科學院考古研究所編輯，科學出版社，1959 年。

〔註16〕山西省考古研究所：《山西長子縣東周墓》，《考古學報》1984 年第 4 期。

〔註17〕山西省考古研究所等：《山西省潞城縣潞河戰國墓》，《文物》1986 年第 6 期。

〔註18〕河北省文化局文化工作隊：《河北邯鄲百家村戰國墓》，《考古》1962 年第 12 期。

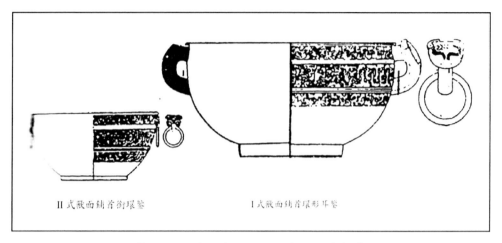

II 式獸面鋪首銜環鑒　　　　　　　I 式獸面鋪首環形耳鑒

圖 42：山西潞城潞河 M7 出土兩式銅鑒

更爲特別的是，戰國時期一些下層貴族或庶民們也開始刻意地模仿這種特殊的盥洗器組合。在山西長治分水嶺墓地（韓）中十分流行一種奇特的水器組合形式（圖 43）：兩「盤」一匜〔註 19〕。兩件盤形制略異且大小不一，如分水嶺 M132 中一件盤帶三足，口徑 23 釐米。而另一件爲雙耳圈足，口徑 15.8 釐米；M151 一件盤鼓腹弧收，口徑 14 釐米。而另一件直腹折收，口徑 18.8 釐米；M122 則又是一件圈足盤（口徑 17.6 釐米）和一件鼓腹弧收盤（口徑 14.7 釐米）共存。類似的情況亦大量見於 M10、M41、M56、M170 等墓葬之中（記 39 座）。同時，在這些墓葬中還均有一件單獨放置的「壺」出土，如分水嶺 M97：18、M170：43、M56：22、M122：3、M141：11、M155：6、M160：2、M106：2、M83：6 等，與同墓中作爲盛酒器的壺偶數配置不同，形制也判然有別：壺均器身瘦高，侈口，束頸，弧腹略外鼓，多有蓮花形或尖頂斗笠形蓋；此則器身矮胖，無蓋，短頸，聳肩鼓腹，與銅罍形制十分接近。

很顯然，這與上述鑒、罍、盤、匜的組合頗有相似之處，只是器形不甚規範而已。然而，由於這種組合的「外來性」（源於楚制），其所受到的「阻力」也是顯而易見的。一個很典型的例子就是在遠離楚國的河北平山 M1 中山墓中，雖然其銅、陶禮器如鼎、豆、壺等幾乎完全採用了中原禮制，但盥洗器中就無鑒、罍而僅有盤、匜〔註 20〕。

〔註 19〕 山西省考古研究所等：《長治分水嶺東周墓地》，文物出版社，2010 年。
〔註 20〕 河北省文物研究所：《䚇墓——戰國中山國國王墓》，133 頁，文物出版社，1995 年。

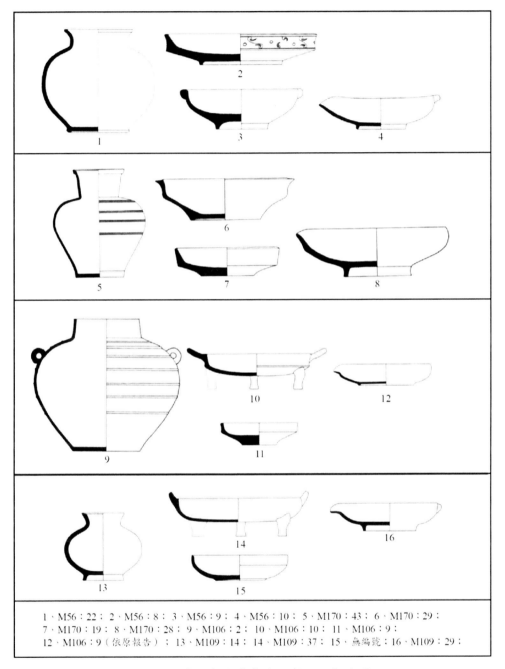

1、M56：22；2、M56：8；3、M56：9；4、M56：10；5、M170：43；6、M170：29；
7、M170：19；8、M170：28；9、M106：2；10、M106：10；11、M106：9；
12、M106：9（依原報告）；13、M109：14；14、M109：37；15、無編號；16、M109：29；

圖 43：長治分水嶺墓地兩盤一匜組合圖

　　而造成這種「阻力」的另一方面原因是，在趙、魏及其偏北地域內廣泛
流行一種鳥柱盤、筒形器的水器組合。例如上述戰國中山王䚔墓即分別出土
了一件銅鳥柱盤（東庫）和一件陶鳥柱盤（西庫），正與東、西庫內的銅、陶

盤、匜各自對應。出土時器上既無煙薰、油污，也無食物痕跡，內中遺跡也表明曾作爲水器使用。並且配以兩件筒形器來盛水，與鳥柱盤、盤、匜一起構成了銅、陶兩套盥洗用具（圖 44）。類似的組合在山西萬榮廟前（1961 年）〔註 21〕、長治分水嶺、邯鄲百家村、陝縣後川〔註 22〕、榆次貓兒嶺〔註 23〕等地戰國時期的墓葬中都十分盛行。邯鄲百家村 M21 中還見到了將鳥柱盤放置在筒形器上的實例，更證明了二者之間的密切關聯〔註 24〕。

目前對於這種組合的來源還並不清楚，有學者指出太原趙卿墓出土的素面鑒的底部正中有一帶方空心的方柱體，與鳥柱盤中心的圓柱十分接近，因此認爲其可能是鳥柱盤的雛形，可惜出土時方柱體上未見到有插入物。而筒形器則與史前時期中國北方地區盛行的筒形罐頗爲類似，不知是否存在一定的淵源關係。但大體可以確定的是，鳥柱盤、筒形器是戰國時候才出現的「新制」，並對「鑒」、「鼉」在中原地區的傳播造成了強大的「阻礙」。

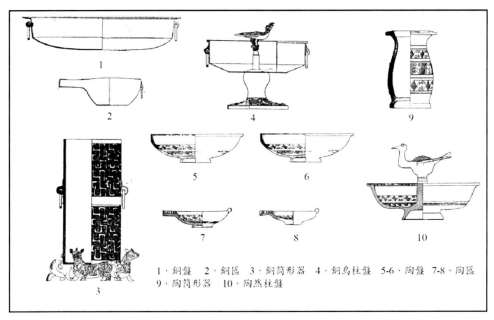

圖 44：戰國中山王鼉墓出土盥洗器

〔註 21〕 山西省考古研究所：《萬榮廟前東周墓葬發掘收穫》，《三晉考古》第一輯，218～250 頁，山西人民出版社，1994 年。

〔註 22〕 中國社會科學院考古研究所編著：《陝縣東周秦漢墓》，科學出版社，1994 年。

〔註 23〕 《1984 年榆次貓兒嶺戰國墓葬發掘簡報》，山西省考古研究所編：《三晉考古》第一輯，266～287 頁，山西人民出版社，1994 年。

〔註 24〕 河北省文化局文化工作隊：《河北邯鄲百家村戰國墓》，《考古》1962 年第 12 期。

不過另一方面，在靠近中原地區的楚墓中偶而也可以見到這種源於北方的特殊的青銅水器，像湖北棗陽九連墩 M2 中就出土了一件「立鳥盆」，口徑41、通高 15.1 釐米，平沿、方唇、圓腹、平底、圈足，盆中立一鳳鳥〔註25〕。

第二節　鑒與洗

如上所述，在戰國時期的中原地區出現了兩種不同形制的「鑒」：一類頸腹兩側帶有兩至四個鋪首銜環附耳，均是與壺搭配使用的，屬於盛冰鎮酒之器；而另一類僅有兩至四個鋪首銜環（無耳）或兩個簡化無垂環耳的小型銅「鑒」，則是與罍、盤、匜一起使用的盥洗器。而禮制文獻中對這一情況也有著十分有趣的歸納和記載。

在《儀禮》書中詳細描述了以下四種盥洗器：洗、罍、盤、匜。

洗，承水器。《儀禮·士冠禮》鄭注稱：「洗，承盥洗者棄水器也。」賈疏：「云『洗，承盥洗者棄水器也』者，謂盥手洗爵之時，恐水穢地，以洗承盥洗水而棄之，故云棄水器也。」洗又分為「庭洗」和「堂洗」兩大類，分別放置在庭中和堂上，也稱為「南洗」和「北洗」（以周代庭在堂南之故）。

「南洗」專為男性而設，一般在庭中東邊屋檐下（阼階東南），旁邊用罍盛水，另一側則有篚（竹筐）以納爵、觶等酒具。如《儀禮·士冠禮》：「夙興，設洗，直於東榮，南北以堂深，水在洗東。」「榮」就是屋翼，「南北以堂深」即「洗北去堂遠近深淺取於堂上深淺，假令堂深二丈，洗亦去堂二丈，以此為度。」又如《儀禮·鄉射禮》：「設洗於阼階東南，南北以堂深，東西當東榮。」後又有「乃設楅於中庭，南當洗，東肆」是亦可證其為庭洗。鄉飲酒、燕禮、大射禮、特牲饋食、少牢饋食禮中皆有類似記載，不一一贅引。凌廷堪《禮經釋例》即云：「凡庭洗設於阼階東南，南北以堂深，天子諸侯當東霤，卿大夫士當東榮，水在洗東。」蓋等級不同房屋結構、名稱亦略有不同，但所指位置其實是一樣的。

周代飲酒分獻、酢、酬、旅酬、無算爵五個主要環節，其中獻（主人敬酒）、酢（客人回敬）、酬（主人自飲以勸客人）均需在進酒之前清洗酒具，

〔註25〕湖北省博物館、深圳博物館編：《劍舞九天——湖北出土楚文物展圖錄》，文物出版社，2010 年。

洗完之後又需盥手（可能因爲拜時雙手著地之故）以致潔淨。由於飲酒在堂而洗在庭中，所以需要「降洗」、「降盥」（從堂中降到庭洗處）後再「升階」（升階兩次）。並且主人和賓客還相互辭、揖讓以示敬禮。但旅酬（眾賓以長幼之序互敬）和無算爵（賓主燕飲，爵行無數，醉而止）時則是不用盥洗的，《儀禮·鄉飲酒禮·記》：「凡旅，不洗。不洗者不祭。」以旅酬、無算爵非敬但盡愛而已。此爲庭洗之用法。

「北洗」在堂，僅主婦和內賓（女性）使用，以「婦人有事不下堂，聖人制禮蓋以明夫婦有別（《儀禮·士昏禮》賈疏）。」凌廷堪《禮經釋例》亦稱：「凡內洗設於北堂上，南北直室東隅，東西直房戶與隅間。」如《儀禮·士昏禮》「舅洗於南洗，姑洗於北洗。」鄭注：「南洗在庭，北洗在堂，設兩洗者，獻、酢、酬以潔清爲敬。」士冠禮醴冠者時贊者洗於房內、士虞禮亞獻主婦洗足爵於房中、特牲饋食禮陰厭主婦盥於房中、少牢饋食禮亞獻主婦洗於房中等，皆是用內洗的例子。

由此可見，周代士以上的貴族在行禮過程中是需要置辦兩件「洗」的，但其形制是否有差別據文獻尚不得而知。

罍，盛水器。《儀禮·士冠禮》：「夙興，設洗，直於東榮，南北以堂深。水在洗東。」鄭注：「水器，尊卑皆用金罍，其大小異。」《儀禮·少牢饋食禮》又有：「司宮設罍水於洗東，有枓。」鄭注：「凡設水用罍，沃盥用枓，禮在此也。」可見盛水的罍中配的是枓來舀水。《儀禮·士喪禮》賈疏云：「枓，酌水器，受五升，方有柄。」《一切經音義》引《說文》稱：「勺，枓也。」即枓和勺是類似的器物。由此可以推測，用洗、罍進行盥手洗爵時應是用枓從罍中取水而澆於手或爵上，棄水則置於洗中。

盤、匜，盥手器。盤亦作槃，金文寫作般，且前多配以「盥」字來表明其用途（如寺公典盤、徐王義楚盤等）。《說文》：「槃，承槃也。」用匜澆水（沃）而以盤承之，故謂之承盤。傳世之器如齊侯盤、史頌盤、魯伯愈父盤、鑄客盤等，皆與匜同出。

《儀禮·士虞禮》：「淳尸盥，執槃，西面。」鄭注：「槃以盛棄水，爲淺污人也。」所以單從功用上考慮，盤其實類似於洗而匜則類似於罍中的枓。不過洗的使用更爲普遍而盤、匜是專爲尊者而設的。《儀禮·公食大夫禮》「設洗如饗」後又有「小臣具槃匜，在東堂下。」鄭注：「爲公盥也，公尊，不就洗。」即公（諸侯）在宴請大夫時，於庭中設洗以爲大夫盥洗之用（「大夫長

盥，洗東南，西面，北上」），而自己因爲身份尊貴所以又在洗旁別設盤、匜進行盥手。類似的記載也見於士虞、特牲饋食和少牢饋食禮中，不過皆是爲尸而設，同樣以尸尊之故（象徵祖先）。如《儀禮·士虞禮》：「設洗於西階西南，水在洗西，篚在東（變禮反吉）」後又「匜水錯於槃中，南流，在西階之南，簞巾在其東。」《儀禮·特牲饋食禮》：「設洗於阼階東南」後「尸盥匜水，實於槃中，簞巾，在門內之右。」鄭注：「設盥水及巾，尸尊，不就洗，又不揮。」《儀禮·少牢饋食禮》：「設洗於阼階東南，當東榮。」後「小祝設盤、匜與簞、巾於西階東。」鄭注：「爲尸將盥。」

此外，用盤、匜盥手和用洗盥手還存在以下幾個區別：一是洗旁有罍以盛水，而盤、匜搭配使用時就僅事先將水放於匜中準備好，即經文中常常提到的「匜水」；二是洗旁設篚以盛爵、觶等酒具，而盤、匜旁邊則設簞（小竹筐）僅盛巾；三是用洗盥手後直接揮手使乾，而用盤、匜時則需要用巾擦乾，而且授巾前還要「振之三」（《儀禮·少牢饋食禮》）。如果直接揮手的話會被認爲是無禮的表現；四是用洗時一般旁邊是沒有侍者的，而用盤、匜時則至少有執盤者、執匜者、執、授巾者等人在旁協助，南宋李唐所繪《晉文公復國圖》裏沃盥時旁邊就共有三人，當取於經文之意。由此也可以進一步看出盤、匜和洗、罍的地位尊卑。

綜合上述記載可以發現，中原地區的小型銅「鑒」其實應被稱作「洗」。洗從鑒分化而出，形制相近，但二者具有完全不同的使用功能。這也從一個側面證明《儀禮》一書的記載是確有現實中的禮儀規範作爲其藍本的。

同時，洗、罍、盤、匜的盥洗器組合雖然源於楚制，但楚人一直都稱其爲「鑒」而並未改用「洗」這一名稱。像包山楚墓遣策簡 266 記載「二鑒，二盥缶」〔註26〕，望山楚墓遣策簡 53 中也將「二監、二卵缶」記錄在一起〔註27〕。可見《儀禮》一書主要反映的應是戰國時期中原地區的禮制情況，其與楚國的禮制特點存在顯著差別。

〔註26〕湖北省荆沙鐵路考古隊：《包山楚墓》附錄一：《包山二號楚墓簡牘釋文與考釋》，文物出版社，1991 年。

〔註27〕湖北省文物考古研究所：《江陵望山沙冢楚墓》附錄二：《望山 1、2 號墓竹簡釋文與考釋》，文物出版社，1996 年。

第三節　兩套盥洗器制度

關於東周時代盥洗器制度的另一個重要內容是：戰國之後多數高級貴族墓葬中開始流行兩套盥洗器具。

在春秋中後期，中原地區無論身份高低多只隨葬一套盥洗器組合。像琉璃閣甲、乙墓、M80、M55〔註28〕、上馬 M1004、M5218、M1010、M1027〔註29〕、臨猗程村 M1001、M1002、M1004、M1056〔註30〕、分水嶺 M269、M270〔註31〕、中州路 M4、M6、M115、M272〔註32〕等，皆為一盤一匜搭配。且形制上，盤多帶三蹄足（早期為圈足），附耳外侈；匜主要為獸首流，四個蹄足。

到了戰國之後，除上述趙卿墓、中山王墓外，另如在陝縣後川 M2040（7 鼎墓）中〔註33〕，共出土銅「盤」三件，一件為帶提鏈的炭火爐盤（M2040：80）；一件為蟠螭紋附耳三足盤（M2040：70），另一件為刻紋環耳折腹平底盤（M2040：76），分別與墓中兩件形制不同的銅匜（M2040：71、210）構成兩套盥洗器具。又如河北易縣燕下都 M16〔註34〕，隨葬列鼎 9、7、7 三套，但仿銅陶盤、匜卻亦僅有兩套，兩件盤形制、大小相似唯有花紋不同，另有 2 罍（Ⅰ式罐，鋪首銜環）、2 鑒（Ⅰ式鑒，耳間有四透雕夔龍紋鈕）、2 洗（Ⅱ式鑒）。類似的現象還見於山彪鎮 M1、琉璃閣 M60、M75、山西長子 M7、潞城潞河 M7、萬榮廟前 61M1 等貴族墓葬中。

並且這兩套盥洗器中，一套多為附耳三足盤配以獸首流蹄足匜，採用的是春秋時期的「古式」，而另一套為平底素面的盤、匜（如圖 5-3 和圖 41：4、5、6），採用戰國之後的「今式」（盛行於中小貴族墓中）。這種雜用古式、今

〔註28〕 郭寶鈞著：《山彪鎮與琉璃閣》，中國科學院考古研究所編輯，科學出版社，1959 年 9 月；河南博物院、臺北國立歷史博物館編著：《輝縣琉璃閣甲乙二墓》，大象出版社，2003 年。

〔註29〕 山西省考古研究所編：《上馬墓地》，文物出版社，1994 年。

〔註30〕 中國社會科學院考古研究所等：《臨猗程村墓地》，中國大百科全書出版社，2003 年。

〔註31〕 山西省文物工作委員會晉東南工作組等：《長治分水嶺 269、270 號東周墓》，《考古學報》1974 年 2 期。

〔註32〕 中國社會科學院考古研究所編著：《洛陽中州路（西工段）》，科學出版社，1959 年。

〔註33〕 中國社會科學院考古研究所編：《陝縣東周秦漢墓》，科學出版社，1994 年。

〔註34〕 河北省文化局文物工作隊：《河北易縣燕下都第十六號墓發掘》，《考古學報》1965 年第 2 期。

式器物的現象在整個東周時期的墓葬中都十分普遍，只是水器的「變革」相對較遲而已。

南方的楚墓中亦存在類似的趨勢，詳見下表：

表 18：楚系墓葬盥洗器組合簡表

墓葬盥洗器		鑒	盥缶	盤（圈足→三獸足→平底）	匜
春秋時期	下寺 M1、M2、M3、M7、M10、M36〔註35〕；山灣 M6〔註36〕；谷城新店春秋墓〔註37〕；桐柏月河養國 M1、M4〔註38〕；鄖縣喬家院 M4〔註39〕	僅下寺 M1、M2、M3 配備，多 1 件	2 銅	1 銅	1 銅
	當陽慈化楚墓〔註40〕；山灣 M15、M14、M23、M33；枝江姚家港 M14〔註41〕；吳縣何山楚墓〔註42〕；鄖縣喬家院 M5、M6；和尚嶺 M2；下寺 M11、M4	無	1 銅	1 銅	1 銅
戰國時期	曾侯乙墓〔註43〕	2 銅有蓋圓鑒	2+2 銅	1 銅	2 銅
	天星觀 M2〔註44〕	被盜不明	被盜	1+1 銅	1+1 銅
	包山 M2〔註45〕	2 銅無蓋圓鑒	2 銅	1 銅	1 銅
			2 銅？	1 銅	缺失

〔註35〕 河南省文物研究所等：《淅川下寺春秋楚墓》，文物出版社，1991 年。

〔註36〕 湖北省博物館：《襄陽山灣東周墓葬發掘報告》，《江漢考古》1983 年第 2 期。

〔註37〕 陳千萬：《谷城新店出土的春秋銅器》，《江漢考古》1986 年第 3 期。

〔註38〕 南陽市文物研究所等：《桐柏月河一號春秋墓發掘簡報》，《中原文物》1997 年第 4 期；河南省文物考古研究所等：《桐柏月河墓地第二次發掘》，《文物》2005 年第 8 期。

〔註39〕 湖北省文物考古研究所等：《湖北鄖縣喬家院春秋殉人墓》，《考古》2008 年第 4 期。

〔註40〕 余秀翠：《當陽發現一組春秋銅器》，《江漢考古》1983 年第 1 期。

〔註41〕 湖北宜昌地區博物館：《湖北枝江姚家崗高山廟兩座春秋楚墓》，《文物》1989 年第 3 期。

〔註42〕 吳縣文物管理委員會：《江蘇吳縣何山東周墓》，《文物》1984 年第 5 期。

〔註43〕 湖北省博物館：《曾侯乙墓》，文物出版社，1989 年。

〔註44〕 湖北荊州地區博物館：《荊州天星觀二號墓》，文物出版社，2003 年。

〔註45〕 湖北省荊沙鐵路考古隊：《包山楚墓》，文物出版社，1991 年。

徐家嶺 M10〔註 46〕	2 銅無蓋圓鑒	1 銅	1 銅	1 銅
		1 銅	1 銅	缺
望山 M1	2 陶有蓋圓鑒，2 無蓋鑒	1 銅	2 銅	2 銅
		1 陶	1 陶	1 陶
望山 M2〔註 47〕	2 陶（器物皆據遣策）	2 銅	2 銅	2 銅
		2 陶	1 陶	1 陶
藤店 M1〔註 48〕	被盜不明	?	1 銅	1 銅
		1 陶	1 陶	1 陶
長沙馬益順巷 M1〔註 49〕	無	?	1 銅	1 銅
		1 陶	1 陶	1 陶
麻城白 M4〔註 50〕	無	無	1 銅	1 銅
		1 陶	1 陶	1 陶
長五省 M5〔註 51〕	無	無	1 銅	1 銅
		1 陶	1 陶	1 陶
江陵馬山 M1〔註 52〕	無	無	1 銅	1 銅
		無	1 陶	1 陶
武昌義地 M9〔註 53〕；慈利石板村 M36〔註 54〕；長張東 M65；九店 M295、M51、M294 等〔註 55〕	無	1 陶	1 陶	1 陶

〔註 46〕 河南省文物考古研究所等：《淅川和尚嶺與徐家嶺楚墓》，大象出版社，2004年。
〔註 47〕 湖北省文物考古研究所：《江陵望山沙冢楚墓》，文物出版社，1996 年。
〔註 48〕 荊州地區博物館：《湖北江陵藤店一號墓發掘簡報》，《文物》1973 年第 9期。
〔註 49〕 長沙市文物考古研究所：《長沙市馬益順巷一號楚墓》，《考古》2003 年第 4期。
〔註 50〕 鄂城縣博物館：《鄂城楚墓》，《考古學報》1983 年第 2 期。
〔註 51〕 湖南省博物館等編著：《長沙楚墓》，文物出版社，2000 年。
〔註 52〕 湖北省荊州地區博物館編：《馬山一號墓》，文物出版社，1985 年。
〔註 53〕 江陵縣文物局：《湖北江陵武昌義地楚墓》，《文物》1989 年第 3 期。
〔註 54〕 湖南省文物考古研究所等：《湖南慈利石板村 36 號戰國墓發掘簡報》，《文物》1990 年第 10 期。
〔註 55〕 湖北省文物考古研究所：《江陵九店東周墓》，科學出版社，1995 年。

張家山 M201〔註 56〕；六安城北墓〔註 57〕；郭店 M1〔註 58〕；左冢 M3〔註 59〕；包山 M5 等	無	無	1 銅或 1 陶	1 銅或 1 陶

　　由上表可以發現，首先盥缶的數量在高級貴族墓葬中多爲 2 件，而中小墓葬內均爲 1 件，戰國晚期後基本消失。其次，春秋時期的楚墓中無論身份高低均僅有一套盤、匜，所以根據前文中的分類結果，其應該屬於 A 類組合中。而從戰國時期開始，3 室及以上貴族墓葬中開始出現兩套盥洗器具，像曾侯乙墓、天星觀二號墓、包山二號墓、徐家嶺 M10 等均爲銅製，而其他墓葬中則爲銅、陶各一套。那麼如何來理解楚墓中這兩套盥洗器的功能和性質呢？

　　包山二號墓的遣策可以爲此提供一定的線索。其「大兆之金器」欄下簡 266 記載「二鑒、二卵缶、一盤、一匜」，正對應墓中東室出土的二銅鑒（M2：96、119）、兩獸面耳缶（M2：：289、391，爲楚式盥缶的典型形制。但其出土時卻分別位於南室和西室，是否是由於體積過大的原因？）、大圓底銅盤（M2：128）和鋪首銜環匜（M2：125）。

　　西室隨葬品下另放置著「相尾之器所以行」組遣策，同錄的爲服飾、鏡、奩、床、幾、扇、席等日常生活用品，實物主要見於西室和北室。其中可辨認者亦記錄有「一缶」（簡 260）。當對應著北室出土的兩件（實物比遣策多一件？）頂部四環紐、肩部鋪首銜環的小盥缶（M2：419、426），此種形制的盥缶在戰國楚墓之中比較少見，所以遣策中只稱其爲「缶」（不似卵形），其中一件（M2：419）腹內放置有銅勺（M2：419-1）應是作爲水器使用的。而另一件腹內則有兩件人擎銅燈（M2：427、428），即「相尾之器所以行」組遣策中所記載的「兩燭鋪」（簡 262），可進一步佐證此缶當屬於「相尾之器」組，爲墓主人日常生活用器。而和其搭配的即有西室內出土的一件小平底銅盤（M2：388，匜缺）。

〔註 56〕荊州地區博物館：《江陵張家山 201 號楚墓清理簡報》，《江漢考古》1984 年第 2 期。
〔註 57〕六安縣文物管理所、褚金華：《安徽省六安縣城北楚墓》，《文物》1993 年第 1 期。
〔註 58〕湖北省荊門市博物館：《荊門郭店一號楚墓》，《文物》1997 年第 7 期。
〔註 59〕湖北省文物考古研究所：《荊門左冢楚墓》，文物出版社，2009 年。

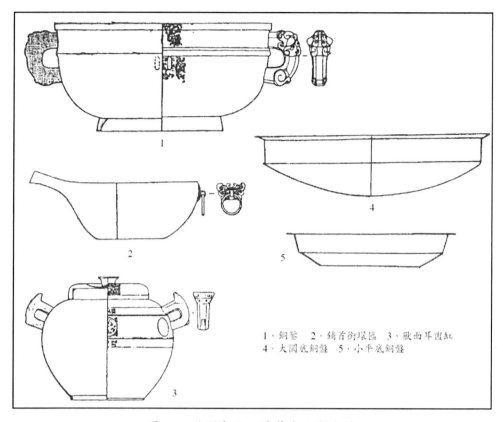

圖 45：荊門包山二號墓出土盥洗器

也即是說，包山二號楚墓中的這兩套盥洗器具（圖 45）分別屬於祭祀之用的「大兆之器」和日常生活使用的實用器。當然這一分類原則是否適用於其他楚墓還有待更多材料的佐證。

小　結

綜上所述，鑒、盥缶、盤、匜的水器組合最早源於楚地，春秋中期之後開始傳入中原地區，並促成了鋪首銜環鑒和罍的產生。但此時鑒主要和壺搭配使用，屬於盛冰鎮酒之器，亦即典籍中屢次提及的「壺鑑」。戰國之後才分化出水器的功能，並在禮制文獻中被稱作「洗」。洗和鑒在形制上略有區別：鑒主要為鋪首銜環附耳，器形較大；洗則僅有鋪首銜環、無耳或簡化的環耳，器形較小。

洗、罍與盤、匜在盥洗儀式上存在一定的差別，如洗旁設筐以盛爵、觶等酒具，而盤、匜旁邊則設簞（小竹筐）僅盛巾；用洗盥手後直接揮手使乾，而用盤、匜時則需要用巾擦乾，而且授巾前還要「振之三」；洗的使用較為普

遍而盤、匜專爲尊者而設，用洗時一般旁邊沒有侍者，而用盤、匜時則至少有執盤者、執匜者、執、授巾者等人在旁協助等等。可以說，儘管洗、罍在青銅耗材上顯得更具「價值」，但盤、匜的禮制地位卻要尊貴許多。這是否是由於洗、罍組合的「外來性」才被如此刻意地「描寫」呢？

從水器組合的傳播來看，在東周時期中原地區和南方的楚國之間是一種「雙向」的文化交流。一方面，中原地區借鑒了楚國的鑒和盥缶，並將其納入到自身的禮制體系中來；而另一方面源於中原偏北地域的鳥柱盤也被毗鄰中原的楚人所仿製。類似的現象在鼎、壺、敦、鬲等其他青銅禮器上也可以大量見到。當然，更多時候這種交流是局限於社會上層貴族間的，在向當地傳統制度和習俗的滲透中都遇到了極其強大的阻力。

戰國時期，中原地區和楚國的高級貴族們都開始使用兩套盥洗器具（禮制複雜化的表現之一）。但在中原地區，這兩套盥洗器分別採用「春秋古式」和「戰國今式」，其含義有待進一步研究。而在南方的楚國，根據包山二號墓遣策提供的信息，這兩套盥洗器可能分屬於祭祀所用的「祭器」（或用陶製）和日常生活使用的實用器。

最後，根據出土資料可以推斷，《儀禮》一書中有關水器的記載主要反映的是戰國時期中原地區的禮制情況，它並不吻合於楚墓中的葬器制度。

在以上研究結果的基礎上，這裡還可以簡要探討一下楚墓中飲器組銅器的組合情況，儘管目前可資利用的材料僅有包山二號墓、望山一號墓、二號墓三座[註60]。

包山二號墓中除去「大兆之金器」所記諸器物外，尚餘下 6 臥牛鈕鼎（3 組）、2 直頸平肩壺（M2：179、180）、2 短頸圓肩壺（M2：99、129）、2 折肩缶（M2：90、397）、1 盤（M2：388，匜缺）、2 淺腹盒（M2：90、397）、1 盉（M2：392，鐎壺）。其中 2 折肩缶（帶 2 銅燈）和 1 盤（1 匜）如上文所述均屬於「相尾之器」組，所以該墓飲器組銅器當包括鼎、盒、壺、鐎壺四種。

望山一號墓中除去仿銅陶禮器（A、B、C 三類組合齊全）外，尚有部分銅器保留，記有：2 銅臥牛鈕鼎、4 鳥形鈕鼎、2 變形鳥形鈕鼎、4 壺（按大小分爲 2 組）、1 盉（鐎壺）、2 尊缶、2 敦、2 盤、2 匜；類似的情況亦見於望

〔註60〕湖北省荊沙鐵路考古隊：《包山楚墓》附錄一：《包山二號楚墓簡牘釋文與考釋》，文物出版社，1991 年；湖北省文物考古研究所：《江陵望山沙冢楚墓》附錄二：《望山 1、2 號墓竹簡釋文與考釋》，文物出版社，1996 年。

山二號墓中，記有：5 三環鈕子母口鼎（「金器六貴」）、4 敦、1 尊缶、4 鋪首銜環圓壺（2 組）、2 盤、2 匜。如果這其中也包括飲器和生活用器兩組的話，即缶、一盤、一匜均和包山二號墓一樣屬於生活用器，那麼它們的飲器組組合就為鼎、敦、壺、盤、匜。

也就是說，戰國時期楚墓中的飲器組銅器基本組合應為鼎、敦（或盒，年代可能稍晚）、壺、盤、匜。其中壺多為 4 件分兩組，盤、匜均為 1 件或不隨葬。但目前囿於材料所限，還難以確定其是否有嚴格的器用制度存在。

餘論：楚國北部地方的青銅禮器使用制度——中原與楚地的禮制文化交流物證

　　前文中已經詳盡探討了東周時期中原地區和南方楚文化區這兩大禮制中心在用鼎制度、粢盛器制度、庶羞器制度、酒器制度和盥洗器制度等方面的巨大差異和形成、變化過程，這是「夏、南之別」在考古學上的重要反映。但是，文化的傳播與交流從來不以政治疆域爲界限，不同地域間禮制文化的互動亦是東周時期十分突出的特點，而且由於地緣、人口、文化傳統等多方面因素的影響，文化交流的密切程度在不同的地區也會呈現出顯著的不同。所以在考察東周時期的禮制文化時，便尤需以一種動態的眼光來分析不同的禮儀制度在諸文化中心間的傳播。

　　2002 年在湖北北部的棗陽地區發掘了兩座重要的楚國高級貴族墓葬——九連墩一、二號墓〔註 61〕，其獨特的葬器制度以及與包山楚墓間的差別使我們逐漸注意到楚國北部的襄宜平原（鄢郢、鄧城）至河南南陽（申縣）、平頂山、信陽、淮陽（陳縣）、上蔡（蔡縣）一帶所體現出的不同於江陵地區的青銅禮器使用制度〔註 62〕，再參之以近年來該地區內陸續發掘的其他一些楚國

〔註61〕　雖然正式報告尚未出版，但相關的圖錄和研究文章已有若干，從而爲討論該墓的青銅禮器制度奠定了比較充分的基礎。參看劉國勝：《湖北棗陽九連墩楚墓獲重大發現》，《江漢考古》2003 年第 2 期；劉國勝：《湖北棗陽九連墩大型楚墓考古》，《文物天地》2003 年第 3 期；王紅星：《湖北棗陽市九連墩楚墓》，《考古》2003 年第 7 期；相關研究文章包括王紅星：《九連墩 1、2 號楚墓的年代與墓主身份》，《楚文化研究論集》（六），湖北教育出版社，2005 年；王紅星：《九連墩一、二號楚墓用鼎制度研究》，《楚文化研究論集》（七），嶽麓書社，2007 年；王紅星：《九連墩楚墓與荊州楚墓的異同》，《楚文化研究論集》（八），大象出版社，2009 年；胡雅麗：《九連墩一、二號墓墓主關係蠡探》，《楚文化研究論集》（八），大象出版社，2009 年；其他有關銅器鑄造、產地分析、玉器和「簡策畫」的研究不一一列舉於此。相關圖錄包括湖北省博物館編：《九連墩——長江中游的楚國貴族大墓》，文物出版社，2007 年；湖北省博物館、深圳市博物館編：《劍舞九天——湖北出土楚文物圖展》，文物出版社，2010 年。本文統計數據均依照上述材料，如有訛誤，以正式報告爲準。

〔註62〕　郭德維先生在其著作《楚系墓葬研究》一書第二章「楚墓的分區」中將這兩個地區分別稱爲「紀郢區」（包括江陵、沙市、當陽、枝江、荊門等縣市的楚墓）和「鄢郢區」（包括宜城至襄陽一帶的楚墓），湖北教育出版社，1995 年。但當時由於考古發現較少，對於更北部的南陽盆地至平頂山一帶的楚墓面貌尚缺乏比較清晰的認識，所以簡單劃分出的「丹淅區」和「城陽區」（信陽一帶），也未有詳細的說明和介紹。

貴族墓葬，便使我們可以初步地瞭解楚國境內地區性葬器制度的基本面貌，以及這種差別背後所蘊含的中原與楚地兩大禮制中心間文化交流與傳播的信息。

一、九連墩楚墓的葬器制度

九連墩楚墓 M1、M2 位於湖北省襄陽市吳店鎮，2002 年 9 月至 2003 年 6 月被正式發掘，是繼包山二號墓之後楚國境內又一處基本未被盜掘的戰國中期晚段大夫級別貴族墓葬。其墓葬結構與包山二號墓十分相似，均爲帶封土、臺階墓道的豎穴土坑木槨墓，東西向，主墓道在東，兩槨兩棺，外棺爲長方形盒狀，內棺爲懸底弧形。槨內分爲 5 室，用木質擋板隔離，各類隨葬品依據性質的不同分列於諸室之中〔註 63〕。墓坑外西部另有一袱葬車馬坑，這均是楚國公族大夫一級的代表性墓葬形制。所以地域不同所帶來的喪葬禮俗的差別更主要體現在葬器制度方面。

1. 九連墩一號墓

目前，九連墩 M1 中比較明確的青銅禮器包括：「竹蓋束頸折沿大鼎」1 件（M1：E106，圖 46：1），方形附耳，獸面蹄足，角上揚，通高 93.8、口徑 81.2 釐米，耳、足分鑄，器身飾模印蟠螭紋。出土時，器底有黑煙炊痕，器內尚存動物骨骼。根據包山二號墓中出土的同形器（M2：124）和遣策中的記載〔註 64〕，其應名「牛鑐」，爲烹煮牛牲之器，類似於中原的鑊鼎（戰國時亦是無蓋折沿形，但無楚墓中普遍的束頸風格）。

「豕鑐」1 件，通高 62.4、口徑 52.8 釐米，器體較「牛鑐」略小，以其烹煮不同牲體之故。據王紅星先生介紹〔註 65〕，形制當同於望山 M2：T200（深腹）而與包山 M2：146、九連墩 M2：E14（淺圓腹）略異。該墓鑐鼎與包山二號墓一樣，亦是兩件。牛鑐、豕鑐搭配是楚國大夫及以上級別貴族墓葬中的常見組合形式。在《九連墩──長江中游的楚國貴族大墓》圖錄中編號爲 M1：E108 的器物（27 頁），下附解說詞爲「出土時，器內尚存動物骨骼

〔註 63〕青銅禮器及漆木禮器多在東室，少數置於北室；樂器主要在北室；南室內多爲車馬器、兵器和漆木飲食器，西室爲生活起居之器和若干工具，如服飾、衣箱、梳妝器具、燈、幾、席鎮等和各類盥洗器皿。

〔註 64〕湖北省荊沙鐵路考古隊：《包山楚墓》附錄一：《包山二號楚墓簡牘釋文與考釋》，文物出版社，1991 年。

〔註 65〕王紅星：《九連墩一、二號楚墓用鼎制度研究》之「竹蓋深腹鑐鼎」，《楚文化研究論集》（七），469 頁，嶽麓書社，2007 年。

（羊牲？），其上竹編器蓋已腐朽，可見殘痕」，很顯然應當就是指豎頸、折沿、無（銅）蓋的鑐鼎〔註66〕。

　　「箍口鼎」1件〔註67〕，形制見圖46：2。弧蓋近平，四周有三個螭鳥鈕，蓋面飾兩周凸弦紋，口沿下有一圈凸棱承蓋，方形附耳，束腰，上腹部飾模印蟠螭紋，獸面蹄足，角下卷，耳、足分鑄，通高62、口徑53釐米。根據武漢市文物商店徵集的「鄧子午之飤鑐」〔註68〕和壽縣楚王墓的「酓前鑐鼎」、「酓悍鑐鼎」〔註69〕等資料，可以推定箍口鼎在戰國時期的楚地被稱為「鑐鼎」，作用是「以供歲嘗」〔註70〕。但在江陵周邊地區，此種箍口鼎皆是兩件成組使用，如包山二號墓、望山一號墓、藤店一號墓等〔註71〕，是楚國春秋以來（稱為鈴鼎）的傳統禮制，與簠、尊缶、盥缶搭配。所以此墓僅隨葬1件箍口鼎，這是其在葬器制度上的第一個特殊之處。

　　「束腰平底升鼎」5件（圖46：3），代表了墓主人的身份爵秩在大夫一級，編號M1：E81、130、47、46、114。形制、大小基本相同，通高41.4、口徑41釐米。出土時，器內均存動物骨骼，其上都以木蓋封口。這在包山遣策簡中亦被稱為「登鼎」，與「升」讀音相近。升鼎是楚人對於中原地區的「古式」立耳無蓋鼎的模仿〔註72〕，數量上亦與周制最為接近。

〔註66〕但相應的圖片卻是1件有蓋的箍口鼎，當予以糾正。湖北省博物館編：《九連墩——長江中游的楚國貴族大墓》，27頁，文物出版社，2007年。

〔註67〕王紅星先生在其研究文章中將此類鼎歸入鑐鼎類，從而認為該墓鑐鼎有3件，這在楚墓中是不曾見到的現象，當予以糾正。參見王紅星：《九連墩1、2號楚墓的年代與墓主身份》，《楚文化研究論集》（六），湖北教育出版社，2005年；王紅星：《九連墩一、二號楚墓用鼎制度研究》，《楚文化研究論集》（七），嶽麓書社，2007年；王紅星：《九連墩楚墓與荊州楚墓的異同》，《楚文化研究論集》（八），大象出版社，2009年。

〔註68〕武漢市文物商店：《武漢市收集的幾件重要的東周青銅器》，《江漢考古》1983年第2期。

〔註69〕曹淑琴、殷瑋璋：《壽縣朱家集銅器群研究》，《考古學文化論集》199～220頁，文物出版社，1987年；李零：《論東周時期楚國的典型銅器群》，《古文字研究》第十九輯136～178頁，中華書局，1992年；劉彬徽先生亦主張箍口鼎應名鑐鼎，參見劉彬徽：《楚系青銅器研究》，湖北教育出版社，1995年。

〔註70〕「嘗」為周禮中秋祭之名，劉彬徽先生認為「或通指歲祭」，「王子申鑒」銘曰：「鄂陵君王子申，攸載造金鑒，攸立歲嘗，以祀皇祖，以會父兄，永用之」（《集成》·10297），可以推知，「嘗」是祭祀祖先的一種儀式名稱。

〔註71〕張聞捷：《試論楚墓的用鼎制度》，《江漢考古》2010年第4期；張聞捷：《周代用鼎制度疏證》，《考古學報》，2012年第2期。

〔註72〕在中原地區，立耳無蓋鼎一直從西周延續至戰國時期，當與楚人的升鼎之間聯繫密切。參見拙作：《周代用鼎制度疏證》，《考古學報》2012年第2期。

　　「三獸鈕子母口高蹄足蓋鼎」7件，形制相同，大小不詳。弧蓋微凸，中部有一套環鈕，外圈有三個堆狀臥牛鈕，蓋面飾兩周弦紋。子母口，扁圓腹，底部近平，方形附耳，高獸面蹄足，耳、足分鑄。一件編號爲M1：E124，通高32.7、口徑25.4釐米（圖46：5）。出土時，器內尚存果核，很顯然與作爲祭祀使用的犧牲之盛略有不同。不過在江陵地區，這種形制的銅鼎皆是蓋上三臥牛鈕，透雕突起而非團狀，且數量上兩兩成對，像包山二號墓中爲6件，分成三組，藤店一號墓中則僅有一組2件。

　　「魖鳥鈕子母口高蹄足蓋鼎」4件〔註73〕，形制相同，按大小分爲兩對，一對通高49、口徑40釐米（圖46：4），另一對通高27.2、口徑20。2釐米。弧蓋較平，外圈有三個環狀魖鳥鈕，蓋面飾兩周弦紋。子母口，扁圓腹，底部近平，高獸面蹄足，耳、足分鑄。其中一件編號M1：E91，出土時器內尚存動物骨骼。這種銅鼎在江陵地區亦普遍見到，如望山M1：T37、沙冢M1：9等，且兩兩成組。

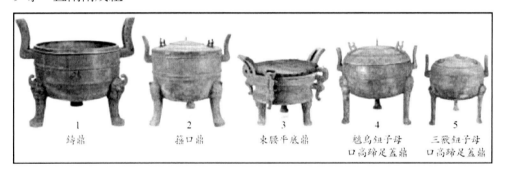

圖46：九連墩一號墓出土部分銅鼎

　　相比於包山二號墓，該墓中除箍口鼎僅有1件外，也未見到三環鈕子母口高蹄足蓋鼎，，而且束腰平底升鼎爲5件，三獸鈕子母口高蹄足蓋鼎爲7件，這是其禮制上的顯著特色（均爲奇數）。

　　「方座簋」據王紅星先生統計爲10件之多，但《劍舞九天——湖北出土楚文物圖展》44頁又稱M1銅簋「4件一套」，並有組合圖片（圖47：4）〔註74〕。形制、人小一致，圓鼓腹，方形簋座，腹部兩側各有一獸形耳，腹外壁皮器

〔註73〕此處各類鼎的數量皆主要參考王紅星：《九連墩一、二號楚墓用鼎制度研究》，《楚文化研究論集》（七），嶽麓書社，2007年。

〔註74〕湖北省博物館、深圳市博物館編：《劍舞九天——湖北出土楚文物圖展》，44頁，文物出版社，2010年。

座滿飾蟠螭紋，通高 27.2、口徑 22.3 釐米，下附解說詞中亦稱「五鼎四簠代表主人的大夫身份」。在戰國時期的楚國高級貴族墓葬中，方座簠均是與升鼎搭配的器物，代表了對周式傳統禮制的模仿，像徐家嶺 M10 五升鼎四方座簠、平頂山 M10 三升鼎四方座簠、曾侯乙墓九升鼎八方座簠、壽縣蔡侯墓七升鼎八方座簠等〔註75〕，所以此處當從上述《圖展》之說，方座簠為 4 件一套，與 5 件升鼎搭配。

「簠」4 件，為盛稻粱之器，形制、大小、花紋相同。通高 33.4、口長 33、寬 23.4 釐米，上下同體，可以倒置。結合處壁部較直，蓋口緣有六個獸形銜扣，器表飾模印四葉菱鳳花紋（圖 47：3）。

「盞」（楚人對於敦的別稱）2 件〔註76〕，「盒」2 件，這是處於新舊禮制交替期的兩種粢盛器（盒取代敦），亦見於包山二號墓中。敦為上下同體的西瓜形，均帶雙環耳、三獸足，可以倒置。器身飾勾連雲紋，並鑲嵌有紅銅絲。一件編號 M1：E128，通高 26.2、口徑 21.2 釐米（圖 47：1）。銅盒，子母口，鼓腹，平底，矮圈足，耳上各套一條兩節提鏈，鈕及環耳上均飾勾連雲紋飾。出土時，器內尚存食物粉狀沉積。一件編號 M1：E59，通高 28.4、口徑 36.4 釐米（圖 47：2）。

銅豆共 4 類，其中「深腹圓盤蓋豆」數量不詳，一件編號 M1：E86，通高 29、口徑 13.4、底徑 10.6 釐米。器蓋與盤身飾勾連雲紋，長柄，喇叭狀器底（圖 47：7）；「深腹方盤蓋豆」2 件，一件編號為 M1：E118，通高 34.3、口長、寬 19.8 釐米（圖 47：5），子母口，底座為喇叭狀。根據信陽簡 2-012 可以推知其應名「方琦」〔註77〕，僅見於楚地，功能不詳；「淺腹圓盤無蓋豆」數量不詳，一件編號 M1：E100，通高 28、口徑 21.4 釐米，喇叭狀器底（圖 47：6）。這種形制的銅豆在戰國時期的中原地區比較多見，且均是兩件成組，當是從春秋早期之前的「鋪」演變而來〔註78〕；「深腹圓

〔註75〕 河南省文物考古研究所等：《平頂山應國墓地十號墓發掘簡報》，《中原文物》2007 年第 4 期；河南省文物考古研究所等：《淅川和尚嶺與徐家嶺楚墓》，大象出版社，2004 年；湖北省博物館：《曾侯乙墓》，文物出版社，1989 年；安徽省文物管理委員會、安徽省博物館：《壽縣蔡侯墓出土遺物》，科學出版社，1956 年。

〔註76〕 劉彬徽：《東周青銅敦研究》，收入劉彬徽：《早期文明與楚文化研究》，115～122 頁，嶽麓書社，2001 年。

〔註77〕 河南省文物研究所：《信陽楚墓》附錄：《信陽楚簡釋文與考釋》，文物出版社，1986 年。

〔註78〕 張聞捷：《略論東周用豆制度》，《考古與文物》2011 年第 1 期。

盤無蓋豆」6件，形制相同，素面，編號 M1：E57、76、174、119、110、73，通高 24.8～16.6 釐米，口徑 13.1～12.6 釐米。但在江陵周邊地區的楚國貴族墓葬中，銅豆十分少見，而多僅用漆豆，且形制上與此處的銅豆也並不相同。

圖 47：九連墩一號墓出土部分盛食器

不過除銅豆外，九連墩 M1 中的盛食器（粢盛與庶羞之盛）與包山二號墓是基本相同的，由方座簋、簠、盞、盒組成，方座簋與升鼎搭配，簠、盞、盒皆是兩件成套。

「方壺」2 件，「鈁」2 件〔註79〕。方壺在楚國境內是自春秋以來一脈相承的器物，與升鼎、方座簋搭配（仿周式銅器組合），具有濃烈的復古韻味。方唇，直頸，鼓腹，圈足，壺肩部兩側各有一龍形附耳，壺蓋飾有鏤空花瓣，腹部以十字寬條帶分隔出八個裝飾區間，其中一件編號 M1：E157，通高 80、最大口寬 18.8、最大腹寬 30、最大底寬 22、冠高 29.4 釐米（圖48：2）。

「鈁」與「方壺」的區別在於，方壺爲委角方形，腹部斷面呈橢圓形，而鈁的任一斷面皆成方形。2 件鈁在出土時均置於方鑒之中（圖48：1、9），所以

〔註79〕即王紅星先生文章中的「大方壺二件」，「中方壺二件」，參見王紅星：《九連墩 1、2 號楚墓的年代與墓主身份》，《楚文化研究論集》（六），湖北教育出版社，2005 年；王紅星：《九連墩一、二號楚墓用鼎制度研究》，《楚文化研究論集》（七），嶽麓書社，2007 年；王紅星：《九連墩楚墓與荊州楚墓的異同》，《楚文化研究論集》（八），大象出版社，2009 年。

又被稱爲方缶，這是楚系高級貴族墓葬中比較常見的現象，如壽縣蔡侯墓、曾侯乙墓、擂鼓墩二號墓等都可以見到類似的方鑒缶〔註80〕。但結合信陽簡 2-01 記載「二圓缶，二青方，二方監，四□匕，二圓鑒」〔註 81〕可以知道，其本就名爲「鈁」，是戰國晚期中原地區以及隨後秦漢時期十分盛行的「鈁」的源頭。

　　高柄小壺（或稱壺形杯）4 件，這是戰國時期中原地區和南方楚文化（但江陵地區罕見）內都比較盛行的一種新興器物，且多是偶數件，但具體功能不詳。一件編號爲 M1：E64，通高 23.3、口徑 4.5、腹徑 8.8、蓋徑 4.8、底徑 6.4 釐米（圖 48：6）。

　　「圓鑒缶」2 套。其中「圓鑒」爲 2 件，方唇、束頸、鼓腹、圈足，腹部有四個鋪首銜環，飾凸弦紋飾、蟠螭紋，通高 30.6、口徑 50.8、腹頸 51.6 釐米（圖 48：8）。根據《劍舞九天——湖北出土楚文物圖展》中所附器物出土位置圖來看（23 頁），圓鑒內所配的是 2 件「四環鈕尊缶」，通高 50、腹徑 36 釐米，子母口、折頸、束沿、鼓腹，有蓋，蓋上亦有四環鈕（圖 48：3），與壽縣蔡侯墓中的圓鑒缶是類似的。鑒、壺搭配亦盛行東周時期的於中原地區，爲盛冰鎮酒之器。《墨子·節葬》：「鼎鼓幾梴，壺濫（鑒）戈劍」，《呂氏春秋·節喪》：「鍾鼎壺濫（鑒）」，《呂氏春秋·慎勢》：「功名著乎盤盂，銘篆著乎壺鑑」等均是將壺與鑒聯稱，足見二者關係之密切。

　　此外，王紅星先生在《九連墩一、二號楚墓用鼎制度研究》一文中統計稱：「圓鑒二件、大圓腹壺二件、小圓腹壺一件、環耳缶三件」〔註82〕，除開上面兩件「環耳缶」外，另有「銅缶」1 件，編號 M1：E32，通高 35.8、口徑 15.7、腹徑 28.4、底徑 16.4 釐米，較尊缶略小。有蓋，但蓋上爲三環鈕，子母口、短頸、鼓腹、圈足，器身飾蟠螭紋（圖 48：7）。但 2 件大圓腹壺和 1 件小圓腹壺均未見圖片。一般來講，戰國時期的楚墓中尊缶、圓壺均是兩件成組使用，故此處爲何會單獨出現一件小圓壺和一件小缶，有待考證。

〔註80〕湖北省博物館編著：《曾侯乙墓》，文物出版社，1989 年；隨州市博物館編著：《隨州擂鼓墩二號墓》，文物出版社，2008 年；安徽省文物管理委員會、安徽省博物館：《壽縣蔡侯墓出土遺物》，科學出版社，1956 年。

〔註81〕河南省文物研究所：《信陽楚墓》附錄：《信陽楚簡釋文與考釋》，文物出版社，1986 年。

〔註82〕王紅星：《九連墩一、二號楚墓用鼎制度研究》，《楚文化研究論集》（七），嶽麓書社，2007 年。但在《九連墩楚墓與荊州楚墓的異同》一文中卻又未提及此二件大圓腹壺。圖錄中也未見到相應實物，故暫且存疑。

「銅尊」，數量不明。編號 M1：E45，通高 32、口徑 28.6、腹徑 20、底徑 20.8 釐米，頸部帶有扉棱，器身飾蟠螭紋（圖 48：4）。尊本是商代至西周初年盛行的酒器，所以此處隨葬銅尊應與方座簋一樣，主要體現的是復古的含義（壽縣蔡侯墓中亦有兩件）。這種現象在該墓銅盤上亦可以見到，一件編號爲 M1：E36 的銅盤形制即是西周末年的圈足附耳形，紋飾也爲竊曲、重環紋（但爲模印製成，圖 48：5）。

圖 48：九連墩一號墓出土部分酒器、水器

其他銅器尚包括大鬲 1 件、小鬲 9 件、甗 1 件，屬炊煮器；盥缶 2 件、盉 1 件、盤 6 件、匜 3 件、盆 1 件，屬盥洗器。因圖錄中多未見到相關器物，故不再贅述。

2. 九連墩二號墓

九連墩 M2 與 M1 最大的不同在於，該墓使用大量的漆木器來代替青銅禮器，王紅星先生主張將其也納入到禮器組合的範圍考慮，是十分正確的。共計有：

　　「鑐鼎」據王紅星先生介紹爲 2 件，其中一件有配圖，編號 M2：E14，無蓋、折沿、淺弧腹、圓平底，方形附耳外撇，三獸面蹄足，較粗矮。器耳與上腹飾陰線牛首蟠螭紋，通高 66、口徑 79 釐米（圖 49：1）。該鑐鼎形制與 M1 中的深腹大鼎（M1：E106）明顯不同，無楚國鑐鼎一貫的束頸風格，而且牛首蟠螭紋也僅見於中原地區，該器無論器形、紋飾均與趙卿墓中的「附耳牛頭魑紋蹄足銅鑊鼎」（M251：541）十分相近〔註83〕，具有濃鬱的中原特色。

　　另一件稱鑐鼎者通高 56.7、口徑 42.8 釐米，略小於前者，但因無圖片，具體形制不明。不過王紅星先生稱其爲「銅蓋鑐鼎，弧蓋較平，中部有一套鋪首環鈕，外圈有三個環立鈕」〔註84〕，即表明其應是一件有蓋鼎，而楚國的鑐鼎均是竹蓋或無蓋的，所以很可能這不是一件鑐鼎，而是與 M1 中的一樣，爲 1 件箍口鼎，對此本文暫且存疑。

　　「束腰平底升鼎」5 件，皆是漆木製，一件在東室，四件在北室。其中一件編號爲 M2：N409，通高 36.9、口徑 40 釐米，器腹圓雕對稱的四條拱曲龍形附飾。耳、足亦是分作，用榫卯接於器身（圖 49：2）。

圖 49：九連墩二號墓出土部分銅鼎

　　「三堆獸鈕子母口高蹄足蓋鼎」7 件，均位於東室，分別編號 M2：E121、110、118、112、109、108、111，形制相同，大小相近。其中 118 號鼎通高 29、口徑 25.6、腹徑 26.6 釐米，出土時皆配有鼎鈎，鼎內盛動物骨骼、果核、魚骨等，並非全是犧牲之屬。蓋頂的三個獸鈕均作圓團狀，淺浮雕出獸首形象（圖 49：3），與 M1 中的「三獸鈕子母口高蹄足蓋鼎」相同。

〔註83〕山西省考古研究所等：《太原晉國趙卿墓》，18 頁，文物出版社，1996 年。
〔註84〕王紅星：《九連墩一、二號楚墓用鼎制度研究》，《楚文化研究論集》（七），471　　　　頁，嶽麓書社，2007 年。

「三臥牛鈕子母口矮蹄足蓋鼎」1 件〔註85〕，編號 M2：W333，通高 41.2、口徑 42.2、腹徑 45.2 釐米。蓋頂為三個透雕的臥牛鈕，器蓋、身飾三周連珠紋地蟠螭紋，底部近平，蹄足粗矮（圖 49：4），與楚式鼎顯著不同，而與中原銅器相近。

「三環鈕子母口蓋鼎」1 件，未見圖片。王紅星先生介紹如下：「弧蓋較平，蓋面中部有一套鋪首環鈕，外圈有三個環鈕。蓋面飾兩周凸弦紋。子口內斂，扁圓腹，底近平，方形附耳，三蹄足，通高 32.6、口徑 27.1 釐米」〔註86〕。根據描述來看，與包山二號墓中出土的三環鈕子母口高足蓋鼎（M2：132）當十分相近，為楚式鼎無疑。

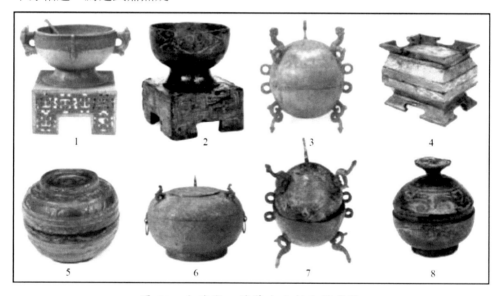

圖 50：九連墩二號墓出土部分粢盛器

粢盛器方面，「方座簋」共 10 件，2 件銅製，8 件漆製。銅簋上有銘文「愼克自作薦簋」，不知與墓主存在怎樣的聯繫。銅簋一件編號 M2：E88，通高 28.5、口徑 23.8、座高 12.6、長 23.8 釐米。無蓋，方座鏤空，器身裝飾蟠螭紋、龍紋、絢紋、三角雷紋（圖 50：1）。漆木簋一件編號 M2：E84，通高 27.4、

〔註85〕 數量據王紅星先生《九連墩一、二號楚墓用鼎制度研究》中「銅羞鼎兩件，其中一件蓋面為臥牛鈕，一件蓋面為環鈕」，《楚文化研究論集》（七），471頁，嶽麓書社，2007 年。

〔註86〕 王紅星：《九連墩一、二號楚墓用鼎制度研究》，《楚文化研究論集》（七），471～472 頁，嶽麓書社，2007 年。

口徑 23、座高 11.8、長 23 釐米（圖 50：2），很顯然是仿造銅簋來製作配套的。這 10 件銅簋應分為 6、4 兩套，分別配於 7 件獸鈕子母口鼎和 5 件束腰平底升鼎，兩套禮器組合均嚴格遵循傳統周制。

其他粢盛器包括漆「簠」4 件（圖 50：4），漆「盞（敦）」2 件（圖 50：7），銅「盞（敦）」2 件（圖 50：3），銅盒 2 件（圖 5：6），漆木盒 2 件（圖 50：5）〔註 87〕。形制均與 M1 中的同類器相差無幾，故毋需贅述。

「豆」共分為六類，其中東室有三類：銅蓋豆 2 件（一件編號 M2：E78），形制十分特殊（圖 51：1）；「漆木方豆」（琦）數量不明，一件編號 M2：E99，通高 28.6、豆盤邊長 17.6 釐米（圖 51：2）；無蓋高柄「漆木平盤豆」2 件，編號 M2：E83、E16，同於 M1 中的「淺腹圓盤無蓋豆」（圖 47：6），通高 27.9、口徑 21、座徑 14 釐米（圖 51：3）；圓形豆盤的「漆木深盤豆」2 件（圖 51：4），同於 M1 中的「深腹圓盤無蓋豆」，但數量不同。另外 M1 中還有 2 件漆木高柄小壺（一件編號 M1：E53），以及「漆木龍蛇座豆」數量不明，一件編號 M2：E15，上部為蓮花豆盤，下部為透雕的回首龍形座，口銜卷蛇。類似的器物亦見於天星觀 M2 中（M2：238），為 1 件〔註 88〕。

M2 南室有三類「豆」：「漆木方豆」數量不明，一件編號 M2：S199，通高 31、豆盤長 39.4、寬 35.4 釐米（圖 51：6），與東室的方豆相比，除尺寸略微不同外，豆盤上部的抓手也不一致，前者為花瓣形，而後者為喇叭形；柄部帶有三凸棱的無蓋「漆木豆」（遣策稱「豆」）6 件，一件編號 M2：S174，通高 26.4、口徑 17.9、座徑 14.2 釐米（圖 51：5）；有蓋扣合的高柄圓盤「漆木蓋豆」（包山楚墓遣策稱「合豆」）數量不明，一件編號 M2：S193，通高 24、口徑 16.6、座徑 13.6 釐米。

九連墩 M1、M2 中的銅圓盤蓋豆和淺平盤無蓋高柄豆很顯然是借鑒了中原地區的銅豆形制。方豆（琦）主要盛行於楚國北部地區，而柄帶三凸棱的「豆」和圓盤高柄的「合豆」則在楚國境內都比較普遍〔註 89〕，但關於它們的禮制功能恐怕還有待今後的進一步研究。

〔註 87〕《九連墩——長江中游的楚國貴族大墓》圖錄中稱為「漆豆」的有兩類四件，分位於東、西室。M2：W314 為代表的漆木盒是通常所見的上下同體的覆缽形，而 M2：E53 為代表的漆木豆下部為缽形，上部為蓋豆形。所以在沒有佐證材料的情況下，暫時只將前者稱為「盒」。

〔註 88〕湖北省荊州博物館編著：《荊州天星觀二號楚墓》，171 頁，文物出版社，2003 年。

〔註 89〕張聞捷：《略論東周用豆制度》，《考古與文物》2011 年第 1 期。

圖 51：九連墩二號墓出土部分豆

酒器中，銅圓鑒缶 2 套，均在東室，且具有典型的中原式風格。一件圓鑒編號爲 M2：E54，敞口、折沿、深腹、圈足，頸部一週四個獸面耳，器身飾牛首蟠螭紋，通高 32.4、口徑 67 釐米（圖 52：6）；一件圓壺編號爲 M2：E55，通高 51、口徑 17.8、腹徑 35 釐米，形制近似於傳世的趙孟介壺，唯壺蓋上無蓮瓣裝飾，龍形雙耳，花紋與圓鑒一樣，很顯然是一起製作的，出土時位於圓鑒內（圖 52：2）；但方鑒僅有 1 件，編號爲 M2：E29，通高 34、口長 49.2、口寬 47.2、底長 29、底寬 27.4 釐米（圖 52：7）。而可能與其配套的漆木「鈁」卻位於南室，2 件〔註90〕，腹部爲兩鋪首銜環，一件編號 M2：S173，通高 44.3、口徑 10.4、腹徑 20.2 釐米（圖 52：4），這種情況表明墓主人對於楚國特有的方鑒缶組合併不是十分重視。

「龍耳獸座漆木方壺」2 件，一件編號 M2：E37，通高 79.2、口長 25.6、寬 24、腹徑 35 釐米（圖 52：5）；銅「環耳缶」1 件，編號 M2：E113，通高 46.6、口徑 18、腹徑 36.4 釐米，腹部有四個環鈕和盥缶上常見的圓渦紋（圖 52：1）；漆木「四環耳缶」3 件，一件編號 M2：E28，通高 44.6、口徑 20.4、腹徑 36、底徑 22.8 釐米（圖 52：8）；漆木「尊」1 件，同於 M1 中的銅尊，編號 M2：E82，通高 36、口徑 27、腹徑 20.5 釐米（圖 52：3）。另據王紅星

〔註90〕 推測爲王紅星先生文章中提到的漆木「小方壺二件」，因其明顯小於龍耳獸座方壺。參見王紅星：《九連墩一、二號楚墓用鼎制度研究》，《楚文化研究論集》（七），470 頁，嶽麓書社，2007 年。

先生介紹的酒器還有：「（漆木）束頸圓腹壺四件，（銅）小方壺（形似漢代的鈁）二件，小圓壺二件」，但均未見圖片。

圖 52：九連墩二號墓出土部分酒器、水器

其他青銅、漆木禮器還包括漆木小鬲 9 件、漆木大鬲 1 件（均在西室）、漆木盤 2 件、匜 2 件，銅盥缶 2 件、盤 2 件、匜 2 件。

總體來看該墓中銅、漆禮器各成一套獨立的禮制組合（除方座簋），均包括鼎、簋、簠、盞（敦）、盒、方壺、圓壺、尊缶、盤、匜，一套以 5 件升鼎為主，一套以 7 件獸鈕子母口鼎為主。

相比而言，九連墩 M2 比 M1 具有更為濃厚的中原文化因素，像楚式的小口鼎、深腹折沿束頸鑐鼎、魖鳥鈕子母口高蹄足蓋鼎等均未見到，許多銅器紋飾也是中原多見的牛首蟠螭紋（圓鑒、圓壺、鑐鼎等）。更值得一提的是，在 M2 西室中有一件銅「鳥柱盆」（M2：W289），盆內立一飛鳥，通高 15.1、口徑 41 釐米。這是一件十分典型的三晉地區的水器，常常與桶形器共存，但在楚地卻極為罕見〔註91〕。以上種種迹象表明，M2 的墓主人極有可能來自於北邊的中原地區〔註92〕。

由此，我們將九連墩 M1、M2 與包山 M2 所出土的主要青銅彝器對比如下：

〔註91〕張辛：《中原地區東周陶器墓葬研究》，科學出版社，2002 年。
〔註92〕王紅星先生亦有相似的觀點，「二號墓出土有同時期三晉地區的銅器，也可能墓主即三晉地區人士，嫁作楚人之婦，作為嫁妝帶至楚地的」，參見王紅星：《九連墩楚墓與荊州楚墓的異同》，《楚文化研究論集》（八），大象出版社，2009 年。

表 19：九連墩楚墓與包山二號墓隨葬青銅禮器的比較（注：包山 M2 圓鑒、尊缶、圓壺數量據遣策而定。「？」表示數量不明。鬲、甗未收錄。盤、匜未加以具體分類。）

器類 \ 墓葬	鑐鼎	升鼎	獸鈕子母口鼎	箍口鼎	魑鳥鈕子母口鼎	小口鼎	方座簋	簠	盒	盞（敦）
九連墩 M1	2	5	7	1	4，兩組	1	4	4	2	2
九連墩 M2	1	5漆	7	1？	1臥牛鈕，1三環鈕	無	2銅+8漆	4漆	2銅+2漆	2銅+2漆
包山 M2	2	2	6	2	4三環鈕	1	無	2	2	2

器類 \ 墓葬	方壺	鈁	方鑒	圓鑒	尊缶	圓壺	尊	盤	匜	小鬲
九連墩 M1	2	2	2	2	2+1	2+1	？	6	3	9
九連墩 M2	2漆+2銅	2漆	1漆	2銅	1銅3漆	2銅2銅4漆	1	2銅2漆	2銅2漆	9
包山 M2	2	無	無	2	2	2	無	4	1	無

　　可以發現，九連墩楚墓與以包山二號墓爲代表的江陵地區楚墓在禮器制度上最大的不同即體現於用鼎方面：江陵地區楚墓升鼎、獸鈕子母口鼎均流行使用偶數件，兩兩成對；而九連墩楚墓兩套正鼎皆用奇數件，且數量恰相差一等。

二、楚國北部地區貴族墓葬的葬器制度

　　楚國北部地區（圖 53），從襄宜平原（鄀郢、鄧城）上至河南南陽（申縣）、平頂山、信陽、淮陽（陳縣）、上蔡（蔡縣）一帶，多是楚滅國設縣之地，如申、息、陳、蔡、葉等，是楚國防禦北方以及北進中原的戰略要地〔註 93〕，自然與中原諸「夏」存在著更爲密切的文化交流與聯繫。又兼其本是「漢陽諸姬」故地所在〔註 94〕，在文化傳統上也同時深受周制和楚制的雙重影響，

〔註93〕　張國碩、鄭璐璐：《論東周楚國的軍事防禦體系》，《楚文化研究論集》（七），92～94 頁，嶽麓書社，2007 年。
〔註94〕　《左傳・僖公二十八年》晉國大夫欒枝云「漢陽諸姬，楚實盡之」。清人易本烺在《春秋楚地問答》中認爲「漢陽諸姬」所分佈的範圍應是「西自漢水以東，南自漢水以北，東至光、黃，北至於淮汝。」

所以在考察這一地區的葬制葬俗時，便尤其需要注意與中原地區同時期墓葬的比較。

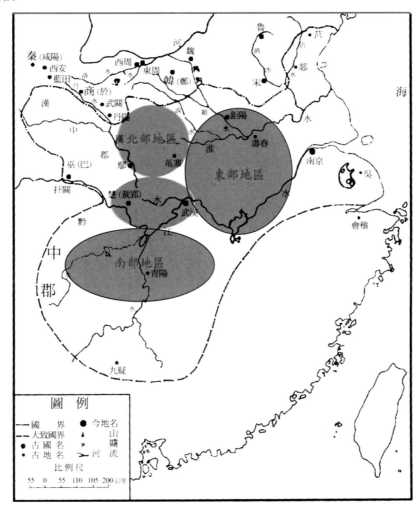

圖 53：楚國北部地區地理位置示意簡圖

　　迄今為止在該區域內已經發掘的代表性的楚國貴族墓葬包括：淅川下寺墓地、兩嶺墓地、隨州擂鼓墩墓地、平頂山楚墓地、南陽彭氏家族墓地、信陽長臺關墓地、新蔡葛陵楚墓等〔註 95〕，可茲參考的還有隨縣曾侯乙墓、襄

〔註 95〕河南省文物研究所等：《淅川下寺春秋墓》，文物出版社，1991 年；河南省
　　　　文物考古研究所等編著：《淅川和尚嶺與徐家嶺楚墓》，大象出版社，2004
　　　　年；河南省文物管理局南水北調文物保護辦公室、南陽市文物考古研究所：
　　　　《河南淅川縣徐家嶺 11 號楚墓》，《考古》2008 年第 5 期；隨州市博物館

陽王坡 M55 鄧墓、葉縣舊縣 M4 許寧公墓〔註96〕等楚系墓葬。

　　首先來看春秋時期的葬器情況（以未被盜掘墓葬爲主）：下寺 M7，春秋中期偏早，箍口鬲鼎 2 件，「中妃衛旅簠」2 件，盞 1 件，盥缶 2 件，盤 1 件，「東姬會匜」1 件（圖 54）。

　　下寺 M1，春秋中晚期之際。箍口鬲鼎 4 件，按大小分爲兩組，兩兩成對，但銘文不同。另有小型的箍口鼎 1 件（即箍口鼎共 5 件）；束頸折沿的於鼎 4 件，按大小分爲兩組，兩兩成對。束腰平底升鼎 2 件，一大一小。小口湯鼎 1 件，立耳無蓋深腹的大鑊鼎 1 件，鬲 2 件，簠 2 件，圈足簋 1 件，盞 1 件，浴缶 2 件，尊缶 2 件，龍耳虎座方壺 2 件，盤 1 件，匜 1 件，盉 1 件。

　　下寺 M2，春秋中晚期之際。箍口鬲鼎 4 件，按大小分爲兩組，兩兩成對，但銘文不同。另有 1 件小型的鬲鼎（即鬲鼎共爲 5 件）。束頸折沿於鼎 6 件，按大小分爲 3 組。束腰平底升鼎 7 件，小口湯鼎 1 件。扉棱鬲 2 件，簠 1 件（？），三足簋 2 件，盞 1 件，盆（食器）1 件。浴缶 2 件，尊缶 2 件，方壺殘缺（僅存壺冠）。盤 1 件，匜 1 件，鑒 1 件（圖 54）。

　　下寺 M3，春秋晚期偏早。箍口鬲鼎 2 件，小型箍口「飤鼎」1 件，形制

編：《隨州擂鼓墩二號墓》，文物出版社，2008 年；河南省文物考古研究所、平頂山市文物局：《平頂山應國墓地十號墓發掘簡報》，《中原文物》2007 年第 4 期；河南省文物考古研究所等：《河南平頂山春秋晚期 M301 發掘簡報》，《文物》2012 年第 4 期；南陽市文物考古研究所：《河南南陽春秋楚彭射墓發掘簡報》，《文物》2011 年第 3 期。其可與之前已經發掘的申公彭宇墓、彭無所墓、彭子壽墓、彭啓墓相參照，爲瞭解南陽楚彭氏家族的歷史提供了重要的實物資料。可參看王儒林、崔慶明：《南陽市西關出土一批春秋銅器》，《中原文物》1982 年第 1 期；董全生、李長周：《南陽市物資城一號墓及其相關問題》，《中原文物》2004 年第 2 期；南陽市文物考古研究所：《南陽市萬家園 M181 發掘簡報》，《中原文物》2009 年第 1 期。彭啓墓和彭子壽墓材料尚未公佈；河南省文物研究所：《信陽楚墓》，文物出版社，1986 年；河南省文物考古研究所：《新蔡葛陵楚墓》，大象出版社，2003 年。其他被嚴重盜掘的墓葬如葉縣舊縣 M1、正陽蘇莊 M1 等本文未加收錄，對於淮河上游的固始侯古堆 M1、白狮子地 M1、M2 等墓葬也未放入該地區考慮。參見曹桂芩：《河南楚文化的發現與研究》，《華夏考古》1989 年第 3 期。

〔註96〕湖北省博物館：《曾侯乙墓》，文物出版社，1989 年；從出土青銅器推斷當是春秋早期的鄧國貴族墓葬。湖北省文物考古研究所等：《襄陽王坡東周秦漢墓》，科學出版社，2005 年；平頂山市文物管理局等：《河南葉縣舊縣四號春秋墓發掘簡報》，《文物》2007 年第 9 期。

略有不同（即拼湊成箍口鼎 3 件）。於鼎 2 件，小口鼎 1 件。簠 4 件，盞 1 件。浴缶 2 件，尊缶 2 件。盤 1 件，匜 1 件，盂 1 件，鑒 1 件。

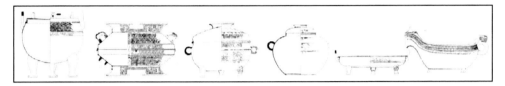

圖 54：淅川下寺 M7 出土青銅禮器

下寺 M4，春秋晚期偏早。箍口綯鼎 1 件，簠 1 件，浴缶 1 件，盤 1 件，匜 1 件。

下寺 M10，春秋晚期偏晚。箍口綯鼎 4 件，兩兩成組。簠 2 件，盞（西瓜形）1 件。浴缶 2 件，尊缶 2 件，盤 1 件，匜 1 件。

下寺 M11，春秋晚期偏晚。箍口綯鼎 2 件，小型箍口「飤鼎」1 件，形制相同（當亦是拼湊成箍口鼎 3 件）。簠 2 件，盞 1 件。浴缶 1 件，尊缶 2 件，盤 1 件，匜 1 件。

和尚嶺 M2 薳子受墓，春秋晚期偏晚，三環鈕子母口鼎 1 件，箍口鼎 4 件，兩件形制、紋飾相同。束頸折沿於鼎 2 件。簠 2 件，西瓜形盞（敦）1 件，畫像鋪首銜環圓壺 2 件，浴缶 1 件，盤 1 件，匜 1 件。

平頂山 M301〔註97〕，春秋晚期偏早。箍口鼎 3 件，但大小、形制略有不同，係拼湊而成。一件爲圓形抓手蓋（M301：12），通高 39.5、口徑 33.2 釐米；一件爲中央束環鈕、外圍三個方座龍首形環鈕蓋（M301：11），通高 36.5、口徑 33.2 釐米；一件爲中央銜環鈕、外圍三個豎立式環鈕配臥獸蓋（M301：10），通高 32.1、口徑 24.4 釐米。三足扁體盞形敦 1 件，中原式樣（M301：9），浴缶 2 件，盤 1 件，匜 1 件。

南陽彭氏家族墓地〔註98〕：南陽申公彭宇墓，春秋早期偏晚。立耳鼎 2 件，形制相同、大小不一，附耳鼎 1 件。圓壺 2 件，簠 2 件；彭無所墓，年代不詳。於鼎 5 件，小口湯鼎 1 件，簠 4 件，盞 1 件，缶（鹽缶、尊缶不明）

〔註97〕 河南省文物考古研究所等：《河南平頂山春秋晚期 M301 發掘簡報》，《文物》2012 年第 4 期。

〔註98〕 王儒林、崔慶明：《南陽市西關出土一批春秋銅器》，《中原文物》1982 年第 1 期；董全生、李長周：《南陽市物資城一號墓及其相關問題》，《中原文物》2004 年第 2 期；南陽市文物考古研究所：《南陽市萬家園 M181 發掘簡報》，《中原文物》2009 年第 1 期；南陽市文物考古研究所：《河南南陽春秋楚彭射墓發掘簡報》，《文物》2011 年第 3 期。

2 件，盤 1 件，匜 1 件；南陽萬家花園 M181，春秋中期偏早，束頸折沿於鼎 1 件，平蓋子母口鼎 2 件（中原式樣），簋 2 件，盞 1 件，浴缶 1 件，盤 1 件，匜 1 件；彭射墓，春秋晚期偏早。束頸折沿於鼎 2 件，箍口緐鼎 3 件，大小相次，小口湯鼎 1 件。簋 4 件，扁體三足盞 1 件，尊缶 2 件，盥缶 2 件，盤 1件，匜 1 件。依據以上墓葬列表如下：

表 20：春秋時期楚國北部地區貴族墓葬葬器簡表

器類	鑊鼎	升鼎	緐鼎	湯鼎	簠	簋	盞	方壺	尊缶	盥缶	盤	匜
下寺 M2	6	7	4+1	1	2	1	1	2	2	2	1	1
下寺 M1	4	2	4+1	1	1	2	1	2	2	2	1	1
彭無所墓	5			1		4	1		2		1	1
彭射墓	2		3	1		4	1		2	2	1	1
和尚嶺 M2	2		4						2壺	1	1	
下寺 M11			2+1			2	1		2	1	1	1
下寺 M3	2		2+1	1		4	1		2	1	1	1
南陽 M181		1+2				2	1				1	1
下寺 M10			4			2	1		2	1	1	1
下寺 M7			2				1			2	1	1
平頂山 M301		3					1			2	1	1
彭宇墓		2+1				2			2壺			
下寺 M4		1				1				1	1	1
許寧公墓（被盜）	1子口鼎	3	2			2	1	1？		1？		
王坡 M55		5附耳鼎				6			2壺		1	1

相比於戰國時期的九連墩 M1、M2，春秋時期該地區的貴族墓葬中尚未出現竹蓋的束頸折沿緐鼎、子母口高蹄足蓋鼎、各式銅（漆）豆、圓壺等器物，盞也均僅有 1 件，子母口鼎、盞（敦）、圓壺兩兩成套的組合要到戰國階段才正式形成。在淅川下寺 M1、M2 令尹薳子馮夫婦墓葬中，除了箍口鼎、簋、尊缶、盥缶、盤、匜的組合外，還有一套仿周式傳統禮制的束腰平底升鼎、簋、扉棱鬲、方壺的組合。值得注意的是，這一時期楚國北部地區的鼎制主要由升鼎、於鼎、箍口鼎組成，且在數量上升鼎和箍口鼎（拼湊而成）

多是奇數件，且相差一個等級，小貴族墓中僅用奇數件的箍口鼎，很顯然這爲上述九連墩楚墓中特殊的鼎制現象奠定了基礎。盂鼎亦有 6、4、2 三級不同的等差，戰國後其禮制地位被臥獸鈕子母口鼎取代。

再來看戰國時期該地區的葬器組合情況（以未被盜掘的墓葬爲主，故不討論信陽長臺關 M1、M2，新蔡葛陵楚墓等）：

淅川徐家嶺 M10 蒍子昃墓〔註99〕，戰國早期偏早（圖 55）。束頸折沿大鑊鼎 1 件，升鼎 5 件，臥牛鈕子母口高蹄足蓋鼎 5 件。鬲 5 件，形制、大小基本相同，唯 3 件夔龍紋、2 件素面。方座簠 4 件，盞（敦）2 件，一件素面，一件通體有花紋並鑲嵌紅銅。方形蓋豆 2 件（同於九連墩 M1 深腹方盤蓋豆，圖 2:5），淺平盤無蓋高柄蓋豆 2 件（同於九連墩 M1 淺腹圓盤無蓋豆，圖 2:6）。龍耳方壺 2 件，尊缶 2 件，魑鈕圓壺 2 件。鑒 2 件，浴缶 2 件，盤 2 件，匜 2 件（盤、匜開始出現兩套，且形制上有今、古式之別）。

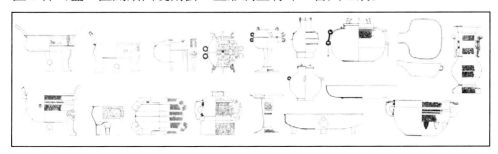

圖 55：淅川徐家嶺 M10 出土青銅禮器

徐家嶺 M6，戰國早期，獸形鈕子母口高蹄足蓋鼎 2 件，盞（敦）2 件，魑鈕圓壺 2 件，盤 1 件，匜 1 件。

平頂山 M10〔註100〕，戰國早期偏早。銅器有箍口鼎 4 件，形制基本相同，但大小、紋飾略有區別。三環鈕子母口高蹄足蓋鼎 1 件。小口湯鼎 1 件，盞（敦）2 件，尊缶 2 件，鉌 3 件，浴缶 1 件，盤 1 件，匜 1 件。另有仿銅陶禮器升鼎 3 件，方座簠 4 件，扉棱鬲 4 件，簠 2 件，淺平盤無蓋高柄豆 1 件，方壺 2 件。從鼎制組合上看，前面 4 件箍口鼎和 1 件子母口鼎應是意在拼湊成正鼎 5 件一套，與升鼎 3 件形成搭配，恰低於九連墩楚墓一個等級。

〔註99〕河南省文物考古研究所等編著：《淅川和尚嶺與徐家嶺楚墓》，大象出版社，2004 年。

〔註100〕河南省文物考古研究所、平頂山市文物局：《平頂山應國墓地十號墓發掘簡報》，《中原文物》2007 年第 4 期。

　　襄陽蔡坡 M4〔註101〕，戰國早期偏早。銅器有三環鈕子母口蹄足蓋鼎 2件，簠 1 件。扁體三足盞（敦）1 件，圓體西瓜形盞（敦）2 件（簡報稱「盒」），爲過渡時期的特徵。魑鈕畫像圓壺 2 件，盥缶 1 件，盤 1 件，匜 1 件；仿銅陶禮器有箍口鼎 5 件（據簡報圖 7：1 推斷），敦 1 件，簠 1 件，蓋豆 2 件，淺盤無蓋高柄豆 1 件，圓壺 1 件（形制不明）。則此墓正鼎分爲 5、2 兩套，兼從周制與楚制，且各配以簠 1、敦 2、圓壺組合。

　　隨州擂鼓墩 M2〔註102〕，戰國中期偏晚。束頸折沿無蓋鑐鼎 1 件，束腰平底升鼎 9 件，牛形鈕子母口高蹄足蓋鼎 6 件，兩兩成組，大小不同。小口提鏈湯鼎 1 件。方座簠 8 件，簠 4 件，方豆 1 件，淺盤無蓋高柄豆 2 件。大鬲 1 件，小鬲 9 件，甗 1 件，釜 1 件。方壺 2 件，魑鈕圓壺 2 件，尊缶 4 件，分兩型。盥缶 2 件，盤 1 件，匜 1 件。該墓的鼎制當亦是兩套，由升鼎和獸形鈕子母口高蹄足蓋鼎組成，只是子母口鼎一組使用的是楚式的偶鼎制度。

　　隨州曾侯乙墓〔註103〕，戰國早期。束頸折沿鑐鼎 2 件，升鼎 9 件，箍口鼎 1 件，牛形鈕子母口蹄足蓋鼎 5 件，三環鈕子母口蹄足蓋鼎 1 件，小口湯鼎 1 件，匜鼎 1 件。方座簠 8 件，簠 4 件，金盞 1 件，淺盤無蓋高柄豆 2 件，蓋豆 1 件（形制近似九連墩 M2 蓋豆，圖 6：1），扉棱鬲 9 件。大鬲 1 件，甗 1 件。連禁方壺 2 件，尊缶 2 件，提鏈圓壺 2 件，方鑒缶 2 套，圓鑒缶 2 套，尊盤 1 套。盥缶 4 件，分兩組，盤 1 件，匜 2 件。可以推測，該墓子母口蹄足蓋鼎一套應原是 7 件，只是如墓中編鍾一樣，添入了兩件典型楚式鼎而替換了原有的器物。

　　據以上墓葬列表如下：

表 21：戰國時期楚國北部地區貴族墓葬葬器簡表

器類 墓葬	鑐鼎	升鼎	子母口鼎	箍口鼎	小口鼎	方座簠	簠	小鬲	盒	盞（敦）
徐家嶺 M10	1	5	5			4	2	5		2
徐家嶺 M6			2							2

〔註101〕湖北神博物館：《襄陽蔡坡戰國墓發掘報告》，《江漢考古》1985 年第 1 期。
〔註102〕隨州市博物館編：《隨州擂鼓墩二號墓》，文物出版社，2008 年。
〔註103〕湖北省博物館：《曾侯乙墓》，文物出版社，1989 年。

墓葬										
平頂山 M10		3陶	1	4	1	4陶	2陶	4陶		2
蔡坡 M4			2銅	5陶			1+1			2+2
擂鼓墩 M2	1	9	6		1	8	4	9		
曾侯乙墓	2	9	5+1	1	1	8	4	9		1

器類 墓葬	方壺	鈁	方鑒	圓鑒	尊缶	圓壺	盥缶	盤	匜	豆
徐家嶺 M10	2		2	2	2	2	2	2	2	2+2
徐家嶺 M6						2		1	1	
平頂山 M10	2			2						1
蔡坡 M4						2+1	1銅	1銅	1銅	2+1
擂鼓墩 M2	2			4	2	2	1	1		1+2
曾侯乙墓	2	2	2	2	2	2	4	2	2	1+2

（注：鬲、甗、盂、釜等未收錄。）

　　從上表可以看出，進入戰國階段以後，楚國北部地區的貴族墓葬中開始出現並流行子母口高蹄足蓋鼎、西瓜形盞（敦）、魑鈕圓壺的新式組合，這是對中原地區鼎、豆、圓壺組合模仿的結果，只是用春秋時期就已多見的盞替代了豆。不過除漆豆外，各式銅豆在該地區仍然十分普遍，這是江陵一帶比較少見的現象。春秋時期束頸折沿有蓋的於鼎演變爲束頸折沿無蓋的鑐鼎，作烹煮之用，同於中原地區的鑊鼎，一般每墓 1-2 件。原本十分常見的箍口鼎在這一地區卻趨於衰落（小型墓基本均爲子母口鼎、盞、圓壺組合）。高級貴族墓葬中正鼎主要由升鼎、獸形鈕子母口高蹄足蓋鼎組成，且數量上多相差一個等級。由此也便可以理解九連墩楚墓中特殊鼎制現象出現的原因了，與江陵地區盛行的偶鼎制度存在一定的區別。而這種特殊葬器制度的出現，正是由於該地區毗鄰中原，在禮制上受中原文化影響較深之故。像春秋時期的新鄭李家樓鄭伯墓、輝縣琉璃閣甲、乙墓等正鼎均是由兩套組成，且數量多相差一個等級。至戰國階段後，像山西太原趙卿墓、陝縣後川 M2040、平山中山國 M1、M6、山西潞城潞河 M7 等則又進一步增加了鬲形或敦形鼎，從而演變爲三套正鼎（類似的禮制複雜化過程在楚國同樣可以見到），這種多套奇數正鼎的現象顯然對楚國的北部地區產生了顯著影響〔註 104〕。

〔註 104〕但是楚人對於中原禮制的借鑒似乎又多是停留在形式上，像淅川下寺 M1、M2 中，雖然箍口鼎總數是 5 件，但代表其功用的銘文卻存在差異，其中兩

三、小結

東周時期，中原地區和南方楚文化區之間存在著十分密切的政治、經濟、文化交流，這爲楚人借鑒和學習中原地區的新興禮制奠定了基礎，像束腰平底升鼎、簋、扉棱鬲、方壺的組合就是遵循的周式青銅禮制規範，同時戰國時期的子母口蓋鼎、圓壺、匜鼎、束頸折沿鑐鼎（仿造中原地區鑊鼎）等器物也是從中原地區引入或借鑒而來的。

但是楚人又保留有自己獨特的禮制文化，其中一個突出的方面便是偶鼎制度，以及箍口鼎、小口湯鼎、扁體三足盞、尊缶、盥缶等楚國特有的青銅禮器，這在楚國政治中心的江陵地區體現的尤其明顯。但楚國北部地區由於地處中原、楚地這兩大禮制中心的交匯地帶，所以自然較江陵地區更多受中原文化影響，在青銅禮器的使用上便體現爲：高級貴族墓葬中正鼎由兩套相差一個等級的奇數件鼎構成，春秋時期爲束腰平底升鼎（配以三足簋、扉棱鬲、方壺）和箍口緐鼎（配以簋、尊缶、盥缶、盤、匜），戰國時期爲束腰平底升鼎（配以方座簋、扉棱鬲、方壺）和獸形鈕子母口高蹄足蓋鼎（配以盞、圓壺），並均配有烹煮的鑐鼎。中小貴族墓中僅用一套奇數正鼎，無束腰平底升鼎，春秋時期或爲束頸折沿于鼎，或爲箍口緐鼎，戰國後多爲獸形鈕子母口高蹄足蓋鼎。同時這一地區各種銅豆（如方豆、淺平盤蓋豆、有柄蓋豆等）也十分盛行，當亦是受中原地區禮制（鼎、豆、壺的基本葬器組合）影響的結果。

件稱「飤於」，一件較小的稱「飤鼎」，而另兩件則無銘文。很顯然，它們應是用於不同的禮制場合的，只是到喪葬活動時爲了特定的禮制需要而拼湊在一起。河南省文物研究所等：《淅川下寺春秋墓》，文物出版社，1991 年。

第八章　青銅器組合變化與禮制革新

　　周代禮制的核心在於定名位、息紛爭。「名位不同，禮亦異數」（《左傳·莊公十年》）。而名位者，即是各級貴族的身份等差，《孟子》：「周室班爵祿」云公、侯、伯、子、男五等通於天下，君、卿、大夫、上士、中士、下士六等施於國中，大略可參。但在具體的禮儀活動中，「名位」又需要通過特定的青銅禮器來體現：不同等級的貴族被嚴格限制使用不同數量、規格的物品（同時包括服飾、車馬、樂器等），尊卑降差，森嚴有序。故孔子稱：「唯器與名，不可以假人。」（《左傳·成公二年》）杜預注：「器，車服；名，爵號。」可以說，青銅彝器正是周代禮制最爲重要的物化表現形式。

　　因此當我們觀察到在特定時期內青銅禮器的形制、紋飾、組合以及器用制度都發生了顯著變化時，便可以直觀地認爲社會禮制在這一階段出現了「革新」。最早採用這一研究思路的是英國著名學者羅森夫人，不過她所使用的詞彙是「禮制革命（Ritual Revolution）」〔註1〕；此後經羅泰先生變更爲「禮制改革（Ritual Reform）」〔註2〕，並逐漸被學界所接受。其他涉及這一討論的

〔註1〕 Jessica Rawson 羅森，"Statesman or Barbarians？ The Western Zhou as Seen through Bronzes", Proceedings of the British Academy 75（1989），pp. 89～93；Rawson "Western Zhou Archaeology", pp.433～440.中文本可參看羅森：《古代中國禮器——來自商和西周時期墓葬和窖藏的證據》，劉新光譯，北京大學出版社2002年7月；在其最新的文章中已改用「禮制改革」的概念，Jessica Rawson, "A Ritual Reform c.850 BC： Major Changes in a Chinese 'Bronze Vessel Age'"，「全球視野下的青銅時代國際學術研討會」會議論文，2011年11月。

〔註2〕 羅泰 Lothar Von Falkenhausen：《有關西周晚期禮制改革及莊白微氏青銅年代的新假設：從世系銘文說起》，載《中國考古學與歷史學之整合研究》，臺北：中研院，1997年，第651～675頁；Late Western Zhou Taste, Etudes Chinoises 18

著名學者還包括盧連成、胡智生、曹瑋、夏含夷、李峰等〔註3〕。但其所關注的均是發生在西周中後期之交的「第一次」禮制變化，具體表現爲：1、商式酒器觚、爵、斝、方彝、尊、罍等迅速消亡，同一化的銅壺流行；2、成套列鼎、簋、簠、盨等食器的興起；3、規模宏大的編鍾、編磬出現；4、銅器紋飾由精細的動物紋樣變化爲粗略的幾何紋等。儘管目前關於變革原因的探討仍然是各執一詞，未詳孰是，但這一研究成果對本書卻仍然具有著重要的借鑒意義。

前文中已分別對鼎、簋、簠、敦、豆、壺、鑒、罍、盤、匜等重要青銅彝器的形制演變和器用制度進行了詳盡的討論，可以發現，在春秋中期偏晚階段和戰國初期，貴族墓葬中的青銅禮器同樣發生了極其巨大的變化，所以本章中嘗試以上述研究爲線索，來系統分析東周時代的禮制變革過程，並希冀通過結合三禮文獻的記載，能夠進一步揭示出禮制變革發生的原因。

第一節　西周古制

典籍文獻中關於周代宗廟祭祀時用鼎制度的記載，先後有兩種不同的版本，一是《公羊傳・桓公二年》何休的注釋：「禮祭，天子九鼎，諸侯七，大夫五，元士三也」；另一個則是《儀禮》書中的描述：有卿（上大夫）、下大夫之異，下大夫宗廟祭祀時少牢饋食、有司徹（祭後賓尸）兩個連續儀節分別使用升鼎五、三兩套，同時還有正鼎、陪鼎、鑊鼎、鉶鼎的區別（第二章第一節）。如今結合考古發現可以確認何休所論的鼎制並不能反映東周以來的實際情況，所以俞偉超先生認爲其應該指的是西周時候的「古制」，屬於儒家

（1999），pp.155～164.應當注意的是，羅森將這一變化定在了西周中期範圍內，具體講即是懿王、孝王、夷王時期，從公元前899/897至858年。而羅泰則堅持稱之爲「西周晚期禮制改革」，他認爲這次改革發生在公元前850年左右。見 Rawson, Western Zhou History, p.434； Falkenhausen, "Late Western Zhou Taste",pp.150～151.

〔註3〕 盧連成、胡智生：《陝西地區西周墓葬和窖藏出土的青銅禮器》，《寶雞漁國墓地》附錄一，寶雞市博物館編輯，文物出版社，1988年；曹瑋：《從青銅器的演化試論西周前後期之交的禮制變化》，《周秦文化研究》，陝西人民出版社，1998年；夏含夷：《從西周禮制改革看〈詩經・周頌〉的演變》，《河北師院學報》（社會科學版），1996年第3期；李峰：《西周的滅亡》，上海古籍出版社，2007年，118～119頁。

學者尚古思想的體現〔註4〕。那麼事實是否確是如此呢？「西周古制」究竟存在怎樣的面貌呢？

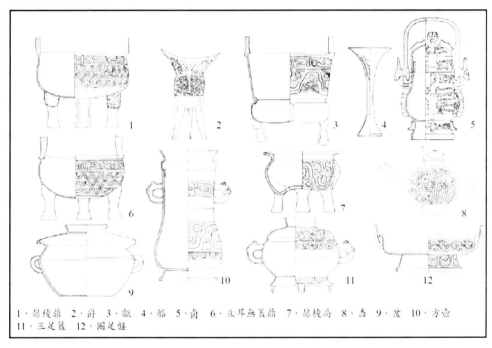

1、扉棱鼎　2、爵　3、甗　4、盨　5、卣　6、立耳無蓋鼎　7、扉棱鬲　8、盉　9、盆　10、方壺　11、三足簋　12、圈足盤

圖 56：梁帶村芮國墓地 M19 出土青銅禮器

　　以北趙晉侯墓地、三門峽虢國墓地、平頂山應國墓地、韓城梁帶村芮國墓地等爲例，可以發現〔註5〕，西周中器後段，以鼎、簋組合爲核心、包括炊煮器、盛食器（升鼎爲盛肉之器）、酒器、水器四種器類搭配的周式青銅禮制已臻於完善，並一直延續至春秋初年。詳見下表：

〔註4〕俞偉超、高明：《周代用鼎制度研究》，《北京大學學報》（哲學社會科學版）1978 年 1、2 期、1979 年 1 期。後收入俞偉超：《先秦兩漢考古學論集》，62～114 頁，文物出版社，1985 年。

〔註5〕梁帶村墓地資料參見：《考古與文物》2007 年第 2、6 期，《文物》2008 年第 1 期，《考古》2009 年第 4 期；晉侯墓地資料參考《文物》1994 年第 1、8 期，1995 年第 7 期；三門峽墓地資料包括中國科學院考古研究所編著：《上村嶺虢國墓地》，科學出版社，1959 年。河南省文物考古研究所等：《三門峽虢國墓（第一卷）》，文物出版社，1999 年。河南省文物考古研究所、三門峽文物工作隊：《上村嶺虢國墓地 M2006 的清理》，《文物》1995 年第 1 期；平頂山應國墓地資料參見《華夏考古》1988 年第 1 期，2007 年第 1 期。

表22：西周至春秋初年中原地區貴族墓葬青銅器組合簡表

墓 葬	列鼎	粢盛器	酒 器	水 器	炊煮器
晉侯墓地 M91	7 鼎	5 簋 1 鋪	2 方壺 2 圓壺	1 盤 1 匜	2 鬲 1 甗
三門峽 M2001 虢季墓	7 鼎	6 簋 4 盨 2 簠 2 鋪	2 方壺 2 圓壺	1 盤 1 盉	8 鬲 1 甗
三門峽 M2011	7 鼎	8 簋 1 鋪 1 盆	2 方壺 2 圓壺	1 盤 1 匜	8 鬲 1 甗
三門峽 M1052	7 鼎	6 簋 1 鋪	2 壺？	1 盤 1 盉	6 鬲 1 甗
梁帶村 M27	7 鼎	6 簋 1 盆	2 方壺	1 盤 1 盉	1 甗
三門峽 M2012	5 鼎	4 簋 2 簠 2 鋪	2 方壺	1 盤 1 匜	8 鬲 1 甗
三門峽 M1706	5 鼎	4 簋 1 鋪	2 方壺	1 盤 1 匜	4 鬲
三門峽 M1810	5 鼎	4 簋 1 鋪	2 方壺	1 盤 1 盉	4 鬲 1 甗
晉侯墓地 M64	5 鼎	4 簋 2（？）簠	2 方壺	1 盤 1 匜	1 甗
晉侯墓地 M93	5 鼎	6 簋	2 方壺	1 盤 1 匜	1 甗
應國墓地 M8	5 鼎	4 簋	2 方壺	1 盤 1 匜	1 甗
應國墓地 M1	5 鼎	6 簋	2 方壺	1 盤 1 盉	1 甗
梁帶村 M26	5 鼎	4 簋 2 簠 2 盆	2 方壺	1 盤 1 盉	4 鬲 1 甗
梁帶村 M28	5 鼎	4 簋	2 方壺	1 盤 1 盉	4 鬲 1 甗
應國墓地 M95	3 鼎	4 簋 2 盨	2 方壺	1 盤 1 匜	4 鬲 1 甗
晉侯墓地 M102	3 鼎	4 簋	1 方壺	1 盤 1 匜	
晉侯墓地 M31	3 鼎	2 簋	2 圓壺	1 盤 1 盉	
晉侯墓地 M63	3 鼎	2 簋	2 圓壺	1 盤 1 盉	
晉侯墓地 M62	3 鼎	4 簋	？	1 盤 1 匜	
三門峽 M2006	3 鼎	2 盨 1 簠	2 圓壺	1 盤 1 盉	4 鬲 1 甗
三門峽 M1705	3 鼎	4 簋	2 圓壺	1 盤 1 盉	
三門峽 M1820	3 鼎	4 簋 1 鋪 2 簠	2 圓壺	1 盤 1 匜	2 鬲 1 甗
梁帶村 M19	3 鼎	4 簋 1 盆	2 方壺	1 盤 1 盉	4 鬲 1 甗
晉侯墓地 M92	2 鼎	2 盨	2 圓壺	1 盤 1 盉	

　　以上所列貴族墓葬中均僅有一套立耳無蓋列鼎，並且與身份等級相對應。諸侯級別一般為5件，但亦有7鼎、3鼎（應國墓地M95）的加禮或殺禮情況，可能與賞賜、入朝為卿（如春秋初年的鄭、虢國君均同時擔任周王室卿士）等政治事件有關。從這一點上也可以看出西周時期中央王庭對於諸侯們的控制是十分嚴格和成功的，每一位繼任者的禮制等級都需要經過周天子

的重新確認。如晉侯墓地 M8 年代晚於 M91，但卻不能沿襲其祖父輩的 7 鼎規格。所以何休「諸侯七鼎、大夫五鼎」的論斷恐怕並不能涵蓋西周時期的全部，實際情況要遠比此複雜，可能還要參以「命數」（入朝爲卿與否）、國勢等差別。

　　此外夫人墓葬一般要比其夫君低一個等級，但亦偶有例外出現。像山西絳縣橫水西周倗國墓地中，M1 爲倗伯夫人畢姬之墓，使用五鼎四簋之制，列鼎、簋上均有銘文「倗伯作畢姬寶旅鼎、簋」，屬倗伯爲妻子所作之器；M2 爲媿姓倗伯之墓，僅使用三鼎，且係拼湊而成，形制、銘文有別〔註6〕。姬姓畢氏在西周時期地位尊崇，故其出嫁之女仍得以享用比夫君高一等級的禮器規模。由此可以推斷，在西周時期與宗周王室的血緣親疏程度對於貴族身份等級的確定更具意義。

　　粢盛器方面，三足簋爲常配，但數量並非以前通常認爲的一定比鼎少一件，亦有大量見到簋比相應列鼎多一件的情況。如三門峽 M2011 七鼎八簋、晉侯墓地 M93 五鼎六簋、應國墓地 M95 三鼎四簋等；銅鋪主要流行於三門峽虢國墓地及晉侯墓地中，數量 1～2 件不定，淺盤無蓋，柄多鏤空〔註7〕；盆（孟、盞）則多見於在梁帶村芮國墓地中〔註8〕，結合天馬—曲村 M7164 和 M7176 的隨葬品組合來看（均爲 1 鼎 1 盆），其一般是每墓僅 1 件；盨（僅見於西周中期至春秋初年）和簠雖然亦開始出現，但流行並不普遍。酒器僅見方壺與圓壺兩種，且已逐漸形成自己獨立的器用制度。

　　盥洗器中，盤、匜搭配尚未完全取代盤、盉組合，不過所有貴族墓葬內均僅有一套。炊煮器類的扉棱鬲數量有 2、4、6、8 四種，均爲偶數，但似乎並不能與身份等級嚴格對應，像 7 鼎虢季墓和其夫人 M2012 五鼎墓中均是 8 件鬲，三門峽 M2006 三鼎墓又與其他 5 鼎貴族墓一樣使用 4 件鬲，完善的制度尚有待時日。甗則均爲 1 件隨葬，屬炊煮黍稷之器。

〔註6〕　山西省考古研究所等：《山西絳縣橫水西周墓發掘簡報》，《文物》2006 年第 8 期。

〔註7〕　陳芳妹：《晉侯對鋪──兼論銅鋪的出現及其禮制意義》，《故宮學術季刊》17：4，2000 年。

〔註8〕　陳芳妹：《盆、敦與簋──論春秋早、中期間青銅粢盛器的轉變》，《文物與考古》1986 年第 3 期；海寧：《試論青銅盆、盂、敦的關係》，西北大學碩士學位論文，2005 年；彭裕商：《東周青銅盆、盨、敦研究》，《考古學報》2008 年第 2 期。

銅器紋飾以弦紋、竊曲、垂鱗、重環、波浪等粗略的幾何形紋樣爲主，佈局多集中在腹部上段一周。方壺十分盛行用十字寬條帶將腹部劃分爲八個不同的小區間，內飾以捲曲的龍紋，圓壺則多見三段式裝飾佈局。總體來看，這一時期的銅器裝飾處於衰落階段，貴族們對於紋樣的精細程度似乎並不太在意，而更關注於器體的素樸莊重之風。

銅器銘文除「媵器」外，多見「某氏作鑄寶（尊）器」，但父、祖輩名稱常被省略。如晉侯墓地 M64 銅簋「佳正月初吉，休作朕文考叔氏尊簋」，梁帶村 M502 畢伯鼎「畢伯克肇作朕丕顯皇祖受命畢公彝」，傳世頌鼎、壺「頌敢對揚天子丕顯魯休，用作皇考龔叔、皇母龔姒寶尊鼎（壺）」，小克鼎「克作朕皇祖季寶宗彝」，同簋「用作朕文考惠仲尊寶簋」，師酉簋「用作朕文考乙伯、究姬尊簋」，杜伯盨「杜伯作寶盨，其用享孝於皇神祖考」等等，均表明其應該是作爲宗廟祭器之用。

但需要注意的是，「窖藏銅器」又應另當別論。像扶風莊白村 1 號窖藏中多數銅器屬微氏家族的折、豐、牆、興四代所作，且銘文多記載本族歷史，子孫世代相傳而並不放入墓葬中。如史牆盤前段頌揚文、武、成、康、昭、穆、恭等七代周王的功德，後段則記述本族六代事跡。這類「因事銘功」而專門製作的銅器在西周時期十分普遍，且數量往往並不遵循禮制規範 [註9]，所以應當與宗廟常設祭器有所區別，對此後續章節中還將有更詳細的討論。

此外西周時期無論在宗周腹地，還是中原、漢淮（諸姬）、齊魯地區這一套「西周古制」（列鼎、簋、壺、盤、匜、鬲、甗組合）均被嚴格地遵守和推行，青銅禮制的地域性尚不十分凸顯，中央王朝在對地方諸侯的控制中保持著優勢。

第二節　春秋時期的器用制度

一、中原地區與楚文化區

公元前 771 年，犬戎攻破鎬京，平王被迫於次年遷都洛陽，東周時代自此開始。隨著周王室勢力的不斷衰微，其對地方諸侯們也逐漸失去控制，自

[註 9] 周原考古隊：《陝西扶風莊白一號西周銅器窖藏發掘簡報》，《文物》1978 年第 3 期；尹盛平：《西周微史家族青銅器群研究》，文物出版社，1992 年；李學勤：《西周中期青銅器的重要標尺：周原莊白、強家兩家青銅器窖藏的綜合研究》，《中國歷史博物館館刊》1979 年第 1 期；唐蘭：《略論西周微史家族窖藏銅器群的重要意義》，《文物》1978 年第 3 期等。

此「天下無道，禮樂征伐自諸侯出」（《論語·季氏》），青銅彝器的地域性開始凸顯，新的禮儀制度亦在悄然醞釀之中。

到春秋中期後半葉，巨大的禮制變革開始發生。以新鄭李家樓鄭伯墓、輝縣琉璃閣墓地、侯馬上馬村墓地、淅川下寺墓地、兩嶺墓地等爲代表，地方貴族們開始採用一套與「西周古制」迥然有異的新制度，其具體表現在以下幾個方面：

一、多套列鼎制度的出現。從春秋中期伊始，5鼎以上的高級貴族們紛紛採用兩套形制不同的正鼎，一套爲傳統的立耳無蓋鼎，一套爲新興的附耳有蓋深腹鼎，且數量多相差一個等級（儘管尚不十分規範）。這在前文中已有詳盡的討論，不再贅述。

而這種制度的來源很可能肇始於春秋早期即已在洛陽周邊地區中小型貴族墓內出現的拼湊鼎制現象。像五鼎級別的洛陽 C1M9950、C1M3427、C1M3498、登封告城 M3、郟縣太僕鄉春秋墓、侯馬上馬墓地 M13 以及三鼎級別的虢國墓地 M2013、洛陽 C1M9934、C1M6112、紗廠 JM32、王城廣場 M37、西工區 LBM4、臨猗程村 M1001 等墓葬中都可以見到由兩種乃至多種不同形制的鼎來拼湊應有鼎數的情況〔註10〕，且鼎的形制與隨後高級貴族墓葬中的兩套正鼎有一脈相承的關聯。

在南方的楚文化區，這一時期除去束腰平底升鼎（類似於中原的立耳無蓋扉棱鼎）外，又新增加了一種獨特的箍口鼎（器形類似於中原地區的有蓋深腹鼎，但用箍棱承蓋），自銘「䵎」或「飤䵎」，且數量上亦往往傚仿中原地區。如南陽楚彭射墓中即是 3 件「行䵎」，淅川下寺 M1、M2（升鼎 7 件）

〔註10〕洛陽市文物工作隊：《河南洛陽市潤陽廣場 C1M9950 號東周墓葬的發掘》，《考古》2009 年第 12 期；洛陽市文物工作隊：《洛陽西工區春秋墓發掘簡報》，《文物》2010 年第 8 期；鄭州市文物考古研究院等：《河南登封告成春秋墓葬發掘簡報》，《文物》2009 年第 9 期；山西省文物管理委員會侯馬工作站：《山西侯馬上馬村東周墓》，《考古》1963 年第 5 期；楊文勝：《郟縣太僕鄉出土青銅器研究》，《考古與文物》2002 年第 5 期；河南省文物考古研究所等：《三門峽虢國墓地 M2013 的發掘清理》，《文物》2000 年第 12 期；山西大學歷史文化學院、洛陽市文物工作隊：《河南洛陽市潤陽廣場東周墓 C1M9934 發掘簡報》，《考古》2010 年第 12 期；洛陽市第二文物工作隊：《洛陽市紗廠路東周墓 JM32 發掘簡報》，《文物》2002 年第 11 期；洛陽市文物工作隊：《洛陽市 613 所東周墓》，《文物》1999 年第 8 期；洛陽市文物工作隊編著：《洛陽王城廣場東周墓》，文物出版社，2009 年；楊煥新：《1983 年洛陽西工區墓葬發掘簡報》，《考古》1985 年第 6 期；中國社會科學院考古研究所編：《臨猗程村墓地》，中國大百科全書出版社，2003 年。

中均是籃口鼎 5 件，由 2 件「緐鼎」、2 件「飤緐」和 1 件小「飤鼎」構成。下寺 M3 和 M11（5 鼎規格）中又均爲籃口鼎 3 件，2 件「緐鼎」加 1 件小「飤鼎」〔註 11〕。這種刻意地增加 1 件小型「飤鼎」以拼湊鼎數的做法，恐怕即是爲了與同時期中原地區新的「禮器制度」保持一致（且同樣是立耳無蓋鼎加有蓋深腹鼎的組合）？

二、鑊鼎、羞鼎的出現。從春秋晚期的輝縣琉璃閣甲墓開始，三晉地區高級貴族墓葬內逐漸流行使用一種無蓋、折沿、附耳的大鼎來作爲鑊鼎使用，數量多爲一件，形體巨大，器底並有煙炱痕跡。同時匜鼎開始進入到常用組合中來，並被賦予相應的禮制功能。南方楚墓中也約在同一時期出現了類似的鑊鼎（從早期於鼎變化而來），如淅川下寺 M1、安徽壽縣蔡侯墓以及戰國初年的徐家嶺 M10、曾侯乙墓等，並且形制上亦是無蓋、折沿、附耳的束頸大鼎。到了戰國之後，高級楚墓中還進一步出現了一大一小的兩件鑊鼎，形制、紋飾相近，自銘爲「牛鑐」和「豕鑐」，這是中原地區所未曾見到的。此外，楚人還借鑒了淮河流域徐舒等國的小口鼎傳統，將其作爲祭祀前沐浴的水器使用，一般每墓一件，自銘爲「湯鼎」或「溙鼎」。鼎的功能在這一時期得到了極大的「豐富」。

羞鼎的出現年代儘管較鑊鼎略早（春秋中期），但由於缺乏相應的銘文或遣策資料，而使其判斷起來較爲困難，尤其是與鉶鼎的區別更讓問題變得複雜。所以目前還僅能從形體大小和數量上來進行推斷，難以有確鑿無疑的證據。

三、粢盛器與酒器、水器的變化。在西周傳統禮制中，簋是最爲核心的粢盛器，其他盨、簠、鋪、盆等多處於從屬地位，或僅在特定地域內流行。春秋中期以後，三晉兩周地區的中小貴族們率先開始了盛食器的改革——用敦（春秋中期爲平底盆形，春秋晚期後變爲扁體三足形）取代傳統的簋〔註 12〕。

〔註 11〕 河南省文物研究所等：《淅川下寺春秋楚墓》，文物出版社，1991 年；南陽市文物考古研究所：《河南南陽春秋楚彭射墓發掘簡報》，《文物》2011 第 3 期。

〔註 12〕 山西省文物管理委員會侯馬工作站：《山西侯馬上馬村東周墓》，《考古》1963 年第 5 期；山西省考古研究所：《上馬墓地》，文物出版社，1994 年；洛陽市文物工作隊：《洛陽王城廣場東周墓》，文物出版社，2009 年；楊富斗：《山西萬榮廟前村東周墓地的調查發掘簡訊》，《考古》1963 年第 5 期；中國社會科學院考古研究所編：《臨猗程村墓地》，中國大百科全書出版社，2003 年；中國科學院考古研究所編著：《洛陽中州路（西工段）》，科學出版社，1959 年；洛陽市文物工作隊：《洛陽西工區春秋墓發掘簡報》，《文物》2010 年第 8 期；洛陽市文物工作隊：《洛陽市 613 所東周墓》，《文物》1999 年第 8 期；山西省文物工作委員會晉東南工作組等：《長治分水嶺 269、270 號東周墓》，《考古學報》1974 年第 2 期。

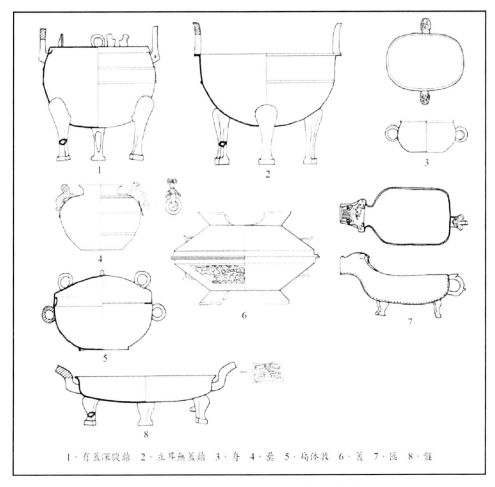

1、有蓋深腹鼎　2、立耳無蓋鼎　3、舟　4、罍　5、扁体敦　6、簠　7、匜　8、盤

圖 57：洛陽紗廠 JM32 出土青銅禮器

　　尤其對於 1-3 鼎貴族而言，不僅摒棄了傳統的簋，甚至連周式酒器都絕然不用（如圖 57）。不過相較於中小貴族們的「銳意改革」而言，高級貴族集團則顯得較爲「保守」，他們更傾向於同時保留古老的器物來體現其特殊地位和家族傳統。像新鄭李家樓鄭伯墓〔註 13〕、琉璃閣甲、乙墓、琉璃閣 M80、琉璃閣 M55 和琉璃閣 M60〔註 14〕等世襲勳貴墓葬中，雖然亦有使用平底或三足敦的現象，但簋仍然是最爲重要的、與列鼎搭配的粢盛器。這與前述鼎制的變化趨勢是一樣的。

〔註13〕河南博物院、臺北國立歷史博物館：《新鄭鄭公大墓青銅器》，大象出版社，2001 年。

〔註14〕郭寶鈞：《山彪鎮與琉璃閣》，科學出版社，1959 年；河南博物院、臺北國立歷史博物館：《輝縣琉璃閣甲乙墓》，大象出版社，2003 年。

　　即使是在春秋晚期蓋豆取代簋、敦的過程中，中小貴族們仍然是改革的
首倡者和先行者。像琉璃閣甲墓中雖然蓋豆已經開始出現，且數量上與正鼎
相符，但仍保留有扁體敦和方座簋兩種器物。而在身份較低的貴族墓葬中，
情況則截然不同，見下表：

表 23：春秋晚期中原地區中小貴族墓葬隨葬銅禮器簡表

墓　葬	列　鼎	粢盛器	酒器	水器	炊煮器
侯馬上馬 M1004	5 鼎	4 豆 1 鋪		2 罍 1 盤 1 匜	
臨猗程村 M1001	5 鼎	2 豆 1 簠	2 方壺	2 鑒 2 罍 1 盤 1 匜	1 甗
1963 侯馬上馬 M15	3 鼎	2 豆 2 鋪	2 圓壺	1 盤 1 匜	1 甗
侯馬上馬村 M4006	3 鼎	2 豆 1 鋪	陶壺	1 盤 1 匜	
臨猗程村 M1072	3 鼎	1 豆 1 鋪		1 盤 1 盂	
洛陽中州路 M2729	2 鼎	2 豆 1 鋪		2 罍 1 盤 1 匜	
洛陽玻璃廠 M439	1 鼎	1 豆 1 鋪			
洛陽西工區 C1M7039	1 鼎	1 豆 1 鋪		2 罍 1 盤 1 盂	
洛陽中州路北 M535	1 鼎	1 豆 1 鋪		1 盤 1 匜	

（據朱鳳瀚《中國青銅器綜論》表一二·六）

　　在這些墓葬中，扁體三足敦已經消失不見而僅有矮柄蓋豆與列鼎搭配，
酒器亦多用陶器代替，水器中基本為一套盤、匜，身份高者或有罍、鑒。甚
至到了戰國階段以後，高級貴族們雖然已全盤接受了「豆」這類新興的粢盛
器，但卻仍然依據古老的方座簋而改造出一種帶方座的銅蓋豆，來繼續維繫
其與中小貴族們在禮器制度上的差別。

　　同時期南方的楚墓中也存在著類似的器用制度差別：中小貴族們主要使
用箍口鼎、簠、尊缶、盥缶的搭配，而高級貴族則又同時兼用升鼎、三足簋、
扉棱鬲、方壺這一套仿自周人的「復古」組合。

　　酒器和水器方面，原有的器類並未發生大的變化，相較於列鼎、粢盛器
而言略顯「滯後」。但規範化的酒器制度業已形成，洛陽以至關中地區流行的
僅用方壺 2 件的制度並未在三晉地區得到推廣，而代之以晉侯墓地中興起的
方壺、圓壺等差兼用的制度：9 鼎貴族使用 4 方壺（分為兩套）、2 圓壺；7 鼎
貴族 2 方壺、2 圓壺；5 鼎貴族 2 方壺；3 鼎貴族 2 圓壺。南方的楚人則用尊
缶代替圓壺，且方壺僅限於五鼎以上的公卿貴族使用。

　　至春秋晚期晚段大量新的酒器、水器器形也開始湧現：如酒器的扁壺、匏壺，均是借鑒於草原游牧民族〔註15〕；水器的鑒、罍，則是來自於南方楚文化區（包括爐盤）。這些充分反映出東周以後各區域文化間的聯繫與交往變得日益密切，同時預示著酒器、水器領域的變革即將到來。

　　四、青銅器裝飾風格「由簡而繁」〔註16〕。原先盛行的各種「粗疏而開朗」的幾何紋飾被模印的捲曲纏繞的蟠龍、蟠螭、蟠虺等仿動物紋樣所取代，裝飾圖案往往滿布器身，使整器顯得十分華麗、厚重。器耳、器底上往往分鑄焊接十分逼眞的爬虎（座）、飛鳥（蓋頂）、臥牛、臥獸（蓋鈕）等透雕動物構件，進一步增強了青銅禮器的精細和美感。其中尤以新鄭「蓮鶴方壺」最具代表性，壺蓋上飾盛開蓮瓣兩層，中立一鶴，作展翅欲飛狀，栩栩如生。方壺頸部兩側有龍形雙耳，腹部滿飾蟠龍紋，四角各攀附有一立體小獸。圈足下有兩隻側首吐舌的怪獸，以背承器，濃縮了這一個時代的裝飾特色。

　　五、青銅器銘文的變化。一方面，大量具有地域性特色的青銅器專名開始湧現，像周人的「罍」（函皇父諸器）、楚人的「浴缶」、鄭人的「黃鑊」（哀成叔鼎）、蔡人的「升」（蔡侯升鼎）、徐舒的「湯鼎」、楚人的「鐈鼎」、「繁鼎」、「於鼎」、「登鼎」等。另一方面則是青銅器器銘前限定詞的多樣化（有限共名），除去傳統的媵器、寶尊器、旅器外，又進一步增加了「征」、「行」、「饙」、「飤」、「沐（盤）」等表明功能的詞語，如「鄧子午之飤鐈」（《集成》·2235）、「太師作孟姜饙簋」（《集成》·3633）、「衛文君夫人叔姜作其行鬲」（《集成》·595）、「魯伯愈父作邾姬仁媵沐盤，其永寶用」（《集成》·10114）等，突出地反映了這一時期內青銅器功能的急劇分化。

　　總體而言，在中原地區春秋中期開始的這場禮制變革運動中，首先是從最爲核心的用鼎制度開始，隨後再延及至粢盛器制度方面，而酒器和水器的變化相對較少。中小貴族們在變革過程中往往更爲「激進」，而高級貴族則多傾向於保留一套古式的禮制。在南方的楚文化區內也存在著類似的器用制度上的差別，但由於缺乏春秋中期以前的楚國高級貴族墓葬資料，使我們還難以詳細探討這種差異的來源和具體變化過程。

〔註15〕高崇文：《兩周時期銅壺的形態學研究》，收入俞偉超主編：《考古類型學的理論與實踐》，177～220頁，文物出版社，1987年。

〔註16〕郭寶鈞將周代紋飾的變化分爲四個階段：「聚紋期」、「帶紋期」、「網紋期」和「散紋期」，其中「網紋期」描述爲「這時發明印模術，模多蟠虺紋，反複印製，細密糾結，驟視若魚網，通行於春秋末年先戰國期（即春秋後戰國前）和戰國前期。」參見《山彪鎮與琉璃閣》，74頁，科學出版社，1959年。

二、關中地區

相較於中原地區和南方楚文化區而言，春秋時期的秦國銅器卻表現出截然不同的特色，這在之前的酒器一章中已經初見端倪，所以此處希望能夠通過考察若干春秋秦墓的銅器組合，來進一步瞭解該階段秦國青銅禮制的特點和變遷情況。首先參看下表〔註17〕：

表 24：春秋時期秦國貴族墓葬隨葬銅禮器簡表

墓葬	年代	列鼎	粢盛器	酒器	水器	炊煮器
寶雞姜城堡	春秋早期	3 鼎	2 簋	2 方壺	1 盤 1 盉	
寶雞南陽村 M1	春秋早期	3 鼎	2 簋	2 方壺	1 盤 1 匜	
寶雞福臨堡 M1	春秋中期	3 鼎	2 簋 1 盆	2 方壺	1 盤 1 匜	1 鬲
隴縣邊家莊 M5	春秋早期	5 鼎	4 簋	2 方壺	1 盤 1 盉	1 鬲
戶縣宋村 M3	春秋早期	5 鼎	4 簋	2 方壺	1 盤 1 匜	1 鬲
隴縣邊家莊 M1	春秋中期	(5+1)鼎	4 簋	2 方壺	1 盤 1 盉	1 鬲
禮縣圓鼎山 M2	春秋中期	5 鼎	6 簋 1 簠	2 方壺 1 鈚	1 盤 1 匜 1 盉	
禮縣圓頂山 M1	春秋中期	(5+1)鼎	2 簋 1 鋪	2 方壺 1 鈚	1 盤 1 匜	
陽平秦家溝 M1、M2	春秋中期	3 鼎	4 簋	2 方壺	1 盤 1 匜	
禮縣圓頂山 M4	春秋晚期	5 鼎	4 簋 1 簠			1 鬲
長安客省莊 M202	春秋晚期	2 鼎	2 簋 1 盆	1 方壺	1 盤 1 匜	1 鬲
鳳翔高莊 M10	春秋晚期	3 鼎	2陶簋2鋪	2 方壺	1 陶匜	1 鬲
鳳翔高莊 M49	春秋晚期	2 鼎	2陶簋2陶豆1盆	2 方壺	1陶盤1陶匜	1 鬲

〔註17〕 陝西省文管會秦墓發掘組：《陝西戶縣宋村春秋秦墓發掘簡報》，《文物》1975年第 10 期；甘肅省文物考古研究所、禮縣博物館：《甘肅禮縣圓頂山春秋秦墓》，《文物》2002 年第 2 期；甘肅省文物考古研究所、禮縣博物館：《甘肅禮縣圓頂山98LDM2、2000LDM4 春秋秦墓》，《文物》2005 年第 2 期；劉得禎、朱建唐：《甘肅靈臺縣景家莊春秋墓》，《考古》1981 年第 4 期；尹盛平、張天恩：《陝西隴縣邊家莊一號春秋秦墓》，《考古與文物》1986 年第 6 期；陝西省考古研究所寶雞工作站等：《陝西隴縣邊家莊五號春秋墓發掘簡報》，《文物》1988 年第 11 期；中國科學院考古研究所寶雞發掘隊：《陝西寶雞福臨堡東周墓葬發掘記》，《考古》1963 年第 10 期；陝西省文物管理委員會：《陝西寶雞陽平鎮秦家溝村秦墓發掘記》，《考古》1965 年第 7 期；，陝西省雍城考古工作隊：《一九八一年鳳翔八旗屯墓地發掘簡報》，《考古與文物》1986 年第 5 期。

　　可以發現，終春秋之世，秦國貴族墓葬中的銅器搭配均固定以鼎、簋、方壺、盤、匜（或盉）龢為主要組合形式，未見到有像中原地區和南方楚文化區那樣的多套列鼎制度、平底盆形和扁體三足形敦取代簋的現象以及方壺、圓壺等差兼用的制度。雖然在禮縣圓頂山 M2、隴縣邊家莊 M1 等春秋中期秦國中心地區的高級貴族墓葬中也見到了與同時期中原地區類似的立耳無蓋鼎和附耳平蓋鼎共出的現象以及各種立體動物裝飾風格，但這種借鑒和學習並沒有深入到更為核心的器用制度方面。

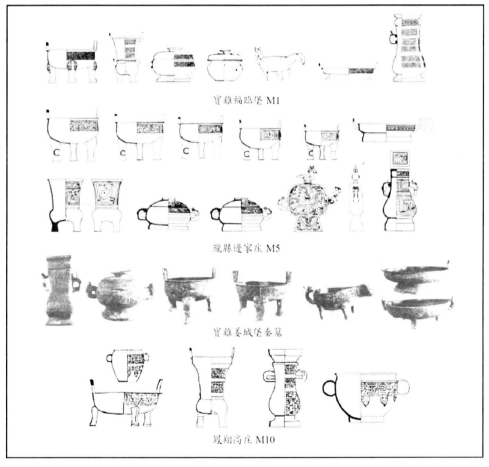

寶雞福臨堡 M1

隴縣邊家莊 M5

寶雞姜城堡秦墓

鳳翔高庄 M10

圖 58：部分春秋秦墓出土青銅禮器圖

　　而且在青銅禮器的形制上，秦人也一直恪守古制，未見到有大的變化。如圖 58 所示，無論春秋早期的寶雞姜城堡秦墓、隴縣邊家莊 M5，還是春秋中期的寶雞福臨堡 M1 以及春秋晚期的鳳翔高庄 M10 中，鼎均是立耳無蓋淺

圓腹形（由此也可以證明前文中關於中原地區使用立耳無蓋鼎爲復古之風的推斷），簋則連三小足都尚未出現，更遑論方座器底和新興的敦、豆諸器了。方壺的形制也具有自身濃鬱的地域特色並相沿未改。因此可以說，在春秋時期秦國並未像中原地區和楚國那樣，因爲社會階層的變化而發生大規模的禮制改革運動，其社會結構相對穩定。

第三節　戰國時期的器用制度

戰國初年，以三家分晉爲代表，各諸侯國先後出現公卿擅權、陪臣執國命的現象，中原地區的政治、經濟格局再次發生重大調整，青銅禮制也隨即再次出現了極其明顯的變化。

用鼎制度上，隨著鬲形和敦形鼎的出現，高級貴族墓葬中開始出現第三套正鼎，且數量間等差有序，遠較春秋時期規整；粢盛器方面，敦爲蓋豆所取代，同時出現仿傚西周方座簋傳統的方座銅豆，以及銅鋪的簡化形式——淺盤無蓋高柄豆（隨後演化爲漢代的行燈），從而使得全新的以豆爲核心的粢盛器制度臻於完善；酒器和水器的變革也開始發生，方壺被棄之不用，圓壺也由「以二爲節」變成「以四爲節」，各種來源於戎狄民族、造型奇特的異型壺極其盛行；水器盤、匜開始出現兩套，同時具有地域性特徵的鳥柱盤、筒形器組合亦頗受追捧（如圖 59）。

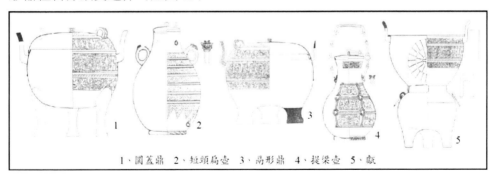

1、圓蓋鼎　2、短頸扁壺　3、鬲形鼎　4、提梁壺　5、甗

圖 59：戰國初年山西定縣中霍村戰國墓出土青銅禮器

除前文中所列諸墓葬外，又如著名的山彪鎮 M1 中（被盜）[註18]，列鼎似爲 9、5 兩套，形制不明，敦形中鼎 1 件，鬲 2、甗 1，豆 4 件分爲三式，

〔註18〕郭寶鈞：《山彪鎮與琉璃閣》，科學出版社，1959 年。

矮柄蓋豆 1、淺盤無蓋高柄豆 1（可能是燈）、淺平盤無蓋有柄豆 2，另有方座
殘件 1，上有樹柄的小圓孔，從形制上看當屬於方座豆；簋 1、敦 1（報告中
稱簋，今據圖更正）、圓壺 4、扁壺 1、提梁壺 1、瓠壺 1、罍 1、尊盤 1、鑒 2、
小鑒 1、盤 1、爐盤 1、匜 2、斗 1。已有學者根據銅器的形制、紋飾推斷該墓
年代屬於春戰之交或戰國初期〔註19〕，而從組合上看也吻合於這一結論。

　　在此改革風潮的影響下，南方的楚人也對自身禮制進行了相應調整：仿傚
中原地區的子母口、矮蹄足、三獸鈕蓋鼎、圓壺以及山東地區的西瓜形敦，創
造出盒形腹、高蹄足、子母口鼎、西瓜形盞（形制雖有變化，但名稱相沿未改）、
圓壺（加以螭鈕）的新式組合，並與之前的升鼎、方座簋、扉棱鬲、方壺組合
和箍口鼎、簠、尊缶、盥缶組合共同使用，從而與中原地區在不同等級的禮制
構成上達成「近似」，並確保了不同的社會階層均有其對應的禮器組合。

　　尤其是在楚國與中原毗鄰的地域內，這種「有意模仿」的程度更加明顯。
像戰國初年的淅川徐家嶺 M10 中（槨室未被盜）〔註20〕，隨葬束腰平底升鼎
5 件，形制基本相同，大小依次遞減，紋飾略有差別。通高 35.5～25、口徑
39.1～33.8 釐米；蟠螭紋附耳折沿無蓋大鼎 1 件，通高 56.8、口徑 55.2 釐米；
三臥牛（獸）鈕子母口高足蓋鼎 5 件，紋飾、大小不一；扉棱鬲 5 件，方座
簋 4 件，簠 2 件，西瓜形敦 2 件（紋飾不同），方形蓋豆 2 件，淺盤無蓋高柄
豆 2 件；尊缶 2 件，方壺 2 件，高圈足螭鈕圓壺 2 件；鑒 2 件，盥缶 2 件，
爐盤 1 件，盤、匜各 1 件。該墓用鼎與中原地區的分水嶺 M269、M270 等十
分相似，均是 5、5 兩套，而不像楚國江陵地區子母口蓋鼎皆是偶數成對使用；
粢盛器中更是出現了江陵地區罕見的蓋豆和淺盤無蓋高柄豆，再加上方座銅
簋，又與中原地區的粢盛器制度更為接近。不過總體上看，該墓又遵循的是
楚國獨有的三套禮器組合特色，唯獨缺少了箍口鼎一對。

　　又如春戰之際的河南平頂山 M10 中（楚國勢力最北境）〔註21〕，未被盜，
隨葬箍口鼎 4 件，大小、紋飾各不相同；三環鈕高蹄足子母口蓋鼎 1 件，鋪 3
件，敦 2 件，尊缶 2 件，盥缶 1 件，刻畫紋盤匜各 1 件。仿銅陶禮器又有束

〔註19〕陳昭容：《論山彪鎮一號墓的年代及國別》，《中原文物》2008 年第 3 期；劉雄：
　　　　《山彪鎮與琉璃閣再研究》，首都師範大學碩士論文，2009 年。該文認為「山
　　　　彪鎮一號大墓為春秋戰國之交晉國魏氏貴族墓」。
〔註20〕河南省文物考古研究所等：《淅川和尚嶺與徐家嶺楚墓》，大象出版社，2004 年。
〔註21〕河南省文物考古研究所、平頂山市文物局：《平頂山應國墓地十號墓發掘簡
　　　　報》，《中原文物》2007 年第 4 期。

腰平底升鼎 3 件、扉棱鬲 4 件、方座簠 4 件、淺盤無蓋高柄豆 1 件、簠 2 件、方壺 2 件。儘管組合上尚缺少了圓壺一對，但器類基本符合楚國的三套禮器組合需要。然而箍口鼎 4、子母口鼎 1 的情況又是其他楚墓中所不見的，考慮到該墓 4 件箍口鼎亦是拼湊而成，所以很有可能其是為了達成列鼎銅 5、陶 3 兩套（中原正統禮制）而有意如此選擇的。此外，該墓在喪葬習俗上也多遵循中原地區傳統，如槨蓋板上放置石圭、墓主身體使用斂玉而非絞衾等，均反映了其與中原文化間的密切聯繫。新近發掘的戰國中期晚段棗陽九連墩楚墓從地域上看恐怕也有類似的趨勢〔註22〕。

綜合春秋時期的情況可以看出，儘管楚制與周制在具體細節上存在諸多不同，但禮制改革的步伐卻又保持著顯著的一致。楚人在積極效法、學習中原「先進」禮樂制度的同時，又十分注意保持自身的禮制傳統和特色。尤其是在楚國的核心地域內，這種趨勢就更加明顯，甚至連許多戰國時期的小貴族也都一直固守著春秋以來的箍口鼎、簠、尊缶的傳統，而並非像其他地區一樣都改成了子母口鼎、敦、圓壺的組合。

以上即是東周時代禮制改革的大略過程，不過由於資料所限，本文對周禮傳統（「西周古禮」）保持較好的齊魯地區尚未進行整理，所以有關這一區域在當時席捲中原、南方地區的禮制變革運動中究竟發揮了何種作用還缺乏清晰的認識。相信隨著更多的地域被納入到考察範圍之中，對於東周諸國間禮制「互動」情況的瞭解將會更加豐富和全面。

第四節　周代祭祀儀式的變革

那麼究竟如何來理解中原地區以及楚國的這三套禮器組合的具體功能呢？或者說，貴族們為何要在禮儀活動中同時使用三套不同的器物組合呢？在這裡筆者嘗試結合三禮文獻中的記載給出一個比較合理的解釋方案——周代祭祀儀式的變革。

現存《儀禮》一書中僅保留有士和大夫等級的宗廟祭祀儀節，其中「特

〔註22〕已公佈的資料包括王紅星：《九連墩一、二號楚墓用鼎制度分析》，楚文化研究會編：《楚文化研究論集》（七），嶽麓書社，2007 年；王紅星：《九連墩楚墓與荊州楚墓的異同》，楚文化研究會編：《楚文化研究論集》（第八集），280 頁，大象出版社，2009 年；湖北省博物館編：《九連墩：長江中游的楚國貴族大墓》，文物出版社，2007 年等。其中提到的方豆、鳥柱盆、7 件臥獸鈕子母口蓋鼎等均可以看到中原地區的影響，恕另文專述。

牲饋食禮」使用三鼎盛豕、魚、臘，而「少牢饋食禮」分爲兩個步驟，正祭饋食之時以鬼神之禮事尸使用列鼎五，盛羊、豕、魚、臘、膚；「有司徹」（祭後饗賓）時則以賓客之禮事尸使用列鼎三，盛羊、豕、魚，這與春秋中期以來大夫、士等級墓葬中的列鼎構成是比較吻合的。

　　而天子、諸侯的祭禮則已亡於秦火，其詳不可盡考。但仍有零星的記載散見於《周禮》、《禮記》之中，疏家採合貫串，又參以鄭氏之說，遂可得其始末規模〔註23〕。

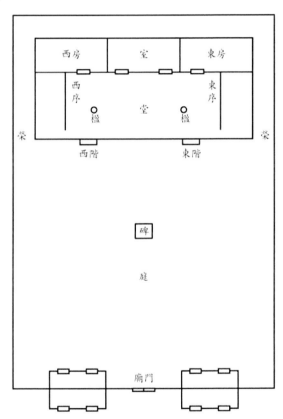

圖 60：周代宗廟結構示意圖（據《儀禮正義》）

〔註23〕今人之研究可參看劉源：《商周祭祖禮研究》，商務印書館，2004 年；沈文倬：
《宗周禮樂文明考論・宗周歲時祭考實》，杭州大學出版社，1999 年；詹鄞鑫：
《神靈與祭祀──中國傳統宗教綜論》，南京：江蘇古籍出版社，1992 年；江
林：《〈小雅・楚茨〉與宗周歲時祭》，載《禮學與中國傳統文化──慶祝沈文
倬先生九十華誕國際學術研討會論文集》，66～75 頁，中華書局，2006 年；
張聞捷：《試論馬王堆一號漢墓用鼎制度》，《文物》2010 年第 6 期。

（1）、祭祀前準備工作：祭祀需用牲，所以祭前三月必先選牲繫於牢而芻之〔註24〕。「牢」即是圈養牲畜之地，「有閑以防禽獸觸齧。」（《周禮·地官·充人職》鄭注），所以又以「牢」來代指祭牲。「牢」有太牢、少牢兩種，太牢者，牛、羊、豕；少牢者，羊、豕。一牲不得以牢稱，而唯名「特」。然後當以卜筮之法挑選吉日（先諏筮日）。據《禮記·曲禮上》載：「凡卜筮日，旬之外曰遠某日，旬之內曰近某日，喪事先遠日，吉事先近日。」所以大夫以上的祭禮應該是以「先月下旬之某日筮來月上旬之某日，若不吉，則再以來月上旬筮中旬。」〔註25〕又根據「外事以剛日，內事以柔日」（《禮記·曲禮上》）的原則，可知其應選擇柔日行事，而其中又以「丁亥、乙亥」最爲常用〔註26〕。選好祭日之後，還需筮尸（以孫代祭）、宿尸、戒賓、宿賓，即告知尸和賓客將有祭祀之事，讓他們做好準備，準時參加。同時祭主亦需散齋七日、致齋三日，以專致其精明之德〔註27〕。

（2）、祼祭、殺牲：祭祀當日，尸由祝詔侑，從外門進入宗廟。但主人並不出門迎接而僅在阼階等候，即《禮記·祭統》所言：「君不迎尸，所以別嫌也。」若是祫祭先祖則有群尸，此時主要依據昭穆制度來排列其次序、位置。尸直接進入室北安坐後，即開始舉行灌祭。周禮灌用鬱鬯，即一種加有鬱金

〔註24〕《周禮·地官·充人》：「充人，掌繫祭祀之牲牷。祀五帝，則繫於牢，芻之三月。享先王，亦如之。」

〔註25〕《儀禮·特牲饋食禮》：「若不吉，則筮遠日，如初儀。」賈疏：「案〈曲禮〉云：『吉事先近日，喪事先遠日。』此尊卑禮同也。又云：『旬之內曰近某日，旬之外曰遠某日。』此尊卑有異。云旬之內曰近某日，據士禮吉事先近日，謂祭祀，假令孟月，先於孟月上旬內筮，筮不吉，乃用中旬之內更筮，中旬又不吉，更於下旬內筮，筮不吉，即止。大夫已上，假令孟月祭，於前月下旬筮來月之上旬，不吉，又於孟月之上旬筮中旬，中旬不吉，又於中旬筮下旬，下旬又不吉，即止，不祭。今云『遠日，旬之外日』者，謂上旬不吉，更於上旬外筮中旬，爲旬之外日。非謂如大夫已上，旬之外，謂旬前爲旬外也。」《儀禮·少牢饋禮》：「筮旬有一日。」鄭注：「以先月下旬之巳，筮來月上旬之巳。」賈疏：「鄭必言來月上旬，不用中旬、下旬者，吉事先近日故也。」

〔註26〕鄭玄引《禘於太廟禮》曰：「日用丁亥，不得丁亥，則乙亥、辛亥亦用之，無則苟有亥焉可也。」《禮記·月令》又載：「乃擇元辰，天子乃耕」鄭注：「元辰，蓋郊後之吉亥也。」「陰陽式法，亥爲天倉，祭祀所以求福，宜稼於田，故先取亥。上旬無亥，乃用餘辰也。」見《儀禮·少牢饋禮》賈疏。這與眾多金文的記載是相吻合的。

〔註27〕《禮記·郊特牲》：「三日齋，一日用之，猶恐不敬。二日伐鼓，何居？」鄭注：「散齋七日，致齋三日……齋所以專致其精明之德。」

（香草名，*Curcuma aromatica Salisb*）調和的鬯酒〔註28〕，十分芬香，將其灌於地面（或藉由苞茅〔註29〕）以象徵「臭陰達於淵泉」來感動死者之體魄（降神）。蓋周人尚臭之故〔註30〕。王、王后先後以圭瓚酌鬱鬯以獻尸，故謂之「二灌」或「二祼獻」。尸得之後，瀝地而祭並啐酒（嘗酒並啐之於地，象神飲也）、奠酒但不飲〔註31〕。灌祭之後方才奏樂肆夏、無射等以降神，這是殷周禮制間的區別之一〔註32〕。

接著主人便來到外門外，迎祭牲至中庭並繫於碑〔註33〕，親執鸞刀〔註34〕肉袒以殺牲（射殺）。祝取毛、血詔告尸於室。即《禮記・禮器》所言：「納牲詔於庭，血毛詔於室，羹定詔於堂（下文朝踐）。」其用意旨在告訴尸已殺牲體（告殺）且牲體健全，內外皆無傷、雜（告幽全）〔註35〕。而牲首也要陞於室中北墉下以報陽〔註36〕。其間又有制祭之說，但眾經學家皆以為是漢

〔註28〕 孫希旦《禮記集解》稱：「鬯，秬鬯也，釀黑秬黍爲酒，芬芳鬯達，故謂之鬯。灌用鬯臭，言灌地降神，用秬鬯之香氣也。」卷二十六，713 頁，中華書局，2007 年。

〔註29〕 《左傳・僖公四年》：「爾貢苞茅不入，王祭不共，無以縮酒。」楊伯峻注：「縮酒者，一則用所束之茅瀝酒去滓；一則當祭神之時，束茅立之，以酒自上澆下，其糟則留在茅中，酒汁漸漸滲透下流，象神飲之也。」案周禮之中僅見灌祭時澆酒於地，故推測苞茅或用於此處。

〔註30〕 《禮記・郊特牲》：「周人尚臭，灌用鬱鬯，鬱合鬯，臭陰達於淵泉。灌以圭璋，用玉氣也。」

〔註31〕 參見《周禮・春官・大宗伯》：「以肆獻祼享先王，以饋食享先王」之鄭注賈疏，李學勤主編，《周禮注疏》卷十八，460～461 頁，十三經注疏（標點本），中華書局，1999 年。

〔註32〕 《禮記・郊特牲》：「殷人先求諸陽，周人先求諸陰。」鄭注：「殷人先求諸陽，先作樂而後灌也。周人先求諸陰，先灌然後作樂也。」

〔註33〕 《禮記・祭義》：「祭之日，君牽牲，穆答拜，卿大夫序從。既入廟門，麗於碑，卿大夫袒而毛牛，尚耳，鸞刀以刲取膟膋，乃退。」

〔註34〕 《禮記・郊特牲》：「割刀之用，鸞刀之貴，反本修古，不忘其初也。」孔疏云：「割刀，今之刀也，鸞刀，古之刀也……今刀便利，古刀遲緩，而宗廟不用今刀而用古刀。」《詩經・小雅・信南山》：「執其鸞刀，以啓其毛，取其血膋。」毛傳：「鸞刀，刀有鸞者，言割中節也。」孔穎達疏：「鸞即鈴也。謂刀環有鈴，其聲中節。」

〔註35〕 《禮記・郊特牲》：「毛、血，告幽全之物也。告幽全之物者，貴純之道。」鄭注：「血以告幽，表其內心之無所傷；毛以告全，表其外之無所雜。純，謂內外皆善也。」

〔註36〕 《禮記・郊特牲》：「詔祝於室，坐尸於堂，用牲於庭，升首於室。」孫希旦稱：「升首於室，謂殺牲而升其首於室中北墉下。」《禮記・郊特牲》：「取膟膋燔燎、升首，報陽也。」「取膟膋燔燎」即下注「制祭」。

法，於此不論〔註37〕。

（3）、朝踐：即主人納尸於戶外，行北面事尸之禮〔註38〕。特牲、少牢禮正祭均無朝事於堂而只有室中之事，所以朝踐之節僅屬於天子、諸侯等級。朝踐主要在堂上進行，而所薦之物包括「腥」、「燜」。腥者，生也，即未經鑊烹煮的牲肉。上古之時（唐、虞以前）未有火化，故人皆生食。《禮記・禮運》：「昔者先王……未有火化，食草木之實，鳥獸之肉，飲其血，茹其毛。」所以設腥實是追尊古意、以示不忘禮之根本。燜者，即將牲體放於湯中蒸煮而實未熟，爲中古之食法，其用意也和薦腥是一樣的。《禮記・禮運》中所記載的：「腥其俎，熟其殽，體其犬豕牛羊」正指出了它們的區別。「腥其俎」即是薦腥，「熟其殽」即是以「湯燜骨體而進之」，「體其犬豕牛羊」則是「體解牲體，分別骨肉之貴賤以爲衆俎也」，屬今世之食法，亦是下文將提到的「饋食」時所進之物〔註39〕。不過並非朝踐之時腥、燜皆設的，《禮記・禮器》有載：「郊血，大饗腥，三獻燜，一獻熟。」孫希旦稱：「（毛、腥、燜、熟）四者惟祭天正祭時備有之，大饗（祭祀宗廟）腥則無血，三獻（祭祀山、林、川、澤之屬）燜則又無腥也。」〔註40〕可見單祭祀宗廟時（朝踐）僅有腥而並不設燜的（《周禮》、《儀禮》中皆無薦燜的記載）。而周禮之中凡升牲均需用鼎，所以朝踐薦腥同樣是有升鼎一套。恰好《儀禮・聘禮》中也有設腥之法，爲我們瞭解腥鼎的使用提供了參考。

《儀禮・聘禮》中饗卿時（以諸侯之禮，蓋視使者與主人同也），「飪一牢，在西，鼎九，羞鼎三；腥一牢，在東，鼎七。」君歸饗餼時「飪一牢，鼎九，設於西階前，陪鼎（三）當內廉……腥二牢，鼎二七，無鮮魚、鮮臘，設於阼階前，西面，南陳如飪鼎，二列。」賓拜饗餼時「上介（以卿禮）饗

〔註37〕 「制祭」即取牲膟脊燎於爐炭，洗肝於鬱鬯而燔之，入以詔神於室，又出以墮於主，主人親製其肝而祭之。詳參見孫希旦《禮記集解》595頁、715頁，中華書局，2007年。

〔註38〕 《禮記・祭統》鄭注「天子諸侯之祭，朝事，延尸於戶外，有北面事尸之禮。」

〔註39〕 《禮記・禮運》鄭注云：「腥其俎，謂豚解而腥之，及毛血皆所以法太古也。熟其殽，謂體解而燜之，此以下皆法中古也。退而合烹以下，謂薦今世之食也。體其犬豕牛羊，謂分別骨肉之貴賤以爲衆俎也。」

〔註40〕 孫希旦：《禮記集解》卷二十四，655頁，中華書局，2007年。賈公彥亦持此說，見《周禮・春官・大宗伯》：「以肆獻祼享先王，以饋食享先王」之賈疏，李學勤主編：《周禮注疏》卷十八，460～461頁，十三經注疏（標點本），中華書局，1999年。

饋三牢，飪一牢，在西，鼎七，羞鼎三；腥一牢，在東，鼎七。」「飪」即是熟體，因爲飲食之故所以有鑊鼎、羞鼎〔註41〕（載脾、臑、膮，分別陪正牲牛、羊、豕），且飪鼎一套與身份等級相對應〔註42〕；而腥鼎皆殺於飪鼎一等，且不烹不食故沒有鑊鼎、羞鼎。也就是說，腥鼎尊古而禮殺，飪鼎用九件並有三陪鼎時，腥鼎應只有七件且沒有陪鼎。

（4）、饋食：朝踐完畢後，便徙堂上之饋於室內坐前，祝以斝酌奠於饋南，此爲饋食儀式之始（朝踐以祝薦朝踐豆、籩爲始）。這時尸還沒有從堂上進入室內，佐祭之人要先取牛、羊的腸間脂（牛膏曰薌，羊膏曰羶）併合於黍、稷，以蕭茅焚之於室內，即《禮記·郊特牲》所言「蕭合黍、稷，臭陽達於牆屋，故既奠然後焫蕭合羶薌。」鄭注：「蕭，香蒿也。染以脂，合黍稷燒之。」其作用也和灌祭一樣，以香氣降神。然後，尸便又來到室內，享用主人所饋獻的各種熟食（始有黍稷，但正祭之時皆是以鬼神之禮事尸，所以只是象徵性的食用），而所用的鼎自然就是與其身份相符的飪鼎一套並有陪鼎了。此外其他如獻、酢、酬等儀節可參考少牢、特牲饋食禮，唯獻數、用器不同而已。正祭的同時，主人還需派祝釋辭求神於廟門外。《爾雅》：「門謂之祊」，故稱爲「祊祭」，以不知鬼神之所在而求其至於偏遠之處。《禮記·禮器》：「設祭於堂，爲祊乎外。」《禮記·郊特牲》：「祊之於東方。」又「直祭祝於主，索祭祝於祊。不知神之所在，於彼乎，於此乎？或諸遠人乎？祭於祊，尚曰求諸遠者與？」《禮記·祭統》：「詔祝於室而出於祊。」皆謂此事。

（5）、繹祭：正如大夫少牢饋食禮後又有賓尸於堂禮（即「有司徹」篇，禮殺一等用三鼎）一樣，天子、諸侯在正祭的次日也有繹祭，繹祭同樣需要禮殺一等。《禮記·郊特牲》載：「孔子曰：『繹之於庫門內，祊之於東方，朝市之於西方，失之矣。』」鄭注：「繹者，祭而又祭之名。絲衣詩序曰：『繹，賓尸也。』大夫正祭畢而賓尸，天子諸侯祭之明日又祭，亦祭畢而賓尸，而大名曰繹也。」繹祭之禮殺於正祭，《左傳·宣公八年》云：「辛巳，有事於大廟，仲遂卒於垂。壬午，猶繹。」仲遂是魯國卿佐，以罪見疏，其卒輕於正祭，正祭不合廢。但繹祭禮輕，宜廢而不廢，故譏之，由此繹祭儀節亦得

〔註41〕《儀禮·聘禮》鄭注：「羞鼎則陪鼎也，以其實言之，則曰羞；以其陳言之，則曰陪。」
〔註42〕可參見俞偉超：《周代用鼎制度研究》，《先秦兩漢考古學論集》，93～94頁，北京：文物出版社，1985年。

史書之證。繹祭時以賓客之禮事尸，故正鼎內所盛的也應是熟食並有陪鼎，且比正祭饋食之數禮殺一等。

總結下來即是周代諸侯等級宗廟祭祀時朝踐、饋食、繹祭分別用正鼎 7、9、7 三套，而卿（上大夫）則依例當爲 5、7、5 三套（由考古材料推知）。再結合第二章中關於銅豆的分析，我們可以得出下表（以七鼎爲例）：

表 25：周代七鼎貴族祭祀儀式使用青銅禮器組合簡表（理想模式）

祭祀儀節	位置	禮儀原則	食物	鼎	蓋豆	方座豆	淺盤豆	盥洗器	其他
朝踐	堂	尊古	腥	5 古式		4，古式		1，古式	不進食
饋食	室	以鬼神事尸	飪	7 今式	4		2	1，今式	鬲簠鉶等
繹祭	室	以賓客事尸	飪	5 今式	4		2		鬲簠鉶等

可以設想，對於七鼎貴族而言其宗廟祭器的標準配置應該爲列鼎 7、5、5 三套；蓋豆 8 或 4 件（繹祭蓋豆所盛與饋食時相同，可沿用同一套）；方座豆 4 件，僅用於朝踐之時；淺盤無蓋豆 4 或 2 件（其理同於蓋豆）；盥洗器古式與今式各一套；其他鬲、簠、鉶、甒等 1 至 2 套。這樣似能夠與戰國以來的山西太原趙卿墓、陝縣後川 M2040、河北平山 M1、M6 中山王墓中的隨葬品情況比較一致（表 23），且也有助於解釋大量貴族墓葬中「古式」、「今式」銅器兼用的現象。

表 26：戰國時期七鼎貴族墓葬中青銅禮器組合簡表（除酒器）

墓葬 / 青銅器	列鼎			蓋豆	方座豆	淺盤豆	盥洗器	其它
太原趙卿墓	7	5	5	4+4	4	2	2 套	鬲 5，甒 2，簠 2，鉶 4
後川 M2040	7	5	5	4	4	2	2 套	鬲 3，甒 1，簠 2，敦 2
河北平山 M1	7	5	5	4	2	2	2 套	鬲 4，簠 4，盒 2，甒 2，碗 4
河北平山 M6	7	5	5	4	2	2	3 套	鬲 4，簠 4，盒 2，甒 3，碗 4

進一步從更宏觀的角度考慮，繹祭時以賓客之禮事尸，這與生人的宴饗之禮是一致的，也即是說，中原地區的青銅器也同樣可以劃分爲祭器和食器兩類，與楚國的禮制情況有著「異曲同工」之處（當然具體構成存在著天壤之別）。所以在這場席捲全國的禮制改革運動中，我們可以發現另一個共同的

趨勢：青銅器作爲生人食器的普遍化、系統化，禮儀化，而不再僅僅是宗廟中祭祀鬼神之物，這一變化從銅器銘文中也可以清晰的觀察到（第九章）。

當然，目前我們並沒有確鑿無疑的證據來表明以上所述即爲三套青銅禮器在戰國時期禮儀活動中的使用法則，但文獻記載與實際墓葬出土情況有著如此驚人的相似使我們可以相信，祭祀儀式在東周時代的確發生了巨大的變革，而三禮文獻中的描述應是有其現實基礎的，是對現實禮儀活動的系統化、規範化的總結。

小　結

在周代，禮是國家統治的理論基礎，它通過調整人與人之間的各種社會關係和權利義務來達到社會的和諧穩定。所以，隨著階級結構和等級秩序的變化，禮制也必然要作出相應地調整，這是一個動態的、不斷變化發展的過程，而不應以靜態的眼光來看待它。

綜合上文論述，我們可以將周代的青銅禮器制度劃分爲西周、春秋、戰國三個不同的發展階段：在西周中後期至春秋初年，貴族墓葬中均僅有一套立耳無蓋列鼎，並且與身份等級相對應。與之配套的三足簋、壺、盤、匜、盨、簠等亦各有等差。這一套「西周古制」在宗周地區、中原、漢淮（諸姬）、齊魯地區均被嚴格的遵守和推行，青銅器的地域性尚不凸顯，體現了中央王朝對於地方諸侯國的優勢地位。

春秋以後，隨著周王庭控制力的衰弱和政治動盪的加劇，社會等級結構開始變動，新的禮儀制度亦「呼之欲出」。最先在洛陽周邊地區的中小型貴族墓葬內，傳統的列鼎制度開始發生變革，不同形制的銅鼎被用於拼湊應有的列鼎之數（這源於在西周晚期已經出現的「立耳無蓋鼎」與「扉棱平底鼎」的區分），而之後日益強大的地方諸侯們則直接使用今、古式兩套列鼎隨葬，並在數量上存在等差；粢盛器的改革亦是首先出現在中小型貴族墓葬內，春秋中期以後逐漸用敦（平底→扁體三足）取代傳統的簋，不過高級貴族們則傾向於同時保留一套古式的器物（立耳無蓋鼎、簋、鋪等，並且簋仍是與體現身份等級的那一套列鼎搭配）來體現其尊古、重古的意願；酒器雖然亦出現了一套與西周傳統略有不同的新制度，但與盛食器、盥洗器一樣，這一時期還尚未出現多套之別。

　　而與這一變化形成鮮明對比的是，春秋時期的秦人卻繼承和保持了西周以來的傳統制度，並相沿未改。銅器組合固定為立耳無蓋鼎、圈足簋、方壺、盤、匜，僅有少數高級貴族能夠借鑒和學習到這一時期中原地區新出現的銅器形制和裝飾風格，但亦未深入到核心的器用制度層面，而中小型貴族們更是在春秋中期後多將銅器明器化。這一方面反映了秦國社會的保守，但同時也說明其社會結構相對穩定，統治階層對於國家的控制力較強。

　　戰國以後，中原地區的禮器構成進一步「複雜化」。高等級貴族墓葬中又出現了第三套列鼎、三種不同形制的銅豆和兩套盥洗器皿，並且數量等差更加嚴謹和規範。粢盛器的系統改革至此完成，今、古式器物兼用的制度也延及至盛食器豆和盥洗器等領域。同時主要成書於戰國時期的禮制文獻中也出現了與之相對應的記載——周代祭祀儀式的變革，即朝踐、饋食、繹祭三個連續儀節的出現。

　　在南方的楚國，從春秋到戰國時期經歷了十分相似的「禮制變革」運動，而且其核心也是祭器套數的增加：由兩套禮器組合變化為三套。當然它的具體構成是完全不同的，春秋時期主要為束腰平底升鼎、三足簋（春秋晚期後變為方座簋）、扉棱鬲、方壺和箍口鼎、簠、尊缶兩套，戰國之後則仿傚中原地區新增加了子母口鼎、敦（盞）、圓壺一套。同時楚墓中的禮器主要分為祭器和食器兩類，而這也很可能同樣適用於中原地區的高級貴族墓葬。

第九章　東周青銅禮器的今古式制度

　　周代社會奉守「器以藏禮」（《左傳・成公二年》），青銅彝器既是社會禮儀制度的重要外在表現形式，又是貴族們展示威望的獨特工具（prestige goods）。一方面，它連接著生人與祖先、神鬼，通過盛裝各種美食來慰藉祖先的魂靈，從而獲得庇護，保祐家國的福祉；另一方面，它也是貴族們向臣子、世人展現其高貴血統和受之於天的統治合法性的重要途徑。通過誦念記載家族歷史的長篇銘文或者展示氣勢恢宏的成列銅器，必將給觀禮者和臣僚們極其強烈的精神震撼。

　　所以，青銅禮器的使用與變化必然與兩個因素最為密切相關：其一是對逝去祖先的看法，包括對他們存在形式的感知和能力的認可。例如青銅器的裝飾風格從商代「猙獰、恐怖」的獸面、夔龍轉變到西周時期「清新、活潑」的鳳鳥、波浪、垂鱗等〔註1〕，就多被認為是與《禮記・表記》所記載的「殷人尊神，率民以事神，先鬼而後禮；周人尊禮尚施，事鬼敬神而遠之，近人而忠焉」有密切的聯繫，商、周貴族對於鬼神的想像、能力和態度都有著極大的區別；其二則是與統治需要有關。為了實現特定的政治目的，精英貴族們會嘗試修改「禮」的內涵與表現方式，而這種修改後的「禮制觀念」隨即被強制灌輸到各級官僚乃至平民的意識中，成為特定階段對於禮制新的認識。一個很典型的例子是商代以觚、爵為代表的重酒組

〔註 1〕 郭沫若：《兩周金文辭大系圖錄考釋》，上海書店出版社，1999 年；容庚：《商周彝器通考》，上海人民出版社，2008 年。關於獸面紋和鳥紋的專門研究，可參看陳公柔、張長壽：《殷周青銅容器上鳥紋的斷代研究》，《考古學報》1984 年第 3 期，《殷周青銅容器上獸面紋的斷代研究》，《考古學報》1990 年第 2 期。

合向周代以鼎、簋爲代表的重食組合的轉變，就是因爲周人希望借鑒商代貴族嗜酒以致亡國的教訓，《尚書》中有《酒誥》一篇稱「庶群自酒，腥聞在上，故天降喪於殷」，「大盂鼎」銘文中也記載著「（商人）率肆於酒，故喪師」的舊事，所以周人在建國之初便頒佈了嚴格的禁酒法令來體現其統治的睿智性，而這種政治上的特定需要也隨之極大地影響了青銅禮器的製造與使用。

尤其是在社會政治結構劇烈變動時期，新舊勢力交替頻繁，在不同的利益促使下，對於作爲統治基礎的社會核心意識的改造也必將更加不遺餘力。而東周時代正是這樣一個充滿變化的時期，社會政治、經濟、文化等領域均不斷發生著影響深遠的革新，而這也必然會波及到人們對於「禮」的認知。如果我們能夠從當時的文字資料中準確地捕捉到這種意識形態上的變化，將會對我們認識東周銅器的一些特殊現象提供幫助。

第一節　今古式銅器的考古發現

東周青銅禮制的一個獨特之處便是今、古式銅器兼用的制度〔註2〕。「今式銅器」是指墓主人生活年代時流行的銅器式樣，而「古式銅器」則指墓主人依據較早階段的銅器形制、紋飾而仿製的復古風格銅器。並且這種復古的銅器不是以個人收藏品或者「弄器」的形式出現在墓葬中（例如在商代大量盛行的收藏古玉現象〔註3〕），而有其獨立的組合形式和禮制含義〔註4〕。

從現有材料來看，最早出現今、古式銅器組合現象的是在兩周之際的洛陽周邊地區，並有其特殊的表現形式〔註5〕：實用周式禮器一套以及明器化的

〔註2〕 許多學者對這一特殊現象均有關注，參見 Lothar Von Falkenhausen, 'The Waning of the Bronze Age : Material culture and social development, 770～481 BC ', Cambridge History of China, chapter seven, Cambridge University Press, 2008：Jessica Rawson, "A Ritual Reform c.850 BC： Major Changes in a Chinese 'Bronze Vessel Age'"，「全球視野下的青銅時代國際學術研討會」會議論文，2011 年 11 月；朱鳳瀚：《中國青銅器綜論》，上海古籍出版社，2011 年。

〔註3〕 可參見拙作：《試論商代巫玉的源流》，《南方文物》2010 年第 6 期。

〔註4〕 Lothar von Falkenhasuen, Chinese Society in the Age of Confucius（1000-250 BC），Universtiy of California, Los Angeles.

〔註5〕 葉小燕：《中原地區戰國墓初探》，《考古》1985 年第 2 期；高明：《中原地區東周時代青銅禮器研究》，《考古與文物》1981 年 2～4 期；高崇文：《試論晉南地區東周銅器墓的分期與年代》，《文博》1992 年第 4 期；朱鳳瀚：《中國青

商式酒器一套。

如三門峽虢國墓地中，M2001爲國君虢季之墓〔註6〕，出土實用禮器包括
7鼎、6簋、8鬲、1甗、4盨、2簠、2鋪、2圓壺、2方壺、1盤、1盉，鑄
造精細，裝飾華麗，器體厚重，而且形制均爲這一時期的流行式樣（參看圖5）。
以鼎爲例，附耳，耳部與器身有小橫梁連接，淺半球形腹，圜底近平，腹部
裝飾分爲上下兩部分，上部爲竊曲紋，下部爲垂鱗紋，正是春秋早期時的特
點；而另有一套明器（非實用器）包括3鼎、3簋、3盤、2盉、3方彝、3尊、
3爵、2觶，數量隨意，且器形矮小、製作粗糙，銅質鬆脆，多數器物內範土
都尙未取出，裝飾上也以簡單的重環紋、竊曲紋爲主，或直接素面無紋。如
三件銅盉中，實用的龍紋盉（M2001：96）通高22.6、通長29.8釐米，重2.3
千克，器足爲4個跪坐人形，器身上也滿布各種龍紋、竊曲紋、鱗紋。而另
一件重環紋盉（M2001：117）蓋與器身渾鑄爲一體，前部的流也爲扁體實心，
淺圈足，腹腔內實範土，通高9.4、通長15.7釐米，很顯然是完全無法使用的
（圖61）。

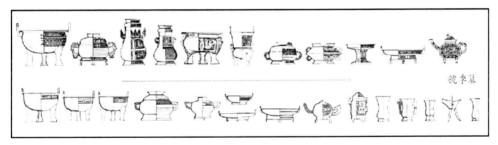

圖61：三門峽M2001虢季墓出土實用禮器與明器組合圖

眾所周知，尊、爵、觶、方彝等均是商代盛行的酒器，西周中期以後就
逐漸被棄之不用〔註7〕，所以在這裡以明器的形式重新出現必然是包含了強烈
的復古含義。3件明器鼎的形制也表現出同樣的特徵，立耳，半球形腹，口沿
下部僅一圈裝飾帶，內飾重環紋或有珠重環紋，蹄足無獸面，與西周晚期以

銅器綜論》第十二章·第二節，1541～1632頁，上海古籍出版社，2009年；
梁雲：《戰國時代的東西差別——考古學的視野》，9～12頁，文物出版社，2008
年；趙瑞民、韓炳華：《晉系青銅器研究——類型學與文化因素分析》，山西
人民出版社，2005年。
〔註6〕河南省文物考古研究所等：《三門峽虢國墓》（第一卷），北京：文物出版社，
1999年。
〔註7〕郭寶鈞：《商周銅器群綜合研究》，文物出版社，1981年。

毛公鼎爲代表的「深腹圓底鼎」作風完全一致。也就是說，明器鼎的形制同樣早於實用性的附耳鼎，實用禮器與明器共同構成了今、古式兩套不同的器物組合。

　　類似的現象亦見於虢國墓地 M2012（虢季之妻，5 鼎，圖 3-4）、M2016、M2017（虢季侍從）、M2006（孟姞，3 鼎）、M2008（虢宮父墓）、晉侯墓地 M62、M63（晉穆侯夫婦，M64 情況不明）、M93、M102（晉文侯夫婦）、平頂山應國墓地 M1、M8（應侯，圖 3-2）、洛陽 C1M9950（5 鼎，圖 3-4）、C1M9934（3 鼎，被盜）、韓城梁帶村芮國墓地 M27（芮恒公，7 鼎）、M502 等兩周之際的貴族墓葬中〔註8〕，且均由一套明器化的商式酒器組合（古式）加一套實用性的周式禮器組合（今式）構成，墓中其他明器鼎、簋、盤等也同樣表現出時代較早的傾向。毫無疑問，這種現象的出現應當是復古思潮推動的結果，而之所以選擇商式酒器恐怕在一定程度上是由於該地區居住著大量的商代遺民〔註9〕，使得很多古老的器物形態能夠得以保留（圖62）。

〔註8〕 河南省文物考古研究所等：《三門峽虢國墓》（第一卷），北京：文物出版社，1999 年；河南省文物考古研究所等：《上村嶺虢國墓地 M2006 的清理》，《文物》1995 年第 1 期；河南省文物考古研究所、三門峽市文物考古研究所：《河南三門峽虢國墓地 M2008 發掘簡報》，《文物》2009 年第 2 期；山西省考古研究所、北京大學考古系：《天馬——曲村遺址北趙晉侯墓地第四次發掘》，《文物》1994 年第 8 期；北京大學考古系、山西省考古研究所：《天馬——曲村遺址北趙晉侯墓地第五次發掘》，《文物》1995 年第 7 期；河南省文物研究所、平頂山市文物管理委員會：《平頂山市北滍村兩周墓地一號墓發掘簡報》，《華夏考古》1988 年第 1 期；河南省文物研究所、平頂山市文物管理委員會：《平頂山應國墓地九十五號墓的發掘》，《華夏考古》1992 年第 3 期；河南省文物考古研究所等：《河南平頂山應國墓地八號墓發掘簡報》，《華夏考古》2007 年第 1 期；洛陽市文物工作隊：《河南洛陽市潤陽廣場 C1M9950 號東周墓葬的發掘》，《考古》2009 年第 12 期。而河南登封告成 M1、M2 中也有類似的明器化現象，但因爲墓葬被盜，組合不全，故略而不提。見鄭州市文物考古研究院等：《河南登封告成春秋墓葬發掘簡報》，《文物》2009 年第 9 期；山西大學歷史文化學院、洛陽市文物工作隊：《河南洛陽市潤陽廣場東周墓 C1M9934 發掘簡報》，《考古》2010 年第 12 期；陝西省考古研究院等：《陝西韓城梁帶村遺址 M27 發掘簡報》，《考古與文物》2007 年第 6 期；陝西省考古研究院等編著：《梁帶村芮國墓地——二零零七年度發掘報告》，北京：文物出版社，2010 年。
〔註9〕 彭裕商：《周初的商代遺民》，《歷史研究》2002 年第 6 期。

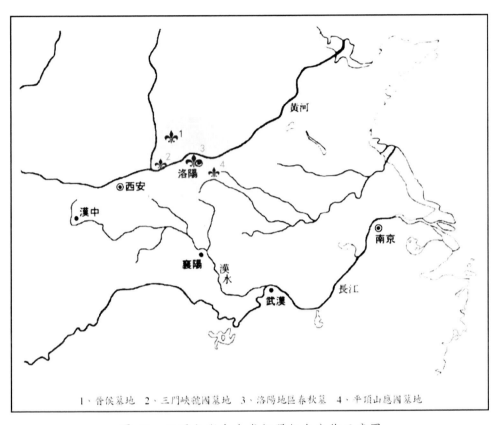

1、晉侯墓地　2、三門峽虢國墓地　3、洛陽地區春秋墓　4、平頂山應國墓地

圖 62：兩周之際今古式銅器組合分佈示意圖

　　但與高級貴族墓葬所不同的是，這一時期的中小型貴族墓內並沒有使用代表著復古的商式酒器，而是仿造其明器鼎和實用鼎的差別，用不同形制的銅鼎來拼湊應有的列鼎之數，一套爲恪守西周傳統的立耳無蓋鼎，一套爲春秋初年新興的附耳扉棱鼎（春秋早期晚段後加蓋）。這便在禮制層面上，也同樣具有了今、古式兼用的含義。

　　如兩周之際的三門峽虢國墓地 M2013 丑姜墓中，使用 3 鼎 2 簋之制〔註10〕，但 3 件銅鼎的形制、紋飾各不相同（圖 63：1-3）。其中兩件爲立耳無蓋深腹鼎，一件（M2013：1）腹部較深，僅裝飾竊曲紋一周，簡化蹄足細高無獸面，風格十分接近於毛公鼎，通高 24.9、口徑 22 釐米（圖 63：2）；一件（M2013：

〔註10〕　河南省文物考古研究所等：《三門峽虢國墓地 M2013 的發掘清理》，《文物》2000 年第 12 期；類似的現象還見於三門峽 M2010，河南省文物考古研究所等：《三門峽虢國墓地 M2010 的清理》，《文物》20000 年 12 期；河南登封告城 M1，鄭州市文物考古研究院等：《河南登封告城春秋墓發掘簡報》，《文物》2009 年第 9 期。

3）腹部變淺，圜底近平，腹下部加飾一周垂鱗紋，蹄足變粗外侈，年代略晚於前者，通高 25.2、口徑 24.6 釐米；另有一件（M2013：4）半球形腹扉棱鼎，立耳外撇，淺腹，底部弧收，已經具有了春秋早期的特點。

又如春秋早期晚段的洛陽 C1M9950 中，使用 5 鼎 4 簋之制〔註11〕，但 5 件銅鼎的形制也各不相同：Ⅰ式（C1M9950：21）直口無蓋，附耳，與口沿處連以兩個小橫梁，半球形腹，腹上部有六個凸脊扉棱，蹄足粗矮，飾凸獸面紋，通高 33、口徑 38.2 釐米（圖 63：4）；Ⅱ式（C1M9950：24）斂口，附耳帶蓋，蓋上裝飾有直立小鳥和大量的鳥紋，弧腹，圜底近平，腹上部一周也有六個立體鳥獸形扉棱，蹄足較矮。通高 25.8、口徑 27.4 釐米（圖 63：5）；Ⅲ式（C1M9950：19）形制與Ⅰ式略相近，但附耳與口沿間無小橫梁連接，腹上部無扉棱，高蹄足上也沒有突戟式的獸面裝飾。通高 30.5、口徑 34.5 釐米（圖 63：6）；Ⅳ式（C1M9950：28）亦爲半球形腹附耳無蓋蹄足鼎，但器底較平，口沿下僅裝飾一周簡單的 S 形竊曲紋，通高 20.3、口徑 28 釐米（圖 63：8）；Ⅴ式（C1M9950：30）爲細長的罐形鼎，腹中部飾一周曲體龍紋，口徑 19.6、通高 25.3 釐米（圖 63：7）。很顯然，這 5 件銅鼎並非製作於同一時期，而是特別拼湊而成的，同時還刻意地保持了「無蓋鼎」和「有蓋鼎」的兩種不同組合形式。

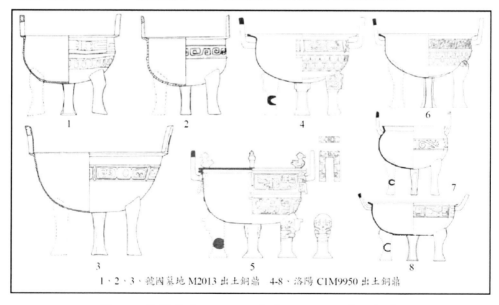

1、2、3、虢國墓地 M2013 出土銅鼎　4-8、洛陽 C1M9950 出土銅鼎

圖 63：虢國墓地 M2013、洛陽 C1M9950 出土銅鼎

〔註11〕 洛陽市文物工作隊：《河南洛陽市潤陽廣場 C1M9950 虢東周墓葬的發掘》，《考古》2009 年第 12 期。

　　此後，這一傳統在東周時期得到了極好地延續。像春秋中期洛陽 C1M3427
中〔註12〕，5 件銅鼎大略可分爲附耳無蓋鼎 3 件（圖 64：2-4）和附耳有蓋鼎
2 件（圖 54：1），且附耳無蓋鼎的形制模仿了許多春秋早期同類型鼎的風格
特點，像淺腹圓底內收、獸面蹄足等；到春秋晚期的洛陽 C1M3498 中〔註13〕，
5 件銅鼎分爲立耳外侈、蟠螭紋鼎 2 件（圖 64：6），三環鈕、附耳、有蓋、
半球形腹鼎 3 件，紋飾上也略有不同（圖 64：5、7、8）。立耳、無蓋的形制
明顯屬於復古之風，而三環鈕蓋、子母口、附耳、半球形深腹略外凸的鼎則
是當下流行的式樣。並且自春秋中期晚段以後，這兩種鼎的形式就被固定下
來，成爲此後銅器墓中的「範式」。2-5 鼎級別的貴族們多使用其來拼湊應有
的鼎數，像洛陽 C1M6112、洛陽紗廠 JM32、洛陽王城廣場 M37、洛陽西工區
LBM4、上馬 M13、臨猗程村 M1001 等都可以見到這種現象〔註14〕，是今、
古式器物制度一脈相承的發展。

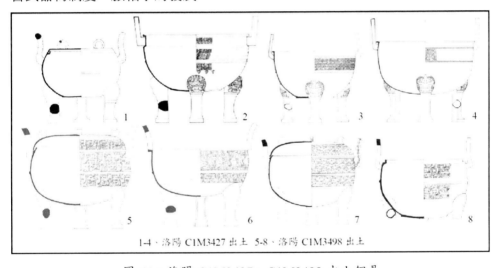

1-4、洛陽 C1M3427 出土　5-8、洛陽 C1M3498 出土

圖 64：洛陽 C1M3427、C1M3498 出土銅鼎

〔註12〕 洛陽市文物工作隊：《洛陽西工區春秋墓發掘簡報》，《文物》2010 年第 8 期。
〔註13〕 洛陽市文物工作隊：《洛陽西工區春秋墓發掘簡報》，《文物》2010 年第 8 期。
〔註14〕 洛陽市第二文物工作隊：《洛陽市紗廠路東周墓 JM32 發掘簡報》，《文物》2002
　　　　年第 11 期；洛陽市文物工作隊編著：《洛陽王城廣場東周墓》，文物出版社，
　　　　2009 年；楊煥新：《1983 年洛陽西工區墓葬發掘簡報》，《考古》1985 年第 6
　　　　期；洛陽市文物工作隊：《洛陽市 613 所東周墓》，《文物》1999 年第 8 期；山
　　　　西省文物管理委員會侯馬工作站：《山西侯馬上馬村東周墓》，《考古》1963
　　　　年第 5 期；中國社會科學院考古研究所編：《臨猗程村墓地》，中國大百科全
　　　　書出版社，2003 年。

　　而高級貴族們則直接將這種今、古式兩套銅鼎都用列鼎的形式表現出來。像新鄭李家樓鄭伯墓（春秋中期偏晚）中〔註15〕，6件腹帶扉棱的立耳、無蓋、蹄足鼎形制與西周時期的大克鼎、膳夫克鼎、四十二年、四十三年逨鼎、禹鼎、史頌鼎、㝬皇父鼎等「扉棱平底鼎」十分接近，腹部較直並帶有扉棱，底近平，唯紋飾和蹄足風格上使用春秋以後流行的蟠螭紋和獸面裝飾；而 8 件（當有 9 件）無蓋、附耳、束頸、深腹、牛首鈕鼎則類似於西周晚期的毛公鼎、中義父鼎、頌鼎、梁其鼎、㝬攸比鼎、膳夫山鼎等「深腹圓底鼎」，腹下部極度斜收，腹徑較深。很顯然，這兩套古式鼎均保留了大量的西周遺風（圖 13），而且也具有代表墓主人身份等級的重要禮制意義。此外，墓中另有一套 7 件「今式」的附耳、深腹、帶蓋鼎（春秋中期後開始流行），裝飾細密的蟠虺紋，蓋上部有透雕環形抓手和三個環狀鈕。

　　此外，該墓中的粢盛器除了傳統的三足簋外，又有 1 件平底盆形敦和 2 件扁體三足形敦共出，均是春秋以後才新出現的粢盛器類型，這表明復古的做法已經從鼎制開始延展至粢盛器領域。

　　春秋晚期的輝縣琉璃閣甲、乙墓中〔註16〕，甲墓共出土銅鼎 18 件，分為 I 式鑊鼎 1 件，口徑 52.5、通高 63.5 釐米；II 式蟠螭紋、三環紐圓蓋、深腹鼎一套 9 件，口徑約 32、通高約 40 釐米；III 式蟠虺紋無蓋附耳鼎一套 5 件，但腹部帶有扉棱，口徑約 50、通高約 49 釐米；IV 式蟠虺紋環形捉手蓋鼎 2 件，形制與 II 式鼎十分接近，但口徑僅 25.5～27、通高 30 釐米；V 式蟠虺紋帶流小鼎 1 件（匜鼎）。可以看出，兩套正鼎（II 式、III 式）也由「古式」的扉棱附耳無蓋鼎和「今式」的三環鈕圓蓋深腹蹄足鼎組成（圖 54：1 與 2、3）。而且墓中的粢盛器也同樣包括了「古式」的方座簋（圖 54：5）、鋪（圖 54：8）、扁體三足敦（圖 54：9）和新興的「今式」有柄蓋豆（圖 54：6）。

　　琉璃閣乙墓中現有附耳平蓋鼎一套 5 件（圖 54：11），蟠魑紋沿耳無蓋鼎一套 5 件（圖 54：10），另有一件弦紋素面沿耳鼎，花紋差異較大。雖然形制上與甲墓銅鼎有所區別（人群來源不同），但組合的內涵卻是一致的（立耳無

〔註15〕 河南省博物院、臺北國立歷史博物館編：《新鄭鄭公大墓青銅器》，大象出版社，2001 年；俞偉超先生曾對其鼎的分類進行過探討，參見《周代用鼎制度研究》，《北京大學學報》（哲學社會科學版）1978 年 1、2 期、1979 年 1 期。後收入俞氏：《先秦兩漢考古學論集》，62～114 頁，文物出版社，1985 年。

〔註16〕 河南省博物館、臺北國立歷史博物館編：《琉璃閣甲、乙二墓》，大象出版社，2003 年。

蓋鼎和附耳有蓋鼎的組合）。而且粢盛器中也出現了復古的三足簋、銅鋪和春秋早中期曾流行的平底盆形敦。

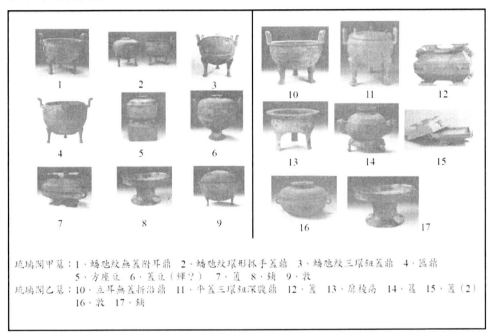

琉璃閣甲墓：1、蟠螭紋無蓋附耳鼎　2、蟠螭紋環形抓手蓋鼎　3、蟠螭紋三環鈕蓋鼎　4、匜鼎
　　　　　　5、方座豆　6、蓋豆（鋪？）　7、簠　8、鋪　9、敦
琉璃閣乙墓：10、立耳無蓋折沿鼎　11、平蓋三環鈕深腹鼎　12、簋　13、扁棱簋　14、簋　15、豆（2）
　　　　　　16、敦　17、鋪

圖 65：琉璃閣甲、乙墓出土銅鼎、粢盛器

　　與琉璃閣乙墓類似的組合形式也出現在長治分水嶺 M269、M270 中〔註17〕，春秋晚期，均是 5 件立耳無蓋鼎和 5 件三環鈕、圓蓋、附耳、深腹、蹄足鼎的組合，雖然在銅鼎的形制、紋飾上略有差別。但其粢盛器卻均是 2 件扁體三足敦，而未見到其他復古性的銅器，這也是一般中小型貴族墓中常見的現象。從復古銅器在墓中所處的比例來看，高級貴族們顯然對其更為熱衷，並傾向於將其制度化和規範化（如春秋時的鼎、戰國後的豆），而中小貴族則更願意使用今式的器物（參見第三章第一節）。

　　戰國之後，隨著鬲形、敦形鼎的出現，鼎制組合更趨複雜，但今、古式搭配的情況則依然保持不變。而且作為主要盛食器的銅豆也出現了代表古式的方座豆、淺盤無蓋高柄豆和代表今式的有柄蓋豆兩種不同的形制（中小貴族多僅使用有柄蓋豆）。

〔註17〕 山西文物工作委員會東南工作組：《長治分水嶺 269、270 號東周墓》，《考古學報》1974 年第 2 期。

像戰國中期的陝縣後川 M2040 中〔註18〕，共出土銅鼎 17 件（圖 3-10）：其中 I 式三環鈕蓋、鋪首環耳、鬲形鼎 7 件，鼎蓋與鼎身飾兩周絢紋，器底均有煙薰痕跡，出土時鼎內存牲骨，口徑 16.5～29.6、通高 17～29.8 釐米；II 式圓蓋、附耳、子母口、扁圓腹、矮蹄足鼎 5 件，大小相次，口徑 25～38.5、通高 22.5～37.2 釐米。器蓋與器身均飾蟠螭紋爲主，耳和足部錯嵌紅銅，鼎底均有煙薰痕跡，出土時鼎內存牲骨；III 式立耳（外撇）無蓋鼎 5 件，亦是大小相次，口徑 50～78、通高 38.2～62 釐米，器身以蟠螭紋裝飾爲主。可見該墓正鼎共有 7、5、5 三套，其中立耳無蓋鼎和圓蓋附耳蹄足鼎的組合更是春秋以來今、古式搭配傳統的延續。與列鼎相對應的粢盛器中包括有柄蓋豆 4 件、方座蓋豆 4 件和淺盤無蓋高柄豆 2 件，制度上已臻於完善。尤其需要提及的是，該墓中另出土有 2 件蓮瓣蓋方壺（M2040：28、29），大小相同，通高 58 釐米，蓋頂中空，周環八瓣蓮花，壺頸飾蟠螭紋帶兩周，腹部以十字帶紋分爲上、下八格，上四格中塡飾蟠虺紋。此種形制的方壺最早出現於春秋中期的三晉地區，戰國早期之後就逐漸被貴族們棄之不用而僅在楚地流行〔註19〕，所以其在該墓葬中出現應當也是基於復古的考慮。

而在長治分水嶺 M26（戰國中期）中〔註20〕，這種復古的傾向就表現得更爲明顯。7 件銅鼎中，2 件立耳無蓋高蹄足鼎形制極力模仿西周時期的扉棱平底鼎傳統，甚至在口沿下焊接有類似扉棱的四個立體螭首，器腹下部也裝飾這一時期十分罕見的垂葉紋（或稱蕉葉紋），蹄足上部卻又模仿商代器物風格製作恐怖的獸面紋飾（融合戎狄之風），從而使得整體器形顯得十分怪異。而與此搭配的還有 2 件方座銅簋，一起構成了迥異於其他墓葬的「古式」組合（圖 66，另外銅簋斜壁的風格也是春秋時期的特點）；其餘 5 件三環鈕圓蓋、扁圓腹、矮蹄足鼎以及 2 件有柄蓋豆、2 敦（上下同體）等則屬於典型的「今式」器物。

〔註18〕 中國社會科學院考古研究所編：《陝縣東周秦漢墓》，科學出版社，1994 年。

〔註19〕 高崇文：《兩周銅壺的類型學研究》，收入俞偉超主編：《考古類型學的理論與實踐》，177～220 頁，文物出版社，1987 年。

〔註20〕 山西省文物管理委員會等：《山西長治分水嶺戰國墓第二次發掘》，《考古》1964年第 3 期。

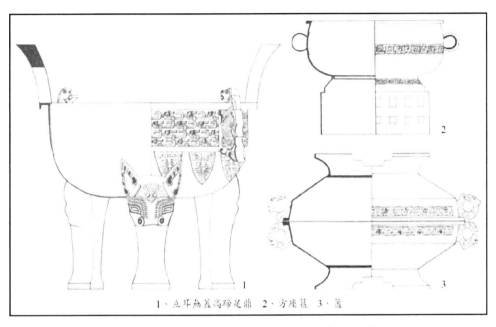

1、立耳無蓋高蹄足鼎　2、方座簋　3、簠

圖 66：分水嶺 M26 出土銅鼎、方座簋、簠

　　其實不僅在三晉地區，燕、齊等國同樣十分盛行復古之風。像河北易縣燕下都 M16（戰國晚期偏早）中〔註21〕，就出現了方座簋、方壺、尊、盉、方鼎等前代風格的器物（圖 67），尤其是四件小方鼎與商代盛行的同類器形制十分接近，立耳較直，長方口，垂腹平底，在口沿下共有八道凸脊扉棱，但足部卻又製成奇怪的龍首狀而並非商代多見的細柱足，且器身素面，與典型的商器又有巨大的差別（圖 67：10）。此外，墓中的其他仿銅陶禮器上也有許多模仿早期紋樣的現象，像兩件陶鑒上（M16：32、16）均模印類似商代的雲雷紋地獸面（饕餮）裝飾以及雙鳳垂葉紋，但卻又夾雜以春秋時多見的蟠螭紋（圖 67：13）；7 件子母口有蓋陶鼎上，器耳及蓋面均裝飾戰國時多見的絢索紋，但器身上卻是奇怪的飛虎紋和垂葉紋（圖 67：2）。所以從這裡可以看出，此時的復古其實並非是對過往器物的完全模仿或復原，而是基於特定的需要選擇某些元素進行改造，以達到展示效果即可。像商代的酒器、方鼎、猙獰恐怖的獸面紋飾、西周時期古樸的立耳無蓋鼎、鋪、扉棱裝飾、方座傳統等就受到貴族們的青睞。

〔註21〕河北省文化局文物工作隊：《河北易縣燕下都第十六號墓發掘》，《考古學報》1965 年第 2 期。

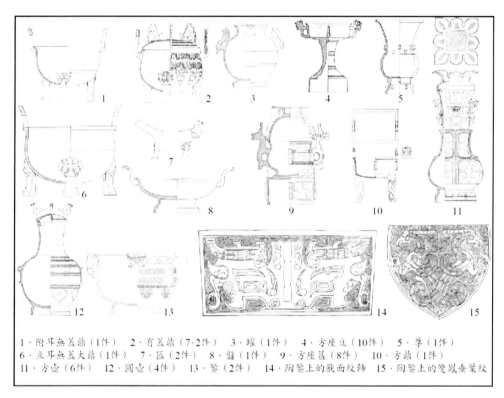

1、附耳無蓋鼎（1件）　2、有蓋鼎（7+2件）　3、罐（1件）　4、方座豆（10件）　5、尊（1件）
6、立耳無蓋大鼎（1件）　7、匜（2件）　8、盤（1件）　9、方座簋（8件）　10、方鼎（1件）
11、方壺（6件）　12、圓壺（4件）　13、簠（2件）　14、陶鑒上的獸面紋飾　15、陶鑒上的雙鳳垂葉紋

圖 67：河北易縣燕下都 M16 出土部分仿銅陶禮器

　　在臨淄地區的齊國貴族墓葬中也可以見到大量的復古現象〔註 22〕。像臨淄東夏莊 M4 中，仿銅陶鼎的形制就基本分爲附耳無蓋鼎（配以方座簋）和子母口有蓋鼎（配以高柄蓋豆）兩種，與三晉地區的情況十分類似。在臨淄淄河店 M2 中，附耳無蓋鼎一套共 7 件，大小相次成列，而三環鈕蓋蹄足鼎共 5 件，亦是大小相次。墓中另出土了方座陶簋 6 件，從數量上看應當是配於 7 件附耳無蓋鼎的。這也證明，今古式器物間確是對應搭配的。但總體來講，戰國中晚期以後禮制急劇衰落，在黃河流域已經很難再見到之前那樣規範、有序的今、古式器物共存組合了。

　　南方楚墓中情況則又有所不同。前文中已經提及楚人的禮制組合共有三套：A 組箍口鼎、簠、尊缶、盥缶組合；B 組子母口蓋鼎、敦、圓壺組合；C 組升鼎、方座簋、扉棱鬲、方壺組合。其中升鼎是西周扉棱鼎傳統的延續（改用爬獸來傚仿扉棱），而方座簋、扉棱鬲、方壺等也都大量借鑒了西周時期的姬周文化，是對周制的模仿和沿用，所以相較於楚人自身的箍口鼎、簠、尊

缶、盥缶組合而言，其也可以被視作是一種復古，而且這種古式的組合一直完好地保持到戰國晚期；C組子母口蓋鼎、敦、圓壺組合首先出現於戰國初年，並迅速在小型貴族墓內普及，然而中、高級別的貴族們則依然堅持同時使用舊日的禮器組合形式，並且他們對這種古式器物的控制也是十分嚴格和有效的，不同等級的貴族方能擁有不同類型的今、古式組合。像商式酒器尊的使用，就僅見於曾侯乙墓、壽縣蔡侯墓、壽縣楚王墓、九連墩楚墓等高級別墓葬中。可以推斷，在楚國今、古式銅器兼用的制度應該是高級貴族們的創造和特權，而中小貴族則僅處於被安排和追隨的地位。

第二節　尊古與重今的思潮

　　聯繫到上文中所提及的東周時代眾多的復古器物，一個有趣的問題是需要首先被考慮的：這些古式器物是如何被製作的呢？或者說，它們是參照了怎樣的「藍本」呢？一個可能的情況的是銅器作坊中的工匠們由於職業世代相傳，所以保留了許多昔日器物的鑄造方法或者圖紙。當有實際需求時，他們就會將其搬出進行仿製。但從以上的考古發現來看，多數古式器物的鑄造均與眞正的「原型」相去甚遠，而僅在局部特徵上有所近似，尤其是最爲複雜的紋飾製作更多難以契合，甚至出現許多不同年代的特徵紋飾混搭在一起的現象，方座、扉棱等也都是使用最新式的焊接方法而並非以前的範鑄或澆鑄技術。這似乎表明當時的工匠們其實對古物的製作是比較陌生的，他們只能用當下的技術和裝飾手法去試圖仿製昔日的器形。不過「完全一致」也並非是訂購者們所追求的，否則何以各種商式酒器都製作成明器式樣呢？通過此種方式來表達特殊的思想、理念恐怕才是貴族們更加關心的。第二個可能是在當時的國家府庫或貴族宅邸中保存有相當一部分的古代器物，當需要將它們放入墓中隨葬時，器主們便會去製作類似的仿製品來充當。像曾侯乙墓中的尊盤其實本爲其父親之物，後放入曾侯乙墓中就把原有的銘文改制爲「曾侯乙作持用終」〔註23〕。而戰國晚期壽縣楚幽王墓中的曾姬無卹方壺更是鑄造於楚宣王時期〔註24〕，並一直被保存在楚國府庫中。

〔註23〕　張昌平：《商周青銅器銘文的若干製作方式——以曾國青銅器材料爲基礎》，《文物》2010年第8期。
〔註24〕　劉彬徽《楚系青銅器研究》342頁，湖北教育出版社，1995年。

　　此外文獻中還記載了東周時期一些保存更加古老器物的事例。像《左傳・昭公七年》:「鄭子產聘於晉,晉侯疾,韓宣子逆客,私焉曰:『寡君寢疾,於今三月矣,並走群望,有加而無瘳,今夢黃熊入於寢門,其何厲鬼也?』對曰:『以君之明,子爲大政,其何厲之有?昔堯殛鯀於羽山,其神化爲黃熊,以入於羽淵,實爲夏郊,三代祀之,晉爲盟主,其或者未之祀也乎!』韓子祀夏郊,晉侯有間,賜子產莒之二方鼎。」方鼎爲商人舊物,這表明在晉國的府庫中就存有一些寶物性質的古器。《左傳・昭公十六年》又有:「徐子及郯人莒人會齊侯盟於蒲隧,賂以甲父之鼎。」杜預稱:「甲父,古國名。高平昌邑縣東南有甲父亭。」若如杜注,則此甲父鼎恐怕也應是一件古器吧?凡此表明,由國家或貴族來直接收藏古物之說更爲合理,鑄造技術的進步可能往往並不具有可逆性。

　　那麼究竟是怎樣的社會觀念或動機影響了這一獨特現象的出現呢?首先最直觀的恐怕就是「尊古與重今」並舉的思潮在東周時代的出現與流行。這不僅僅體現在對古物的收藏與追捧上,同時禮制文獻中也記載了大量代表「尊古」的儀節。《禮記・禮器》記載:「禮也者,反本、脩古,不忘其初者也。」在這一原則的指導下,周禮系統地採納了眾多被「認定」是代表先代之禮的儀式。

　　像《儀禮・士昏禮》:「尊於房戶之間,兩甒,有禁,玄酒在西,加勺,南枋。」鄭玄注曰:「玄酒,新水也,雖今不用,猶設之,不忘古也。」賈疏:「云『不忘古也』者,上古無酒,今雖有酒,猶設之,是不忘古也。」在周人的想像中,上古之人尚未發明酒醴而只能飲用清水,所以從禮制角度上考慮,水就比酒顯得古老,通過宗廟祭祀時在酒旁一併設置新水便能夠傳達他們「尊古」的意願。西周中期以後墓葬中銅壺均是兩件成套出現,一盛水,一盛酒,儘管早期可能主要是出於「和酒」的需要,但在此時恐怕也被賦予了以上新的含義。

　　與「玄酒」相應的還有「明水」的概念。《周禮・秋官・司烜氏》云:「以陰鑒取明水於月」,《禮記・郊特牲》云:「其謂之明水也,由主人之絜著此水也。」《儀禮》賈疏認爲:「配尊之酒,三酒加玄酒,鬱鬯與五齊皆用明水配之……相對,玄酒與明水別;通而言之,明水亦名玄酒」,也就是說,明水實則也是清水,其名來自於「在月明時所取之水」。賈疏對此稱:「若然,禮有玄酒、涗水、明水三者,各逐事物生。名玄酒,據色而言,涗水據新取爲號,

其實一也。以上古無酒，用水爲酒，後代雖有酒，用之配尊，不忘本故也。」所以使用「明水」的含義和「玄酒」是完全一樣的，都是希望效法上古之禮，以示不忘禮之根本。

　　類似的還有「大羹」的陳設。《周禮・烹人》：「（烹人）祭祀，共大羹、鉶羹。」鄭司農云：「大羹，不致五味也。鉶羹，加鹽菜也。」即大羹是不加鹽菜調和、無有五味的肉湆（肉汁）。彼賈疏云：「大羹，肉湆，盛於登，謂大古之羹，不調以鹽菜及五味，謂鑊中煮肉汁，一名湆，故鄭云大羹肉湆。」在周人看來，太古之時不知五味，所以進食之物也僅是不加佐料調和的大羹。《儀禮》中記載在昏禮、士虞、公食大夫、特牲、少牢禮等均設有大羹，但大羹不祭、不嘗（嚌），設之僅取尚質敬古之意。如《儀禮・士昏禮》：「大羹湆在爨。」賈疏：「《左傳》恒二年臧哀伯云：『大羹不致』。《禮記・郊特牲》云：『大羹不和』，謂不致五味，故知不和鹽菜。唐虞以上曰大古，有此羹。三王以來更有鉶羹，則致以五味。雖有鉶羹，猶存大羹，不忘古也。」前文中也已論證了匜鼎可能具有的烹煮大羹的功能。

　　又如關於「割刀」、「鸞刀」的討論。《禮記・禮器》記載：「禮也者，反本、脩古，不忘其初者也……割刀之用，鸞刀之貴」，鄭注：「割刀，今之刀也。鸞刀，古之刀也。今刀便利，古刀遲緩，而宗廟不用今刀而用古刀。」孫希旦《集解》進一步補充爲：「鸞刀，刀之有鈴者。古時但有鸞刀，後世既有割刀，而宗廟割牲，貴用鸞刀。」《詩經・小雅・信南山》中也提到了鸞刀的使用，「執其鸞刀，以啓其毛，取其血筋」，毛傳：「鸞刀，刀有鸞者，言割中節也。」孔疏：「鸞即鈴也，謂刀環有鈴，其聲中節。」今暫且不論夏商之時是否確有此種刀環帶鈴或以鸞鳥爲飾的銅刀，但可以看出，周人爲了系統地體現其尊古的想法，甚至在宗廟祭祀中棄用鋒利的今日割刀，而反要使用遲鈍的古式「鸞刀」。

　　《儀禮・聘禮》中又有：「（設饗時）飪一牢，在西，鼎九，羞鼎三；腥一牢，在東，鼎七。」「飪」即是熟食，「腥」則是生食，不作飲用故沒有羞鼎搭配。另在「君歸饗餼」和「下大夫歸饗餼」時也都有此「飪鼎」、「腥鼎」兩套。腥鼎之物既然根本無法食用，爲何又要陳設在殿堂之上呢？因爲根據《禮記・禮運》篇的記載，上古之時人們未有火化，而僅能「腥其俎」，「昔者先王未有宮室，冬則居營窟，夏則居橧巢。未有火化，食草木之實，鳥獸之肉，飲其血，茹其毛。」鄭玄曰：「未有火化，食腥也。此上古之時

也。」陳氏澔曰:「未有火化,故去毛不盡而並食之。」所以設置「腥鼎」的目的同樣也是爲了模仿製禮之初時的狀況。

《禮記・郊特牲》記載天子祭天時會特別使用「大路繁纓」,鄭玄注曰:「大路,殷祭天之車也。殷猶質,以木爲車,無別雕飾,乘以祭天,謂之大路。」可見「大路」之車本爲商人所用的沒有裝飾的木車,周代祭天時不用當世之車,而改以前代之物,同樣也是爲了體現「尊古、重古」的含義。

三代之禮本傳承沿襲,或有損益,所以早期禮制確可被視作是「周禮之本」。但孔子又稱:「夏禮吾能言之,杞不足徵也;殷禮吾能言之,宋不足徵也。文獻不足故也,足則吾能徵之矣」(《論語・八佾》),可見在東周時期能夠藉以瞭解前代之禮的賢人或文獻已經十分稀少了,所以貴族們其實多是將「臆想」的古制例如飲水、生食、木車等加入到自己的禮制系統中來,以體現其「不忘禮之根本」,這與考古材料所體現出來的特徵是一樣的。

當然,另一方面還有更爲現實的目的。東周時期社會變動頻繁,僭越之風盛行,寒門子弟憑藉軍功、能力不斷崛起,嚴重威脅了傳統世襲貴族們的地位,所以統治階層才需要極力地提倡「尊古、重古」,力圖恢復以往尊卑降差的政治體制和各安其位的等級秩序。這既是對過去榮耀的緬懷和追思,也是爲了能夠刻意地保持與「寒門貴族」間的區別,正如他們要將鼎制、粢盛器制度變得日趨複雜一樣。「今、古式現象」之所以首先在洛陽周邊地區出現,恐怕即是因爲這裡積聚了大量跟隨周王室東遷過來的沒落貴族,他們希望能夠恢復和重建過去的統治秩序,所以才要極力地在社會上推廣「尊古」的思潮。這也正是前文中曾提及的「特定政治目的對於青銅禮器使用的影響」。

第三節 文與質的討論

古語中有「文質彬彬」一詞,意爲人的文采和本質都很適宜,現在多用來形容言談舉止斯文閒雅、配合諧調。語出於《論語・雍也》:「質勝文則野,文勝質則史,文質彬彬,然後君子。」其實「文」(文華)和「質」(質樸)正是東周時期開始出現的一對十分重要的哲學概念,並與禮制也有著極其密切的聯繫。

在周人的認知體系中,「尊古」即是「尚質」,因爲古爲禮之本,重本方能節攝人欲;「重今」也即「敬文」,代表著各種燕居安體之道,唯此方能順

應人情。司馬遷《史記・太史公自序》中對此有一段很好的概括：「維三代之禮，所損益各殊務，然要以近性情、通王道，故禮因人質為之節文，略協古今之變。作《禮書》第一。」可以說，「近人情」（今、文）以及「通王道」（古、質）正是制禮者們孜孜以求的目標。

如祭祀，《禮記・禮運》中記載：「夫禮之初，始諸飲食，其燔黍捭豚，汙尊而抔飲，蕢桴而土鼓，猶若可以致其敬於鬼神。」鄭注：「言其物雖質略，有齊敬之心，則可以薦羞於鬼神，鬼神饗德不饗味也。」在周人看來，太古之時的祭祀使用的都是極其簡略之物，所以但凡涉及「禮之本始」諸事時，便要極力遵循「質略」的原則。像《禮記・郊特牲》一篇所論天子祭天儀節，即是重本之事（「郊之祭也，大報本反始也」）。不用大牢而以特牲之犢，「郊特牲而社稷大牢；牲用騂，尚赤也。用犢，貴誠也」，孫希旦稱「用特牲為貴少，用犢為貴誠」；乘坐的馬車也是簡樸的「大路繁纓一就」，無金玉之飾；所穿衣物為至素無紋的「大裘」；郊天時以血為始（「郊血」），血非食味之道，但用氣臭歆神而已（「至敬不饗味而貴氣臭也」）；祭祀器物也均用陶、匏（「器用陶、匏，以象天地之性也」），因為「天地之性，本無可象，但以質素之物，於沖穆無為之意為稍近，故用之以祭」；所獻之食籩、豆中僅盛水土所生物類，非人所常食（「籩、豆之實，水土之品也」）。以神道與人異，故不敢用人之所食褻美食味，而貴眾多品族，方能到達交接神明的目的（「不敢用褻味而貴多品，所以交於旦明之義也」）。

其後又有一段專論「文、質之異」：「酒醴之美，玄酒明水之尚，貴五味之本也。黼黻文繡之美，疏布之尚，反女功之始也。莞簟之安，而蒲越稾鞂之尚，明之也。大羹不和，貴其質也。大圭不琢，美其質也。丹漆雕幾之美，素車之乘，尊其樸也，貴其質而已矣。所以交於神明者，不可同於所安褻之甚也。如是而後宜。」鄭玄注曰：「此明祭祀所用之物，不尚繁華，皆取尚質貴本。」酒醴與玄酒明水、黼黻文繡與疏布、莞簟與蒲越稾鞂、丹漆雕幾與素車，此皆文質相對之物，而祭天時唯用質而不尚繁華，由此可見，尊古、重本與尚質是緊密聯繫在一起的。在山西長子縣東周墓地 M2 中，共出土銅鼎 2、豆 3、盤 1、匜 1、鋪 1、陶壺 2 組合，其中兩件銅鼎形制大體相同，均是三環鈕圓蓋、了母口、附耳、深腹底部內收、不底、三蹄足，但一件上（M2：2）蓋、器均滿飾蟠螭紋，通高 22.3、口徑 20.8 釐米，另一件（M2：1）則通體素面，高 16.4、口徑 7.4 釐米。相似的現象亦見於銅豆上，兩件滿飾蟠虺紋

（M2：7、12），一件素面（M2：3）〔註25〕。這樣刻意地安排恐怕正是爲了體現上述文、質互異的想法吧（圖68）？

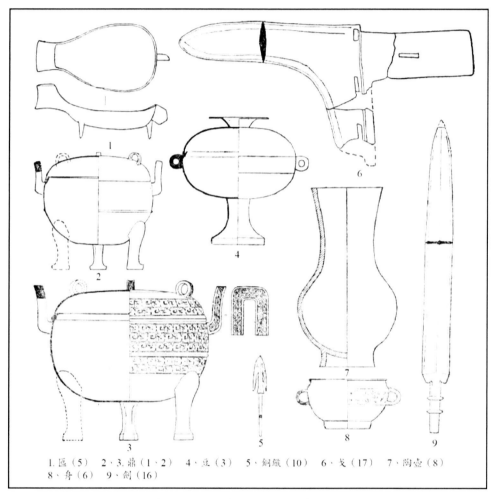

1.匜（5） 2、3.鼎（1·2） 4.豆（3） 5.銅鍬（10） 6.戈（17） 7.陶壺（8）
8.舟（6） 9.劍（16）

圖68：山西長子M2出土青銅器

此外，先儒們在討論周代天子、公卿宗廟祭祀儀節時，又提到有「朝踐」一事。《禮記·祭統》鄭注「天子諸侯之祭，朝事，延尸於戶外，有北面事尸之禮。」朝踐主要在堂上進行，而所薦之物包括「腥」、「爓」〔註26〕。腥者，

〔註25〕 山西省考古研究所：《山西長子縣東周墓》，《考古學報》1984年第4期。
〔註26〕 《禮記·禮運》孔疏：「後薦朝事之豆、籩，乃薦腥於尸主之前，謂之朝踐。《禮記·郊特牲》孔疏：「人君祭自灌獻始，饋熟乃酳奠者，蓋鉶南之奠，與祭饋俱設者也。灌獻時無饌，朝踐雖有籩、豆，而俎惟腥、爓，至合烹、饋熟，而俎、簋、籩、豆備設，於是奠觶鉶南。」 賈公彥亦持此說，見《周禮·

生也，即未經鑊烹煮的牲肉。與前述《儀禮・聘禮》中使用腥鼎的記載是一樣的，亦是旨在追尊古意、不忘禮之根本。

　　又如宴飲，《禮記・禮運》曰：「昔者先王未有宮室，冬則居營窟，夏則居橧巢。未有火化，食草木之實，鳥獸之肉，飲其血，茹其毛。未有麻絲，衣其羽皮。後聖有作，然後修火之利，範金合土，以爲臺榭宮室牖戶，以炮以燔，以亨以炙，以爲醴酪。治其麻絲，以爲布帛，以養生送死，以事鬼神上帝，皆從其朔。故玄酒在室，醴盞在戶，粢醍在堂，澄酒在下。陳其犧牲，備其鼎俎，列其琴瑟管磬鐘鼓，修其祝嘏，以降上神與其先祖，以正君臣，以篤父子，以睦兄弟，以齊上下，夫婦有所，是謂承天之祜。作其祝號，玄酒以祭，薦其血、毛，腥其俎；孰其肴，與其越席，疏布以冪，衣其澣帛；醴盞以獻，薦其燔炙，君與夫人交獻，以嘉魂魄。是謂合莫。然後退而合亨，體其犬豕牛羊，實其簠、簋、籩、豆、鉶羹，祝以孝告，嘏以慈告。是謂大祥。此禮之大成也。」

　　鄭玄注釋此段稱：「腥其俎，謂豚解而腥之，及血、毛，皆所以法於上古也。熟其肴，謂體解而燭之，此以下，皆所法於中古也。（然後退而合烹）此謂薦今世之食也，體其犬豕牛羊，謂分別骨肉之貴賤，以爲眾俎也……今世之食，於人道爲善也。」

　　在周人的想像中，太古之時皆未有火化，人們僅能茹毛飲血；中古之後聖賢而起，方得有炮燔亨炙，但亦僅製成醴酪（蒸釀之也），未能盡火之利。所以在今世祭祀設宴時，雖然有美酒、犧牲，鐘鳴、鼎食，但依然要將最尊貴的玄酒擺放在室內，以示尊古。同時進獻食物時也要分爲三個不同的步驟：首先是「薦其血、毛，腥其俎」，以象徵太古之食法，而且「血腥之屬，不可以飲食，而以氣歆神者，所以嘉魂也。」即鬼神是重視氣味而並不需要人的飲食；其二則是「熟其肴」，孔疏稱「謂以湯燭骨體而進之」，實際未熟，象徵中古之食法；最後才是「合烹、體其犬豕牛羊」，爲今世之食法。唯有此，方能合乎禮之大體。所以相較於以前的禮儀，東周祭祀、宴饗制度遠顯複雜，這與鼎制、粢盛器制度等變化所反映的趨勢是一致的。司馬遷在《史記・禮書》中概述前代之禮時也尤重此點，「大饗上玄尊，俎上腥魚，先大羹，貴食飲之本也。大饗上玄尊而用薄酒，食先黍稷而後稻粱，祭嚌先大羹而飽庶羞，貴本爲親用也」，可謂貼切。

　　　春官・大宗伯》：「以肆獻祼享先王，以饋食享先王」之賈疏，李學勤主編：《周禮注疏》卷十八，460～461 頁，十三經注疏（標點本），中華書局，1999 年。

　　最後如喪葬，孔穎達在《禮記‧檀弓上》篇仲惠與曾子有關「夏后氏用明器，殷人用祭器，周人兼用之」的著名爭論下疏曰：「曾子鄙惠言，畢而自更說其義也。言二代用此器送亡者，非是爲有知與無知也，正是質文異耳。夏代文，言鬼與人異，故純用鬼器送之，非言爲無知也。殷人世質，言雖復鬼與人異，亦應恭敬是同，故用恭敬之器仍貯食送之，非言爲有知也。說二代既了，則周並用之，非爲疑可知，故不重說。尋周家極文，言亡者亦宜鬼事，亦宜敬事，故並用鬼、敬二器，非爲示民言疑惑也……崔靈恩云：『此王者質、文相變耳。』」

　　此論在闡釋「夏文商質」之時確有牽強附會之嫌，但言及周世卻並非毫無道理，在周代確實存在兼用質、文之道以應死者的趨勢。本來，在周禮原則中，死者爲鬼神，應只用「尚質」原則，因爲鬼神歆氣而並不能享用人的各種美食，例如在祭祀中進獻魚時就只用「腴」（腹部下），因爲腴是氣之所聚，鬼神尚氣〔註27〕；而侍奉生者才是遵循「盡文」原則，以滿足人體的各種欲望。同樣是宴飲中食用的魚，就只進「鬐」，也就是魚脊，少骨鯁且肉美，因爲生人尚褻味〔註28〕。不過東周之後，「事死如生」的原則日趨流行，人們將大量的生時所用之物也搬入到墓葬中，墓室結構亦大肆模仿宮殿居寢〔註29〕，《荀子‧禮論》中就稱：「喪禮者，以生者飾死者，大象其生以送死也。故如死如生，如亡如存，終始一也。」這樣質和文的原則在這裡就達到了統一，由此也便可以理解爲何早期的「古式」器物多用明器，因爲其本意是爲死者鬼神而設的〔註30〕。當然這並不是說一切「古式」器物就都是專爲死者而設的，因爲宗廟祭祀中朝踐儀節也要遵循尚古的原則，所以還是要視具體墓葬中的組合而定。

〔註27〕《儀禮‧公食大夫禮》賈疏：「若祭祀，則進腴，以鬼神尚氣，腴者，氣之所聚，故《少牢》進腴是也。」

〔註28〕《儀禮‧公食大夫禮》賈疏：「鬐，脊也。進脊在北，鄉賓，必以脊鄉賓者，鄭云『乾魚進腴，多骨鯁』，故不欲以腴鄉賓，取脊少骨鯁者鄉賓，優賓故也。」

〔註29〕蒲慕州：《墓葬與生死——中國古代宗教之省思》，中華書局，2008 年；Alain Thote, "Continuities and Discontinuities : Chu Burials during the Eastern Zhou Period", in R, Whitfield and Wang Tao, eds., *Exploring China's Past : New Discoveries and Studies in Archaeology and Art*, pp. 189～204, Saffron International Series in Chinese Archaeology and Art, 2000.

〔註30〕祭器亦是爲鬼神而設，但祭禮中又需要爲尸、眾賓客以及佐禮之人置辦饗食，所以應當是實用禮器。

　　《禮記・禮器》篇中對「質、文之異」有更進一步詳細的衍生：「禮有以多為貴者」，包括宗廟、豆、介、牢、席、殯期、棺飾翣等；又有「以少為貴者：天子無介，祭天特牲。天子適諸侯，諸侯膳以犢。諸侯相朝，灌用鬱鬯，無籩豆之薦。大夫聘禮以脯、醢。天子一食，諸侯再，大夫士三，食力無數，大路繁纓一就，次路繁纓七就。圭璋特，琥璜爵，鬼神之祭單席。諸侯視朝，大夫持，士旅之。此以少為貴也。」很顯然，這裡的「多」與「少」的內涵就與「質、文之異」完全相同；此外還有：

　　「（禮）有以高為貴者：天子之堂九尺，諸侯七尺，大夫五尺，士三尺。天子諸侯臺門，此以高為貴也。有以下為貴者：致敬（祭天）不壇，埽地而祭。天子諸侯之尊廢禁，大夫士棜禁。此以下為貴也。」

　　「禮有以文為貴者：天子龍袞，諸侯黼，大夫黻，士玄衣纁裳。天子之冕，朱綠藻，十有二旒，諸侯九，上大夫七，下大夫五，士三。此以文為貴也。有以素為貴者：至敬無文，父黨無容，大圭不琢，大羹不和，大路素而越席，犧尊疏布冪，樿杓。此以素為貴也。」

　　這樣就共同構建了一個完整而龐大的思想體系：尊古、尚質、尚氣、小、下、素等組成一套對應的概念；而重今、敬文、尚味、多、高、紋等又形成另一套，從而幾乎涵蓋了禮制生活的方方面面，成為周代禮制中最為重要的原則之一。

小　結

　　綜合上文所述，我們可以初步地歸納出周代貴族兼用今、古式器物組合的原因：當社會內部等級結構劇烈變動之時（僭越風氣盛行），傳統的主流貴族們嚮往昔日的榮耀和有序的統治秩序，便極力的在社會上推廣「尊古」的思潮，強調不能夠忘記「禮之根本」。而真實的目的卻在維繫其統治上的合法性和禮制特權所在。但由於周人對於前代之禮是不甚瞭解的，便簡單地認為古代社會必定是十分簡單、質樸的，所以進而將「尊古」和「尚質」的原則聯繫到一起，並由此創造出一整套複雜而完善的禮制系統。像祭祀的不同環節、飲食的不同方式、服飾的不同紋樣以及車馬的不同類型等，都需要根據特定儀節所應遵循的「尚文」或「尚質」原則進行調整。

　　這種政治意識形態上的特殊考慮隨之也影響到了青銅器的製作與使用。「尊古」就必然需要有相應復古的器物來體現其理念，而「尊古與重今並舉」的構想也就最終導致了今、古式器物制度的出現，且古式器物往往製作粗糙、簡單，紋飾簡略，甚至直以明器替代；而今式器物則精美厚重，多具使用痕跡。這與東周時期十分盛行的「質、文之異」的探討是十分一致的。

　　但與東方六國所不同的是，關中地區的秦人似乎不甚重視「師古以治今」的原則。周禮制度在春秋中晚期以後就逐漸被棄之不用〔註31〕，商鞅變法時也極力駁斥甘龍、杜摯等舊貴族「法古無過，循禮無邪」的主張，並得到了秦廷的響應。統一天下後，在有關是否效法周朝、封邦建國（「法古」）的爭論中，「師今」一派亦深得始皇倚重〔註32〕，這與秦國歷來的施政主張是一致的。可以說，尊古、重古的原則在秦國並未得到重視，所以墓葬中也基本未見今、古式器物共存的現象。

〔註31〕梁雲：《戰國時代的東西差別──考古學的視野》，文物出版社，2008年。
〔註32〕錢穆：《秦漢史》22頁，三聯書店，2009年。

第十章 東周青銅禮器的稱名制度

「尊、彝」是商周青銅禮器的大共名。金文出現之初，無論器物的形制差異如何，銘文均簡稱爲「某氏父、祖等之尊彝」。北宋《重修宣和博古圖》對此稱：「在商之世……故器之載皆曰『彝』。至周之文武，制法未備，商制尚或存者，則尊彝之名間未易焉。」西周後，隨著青銅器種類的增加和用途的多樣化，其稱名方式也逐漸發生改變：一方面，像鼎、簋、壺、盤、匜等青銅器專名開始出現，用以指示相應銅器的具體功能，如鼎以盛肉，簋盛黍稷，壺盛酒醴，盤匜盥手等；而另一方面，則是「有限共名現象」的盛行。

所謂「有限共名」者，是指在青銅器專名前貫以一字來代表該器所屬的類別，最早由陳夢家先生所提出〔註1〕。例如「衛姒作寶尊簋」（《集成》·3826）中的「寶尊」、「陳侯作孟姜賸簠」（《集成》·4606）中的「賸」、「鄧子午之飤鐈」（《集成》·2235）中的「飤」（鐈爲楚人對於鐎口鼎的專稱）、「太師作孟姜饙簋」（《集成》·3633）中的「饙」、「衛文君夫人叔姜作其行鬲」（《集成》·595）中的「行」、「君子之弄鼎」（《集成》·2086）中的「弄」等。這些名稱直接決定了青銅彝器使用的特定禮制場合，像賸器就是在婚姻過程中專門製作的贈送出嫁者之器，與宗廟祭祀之器當判然有別（不過這種原則上的差別在實際禮制活動中又並非一定被嚴格遵行，現實中存在許多混用的情況），同時也是周人自己對於青銅禮器的特殊分類方式，通過它將爲我們瞭解東周時期青銅禮器的功能變遷提供另一種全新的視角。

其次，東周之後由於王室權威的衰落，地方諸侯們在政治、經濟、文化上擁有了更多的自主權，青銅禮制也隨之呈現了較多的地域性特點。而青銅

〔註1〕陳夢家：《西周銅器斷代》，中華書局，2004年4月；另見唐蘭：《五省出土重要文物展覽圖錄·序》，文物出版社，1958年。文中也注意到了「有限共名」的區別，如認爲「尊」是陳設之意，而飤、盥等代表功用，與「尊」器不同。

器的稱名方式作爲各地方言的具體體現之一，也必將爲我們探討東周社會、文化的地域性創造新的條件。

　　基於此，本章節中將嘗試對目前所見的「寶、尊器」、「媵器」、「食器」、「行器」和「用器、弄器」等五個「有限共名」類別進行綜合分析。

第一節　寶器與尊器

　　寶器、尊器爲西周禮器之大宗，銘文末常有「用享孝於祖考、宗室或宮廟」，故知當是宗廟陳設的祭器（如圖 69）。如以下諸例：

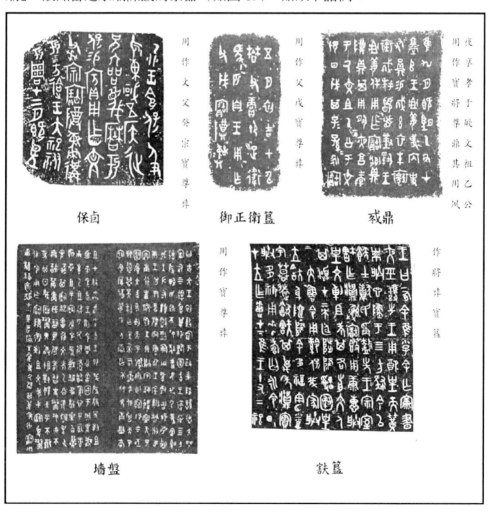

圖 69：西周部分寶、尊器銘文拓片

「王作王母獸宮尊鬲。」（《集成》· 602）

「呂伯作厥宮室寶尊彝簋，大牢，其萬年祀厥祖考。」（《集成》· 3979）

「南公有司□作尊鼎，其萬年，子子孫孫永寶，用享於宗廟。」（海鹽汪氏舊藏，現藏上海博物館。《集成》· 2631）

「虢宣公子白作尊鼎，用卲享於皇祖考，用祈眉壽，子子孫孫永用爲寶。」（《集成》· 2637）

「王如上侯，師俞從。王拫功，賜師俞金，俞則對揚厥德，其作厥文考寶鼎，孫孫子子永寶用。」（《集成》· 2723）

祭器是商周禮制中最爲核心的部分，代表著作器者的身份等級、家族榮耀和社會地位。從現有銘文資料來看，寶器、尊器的「作器者」一般以男性爲主，並多注明國或氏名、官職和私名，像上之所列「王」、「呂伯」、「虢宣公子白」、「師俞」等，意在讓祖先和他人知曉。但偶而也可以見到女性製作祭器的現象。像「唯王四年，虢姜作寶簋，其永用享」（《集成》· 3820）和「衛姒作寶尊簋，子子孫孫，其永寶用」（《集成》· 3826），按虢、衛兩國均是姬姓，則此虢姜、衛姒當是他國嫁入之女〔註 2〕。又根據年代偏早的「婦□作文姑日癸尊彝」（姑在先秦時期是對配偶母親的尊稱，與舅相對。《集成》· 5349）以及「姬作厥姑日辛尊彝」（《集成》· 2333）可以推知，女性作器同樣能夠被放入到宗廟中來祭祀男方的先祖。而《考古圖》3.18 所載「虢姜簋」:「虢姜作寶尊簋，用禪（祈）追孝於皇考叀（惠）仲」，出嫁的虢姜作器來祭祀自己的父親惠仲，這在周代還是極其罕見的。或許正如李峰先生所論證的那樣，在周代確有姜姓虢國存在（如上博所藏鄭姜伯鼎）〔註 3〕，那麼此虢姜就是該國宗室女子，爲其父作器也便在情理之中了，與「魯姬作尊鬲，永寶用」（《集成》· 595）和「齊姜作寶尊鼎」（《集成》· 2148）具有類似的性質。

〔註 2〕虢與姜姓累世通婚，這不僅有大量銘文青銅器可證（齊侯匜、虢仲簠），2008 年三門峽市博物館曾徵集到一批「虢姜」組器，包括鼎六、鬲四、圓壺二、方甗一、盤一、匜一，其中 14 件上有相同銘文「虢姜作旅（器）永寶用」。據考證該批銅器盜自於上村嶺虢國宗室墓地中，靠近 M2009 虢仲墓（西側三米處），所以學界推斷其當是虢仲之妻，由此證明「虢姜」確可被用指嫁入虢國的姜姓女子。參見李清麗、楊峰濤：《三門峽博物館藏「虢姜」組器》，《文博》2009 年第 1 期。

〔註 3〕李峰：《西周金文中的鄭地和鄭國東遷》，《文物》2006 年第 9 期。

　　另一個特殊的例子是在陝西韓城梁帶村芮國墓地 M26 中，出土的列鼎、簋、方壺和甗上均有銘文「仲姜作爲桓公尊（器）」，且墓中未見兵器，所以學界一般認爲該墓墓主人即是 M27 芮桓公的夫人仲姜〔註4〕。但何以是由夫人而非後繼之君來爲桓公製作祭器呢？這很可能正如《左傳・桓公三年》的記載：「芮伯萬之母芮姜惡芮伯之多寵，故逐之，出居魏」，由於桓公之子芮伯萬被母親仲姜所驅逐，而此時萬之子芮太子白（M26 中出土有 5 件鬲，其中 4 件成套，屬仲姜所有。而另一件形制、花紋不同，且腹部有銘文「芮太子白作爲萬寶鬲，子子孫孫永寶用享」，故知當是太子白爲其父親萬所做祭器，從而也表明萬此時尚未得入國繼祚）尚且年幼，故改由仲姜暫行主持宗廟祭祀。

　　所以從這裡可以看出，周代女性製作祭器一般只存在於三種情況：一是未出嫁前以子女身份爲父母製作祭器；二是出嫁後爲舅姑配祀，三是爲先歿的丈夫（又如庚姬鬲「庚姬作叔娛尊鬲，其永寶用」《集成》・637-640），後兩者方得置於夫家宗廟之中。

　　「作器對象」在商代主要爲「祖」、「父」、「母」，並均以日干命名，銘文簡短，如著名的「祖日乙戈」銘曰：「祖日乙、大父日癸、大父日癸、仲父日癸、父日癸、父日辛、父日己」（《集成》・11403），「亞覃父乙卣」（《集成》・5053）等。周代之後則逐漸廢棄了日干命名的原則，並改稱「祖」、「考」、「妣」加以諡號，常見的有「皇祖」、「文祖」、「皇考」、「文考」四種，這可能是後世所謂「五世則遷」的周代宗法制度的由來（《禮記・大傳》）〔註5〕。不過在西周偏早階段這種區分還不是十分清楚，像芮伯多父簋「芮伯多父作寶簋，用享於皇祖、文考，用賜眉壽，其萬年，子子孫孫永寶用享」（《集成》・4109），就將諸先祖一概祭祀了。

　　偶而也可以見到「烈祖」的稱呼，如師兌鍾「師兌肇作朕烈祖虢季、□公、幽叔、朕皇考德叔大林鍾」（《集成》・141），烈祖包括了皇祖以上的諸代

〔註4〕 陝西省考古研究所等：《陝西韓城梁帶村遺址 M26 發掘簡報》，《文物》2008年第 1 期；張天恩：《芮國史事與考古發現的局部整合》，《文物》2010 年第 6期。

〔註5〕 《禮記・大傳》：「別子爲祖，繼別爲宗，繼禰者爲小宗，有百世不遷之宗，有五世則遷之宗。百世不遷者，別子之後也；宗其繼別子者，百世不遷者也；宗其繼高祖者，五世則遷者也。尊祖故敬宗，敬宗尊祖之義也。是故有繼別之大宗，有繼高祖之宗，有繼曾祖之宗，有繼祖之宗，有繼禰之宗，是爲五宗。其所宗者皆嫡也，宗之者皆庶也。此制爲大夫以下設，而不上及天子諸侯。」

遠祖；又有師詢簋「烈祖乙伯同益姬」，詢簋「文祖乙伯同姬」，烈祖同於文祖；大簋「皇考烈伯」，大鼎「烈考己伯」，烈考又同於皇考。故而可以推知，「烈」字並不常用於專指某一代祖先，而只是修飾遠祖中有巨大功績者。

　　單獨爲母親作器的現象，在商代和西周初年還時有見到。如司母辛鼎（《集成》‧1708）、史母癸簋（《集成》‧3225）、戒簋「用作文母日庚寶尊簋」（穆王時期，《集成》‧4322）、靜簋「用作文母外姞尊簋」（《集成》‧4273）等。但中期以後就急劇減少，且多附屬在男性先祖之後，如頌鼎「用作朕皇考龏叔、皇母龏姒寶尊鼎」（《集成》‧2827）；師酉簋「用作朕文考乙伯、宄姬尊簋」（《集成》‧4288）；不期簋「用作朕皇祖公伯、孟姬尊簋」（《集成》‧4328）；伯頵父鼎「白（伯）頵父作朕皇考屖白（伯）、吳姬寶鼎，邁（其萬）年子子孫孫永寶用」（《集成》‧2649）等。這可能反映了西周之後已故女性在宗廟中往往處於從祀地位。

　　但另一方面，周代之後又開始大量盛行「爲妻作器」的現象〔註6〕。如「王作仲姜寶鼎」（《集成》‧2191）；「王作姜氏尊簋」（《集成》‧3570）；「王作豐妊單寶盉，其萬年永寶用」（《集成》‧9438）；格伯簋「唯三月初吉，格伯作晉姬寶簋，子子孫孫，其永寶用」（《集成》‧3952）；「憧季遠父作豐姬寶尊彝」（《集成》‧5947）；鄭羌伯鬲「鄭羌伯作季姜尊鬲，其永寶用」（《集成》‧659）；散伯簋「散伯作矢姬寶簋」（《集成》‧3779）；齊趫父鬲「齊趫父作孟姬寶鬲，子子孫孫，永寶用享」（《集成》‧685）；「燕公作姜乘盤匜，萬年永寶用」（《集成》‧10229）等；在山西絳縣橫水西周墓地中，M1爲倗伯夫人畢姬之墓，墓中使用五鼎四簋之制，列鼎、簋上均有銘文「倗伯作畢姬寶旅鼎（簋）」；M2爲倗伯之墓，僅使用三鼎，且係拼湊而成，一件上有銘文「倗伯作畢姬尊鼎，其萬年寶」（M2：57），一件上爲「倗伯肇作尊鼎，其萬年寶用享」（M2：58），一件上銘「唯五月初吉，倗伯肇作寶鼎，其用享孝於朕文考，其萬年永寶用」（M2：103）〔註7〕。也即是說，倗伯在爲其妻畢姬製作尊器的時候，參考的是姬姓畢國的爵位等級。而且由於畢姬地位尊崇〔註8〕，倗氏作器需要首先滿足她的禮制需要。

〔註6〕曹定雲：《周代金文中女子稱謂類型研究》，《考古》1999年第6期。

〔註7〕山西省考古研究所等：《山西絳縣橫水西周墓發掘簡報》，《文物》2006年第8期。

〔註8〕西周早期有畢公姬高，文王庶子，武王時受封於畢，成王時爲太史，康王時與召公同爲輔政之臣，分居里，管理東都成周，安定周郊。歷武王、成王、康王三世，地位尊崇。

　　此外，甚至還可以見到一些爲女兒製作寶器的例子。像「王作仲姬寶彝」方鼎（《集成》‧2147）；王鬲「王作姬□母尊鬲」（《集成》）‧646）；「晉司徒伯湯父作周姬寶尊鼎」（《集成》‧2597）、「魯侯作尹叔姬壺」（《集成》‧9579）、「虢季作中姬寶匜」（《集成》‧10192）等。

　　一般來講，祭器當是爲已故之人所作，用餒其神鬼，從而獲得祖先的庇祐。但若用於解釋此處，則太不合情理：何以會存在如此眾多亡妻、亡女的現象呢？所以，合理的解釋是，上述女性並非是尊器、寶器的祭祀對象，而是器物的使用者和所有者。男性宗主爲了能夠讓夫人參與到自家宗廟祭祀中來，需要專門爲其製造一套新的祭器，而遵循的標準則是夫人母家的爵位等級。但若雙方均是出自諸侯之家，則夫人似應較丈夫低一個等級，這在曲村晉侯墓地、梁帶村芮國墓地、三門峽虢國墓地中都可以得到體現。當夫人去世之後，這套祭器也就相應地被放入到夫人墓中，成爲身份等級的象徵。這樣不僅可以彌合前人的諸多矛盾，同時也能夠很好地解釋眾多夫人墓中青銅禮器的由來，與上述周代罕見爲母親單獨作器的現象是吻合的。此一觀點亦可由仲師父盨「仲師父作季糞□寶尊盨，其用享孝於皇祖、文考」（《集成》‧4453）、叔噩父簋「叔噩父作鸞姬旅簋，其夙夜用享孝於皇君」（《集成》‧4056）和仲師父鼎「仲師父作季始（姒）寶（尊）鼎，其用享用孝於皇祖帝考，用易（錫眉壽）無彊（疆），其子子孫孫萬年永寶用享」（《集成》‧2743）銘文得證，雖然三器都是爲女性而作，但作器的目的卻均是用於祭祀男方的皇祖、文考、皇君等人。類似的例子還見於蔡姞簋，「蔡姞作皇兄尹叔尊彝，尹叔用餒多福於皇考德尹、惠姬」（《集成》‧4198），蔡姞之兄雖是該器的「受器者」，但眞正的祭祀對象卻是他們的先祖德尹、惠姬。

　　從這裡也可以看出，出嫁女子在夫家宗廟祭祀事務中往往佔據著十分重要的作用，《詩經》、《左傳》、《周禮》、《儀禮》等先秦典籍中都有相應的例證。像《詩經‧小雅‧楚茨》描述周代宗廟祭祀時：「君婦莫莫，爲豆孔庶……諸宰君婦，廢徹不遲」，鄭箋：「君婦，謂后也。凡嫡妻稱君婦，事舅姑之稱也」；《左傳‧文公二年》：「凡君即位，好舅甥，修昏姻，娶元妃以奉粢盛，孝也」；《儀禮》「特牲饋食」和「少牢饋食」兩篇中豆、籩等庶羞之物均由夫人「薦自東房」；《周禮‧春官‧大宗伯》中記載天子宗廟祭祀時有「天子裸，王后亞裸」的規定等。而夫人的祭器也自當陳列於宗廟之中，故而得稱「寶器」。

　　當然，這並不是說「亡妻」的現象在周代就一定不存在，像拍鼎「唯正月吉日乙丑，拍作朕配平姬墉宮祀彝」（《集成》‧4644），少子陳逆簠「少子

陳逆……擇厥吉金，以作厥元配季姜之祥器……以享以孝於大宗、皇祖、皇妣、皇考、皇母。」（《集成》‧4629）等，就很可能都是爲先亡之元妻所作的祭器。而且，亡妻的神主還被放入到男方宗廟中，配祀於衆祖妣。

　　但是，還有一個問題是尙有待解決的：何以許多同批製作的寶器、尊器數量僅有一至兩件，與作器者身份遠遠不能相符呢？或者說，同一作器者爲何會在不同的年份連續製作不同數量的祭器呢？（如圖 60：8、9）在這一點上，出土物提供了比銘文資料更爲確切的數據。例如在陝西眉縣楊家村銅器窖藏中，就同時出土了「四十二年逨鼎」2 件，銘文末「用享孝於前文人」；「四十三年逨鼎」10 件，銘文末「用作朕皇考龏叔彝」，均是宣王時期的單氏家族逨所作〔註 9〕，那麼哪一套才是代表逨身份等級的宗廟祭器呢？如果是「四十三年逨鼎」，那麼前一年所作之器又屬於何種性質呢？同樣的現象亦見於陝西扶風五郡西村窖藏〔註 10〕，裏面出土的兩件「五年琱生尊」可與傳世的五年（2 件）、六年琱生簋（1 件）進行連讀，但所記的卻均是家族內部的田地糾紛之事，這與宗廟之器又存在怎樣的聯繫呢？另如傳世的「七年趞曹鼎」和「十五年趞曹鼎」，西周恭王時器，分別記述了趞曹兩次接受周王賞賜的事情，但何以數量卻均僅有 1-2 件呢？

　　由以上這些例子可以看出，周代的宗廟之器至少應包括兩大類：「常設祭器」和「一般寶器」。

　　「常設祭器」者，當是作器之人在取得家族宗主地位以及宗廟主祭權力後，開始爲祖先鑄造的一套青銅禮器，器物的數量、類別、規格均依據作器者當時的爵位而定。像函皇父諸器「函皇父作琱妘盤盉尊器，鼎簋具，自豕鼎降十，又簋八，兩罍、兩壺，琱妘其萬年，子子孫孫永寶用。」（《集成》‧2745），據《詩‧小雅‧十月之交》記載，函皇父是宣幽時期的「皇父卿士」，

〔註 9〕 陝西省考古研究所、寶雞市考古工作隊、眉縣博物館聯合考古隊：《陝西眉縣楊家村西周青銅器窖藏》，《考古與文物》2003 年第 3 期；王澤文《從周代用鼎制度看眉縣新出 10 件四十三年佐鼎》一文中指出「四十三年鼎較小的後 3 件與前面 7 件在形制上微異：較小的後 3 件蹄足內側有凹槽，且凹槽存範土，而其他相對較大的 7 個鼎蹄足是封閉的，足內側爲平面。這意味著四十三年佐鼎或許可以分爲兩組（7+3）。」若如此，則 7 件一套當屬代表逨身份等級的宗廟祭器。載《2004 年安陽殷商文明國際學術研討會論文集》，社會科學文獻出版社，2004 年。

〔註 10〕 寶雞市考古隊、扶風縣博物館：《陝西扶風縣新發現一批西周青銅器》，《考古與文物》2007 年第 4 期。

把持朝政。而銘文中這套禮器似爲九鼎（3陪鼎？）八簋、兩甗、兩壺、一盤、一盉的組合，與函皇父身份正相對應，所以這應該是其專門製作的一套宗廟「常設祭器」。另如師麻父盨「唯王元年，王在成周，六月初吉丁亥，師麻父作鄭季寶鍾六金、尊盨四、鼎七，鄭季其子子孫孫永寶用」（《集成》‧4454），結合扶風任村出土的膳夫克器大鼎一、小鼎七、盨二、鍾六、鎛一的組合，三門峽虢季墓出土的七鼎、八鬲、六簋、四盨、八鍾〔註11〕以及梁帶村 M27 出土的七鼎、六簋、八鍾〔註12〕等，可以推知這應該是西周晚期至春秋初年卿一等級（7鼎）所使用的宗廟常設祭器之制。而鄭季則很有可能就是西周晚期的某位鄭國國君（春秋後七鼎諸侯均用編鍾八件）。

我們今天所見到的墓葬中的成套青銅禮器應主要反映的是作器者臨歿時的等級狀態，而在其生前，這種爵位或秩等是有可能發生多次變化的（如田常代齊、曲沃莊公代晉、三家分晉、師詢簋和詢簋的不同等）。另在山西北趙晉侯墓地中，M91 晉靖侯之墓使用列鼎 7 件，而 M8、M64、M93 等諸代晉侯僅使用列鼎 5 件〔註13〕；梁帶村芮國墓地中，M27、M28 被認爲是前後相繼的兩代芮侯之墓，但前者使用列鼎 7 件，後者僅有列鼎 5 件〔註14〕。由此又反映出即使是在同一家族中，不同諸代間的爵位等級也會發生變化。所以，在考察「常設祭器」時尤其需要注意可能存在的「後作、補作現象」。

「一般寶器」者，是作器者爲了紀念家族中的特殊政治、經濟事件而專門製作的「銘功」類銅器，遵循「因事而作」的原則（尤以西周時期最爲典型）。在西周時期常見的有「接受賞賜」，如幾父壺、作冊方鼎「公賞作冊大白馬，大揚皇天尹太保賜，用作祖丁寶尊彝」（《集成》‧2760），匽侯旨鼎「匽（燕）侯旨初見事於成周，王賞旨貝廿朋，用作有姒寶尊彝」（《集成》‧2628）；

「拜官受命」，如宰獸簋、師酉簋「王乎史牆冊命師酉『司乃祖，嫡官邑人、虎臣、西門夷、□夷、秦夷、京夷、弁身夷，新賜汝赤巿、朱黃（衡）、中絅、攸勒，敬夙夜毋廢朕令』」（《集成》‧4291）；

〔註11〕 河南省文物考古研究所等：《三門峽虢國墓（第一卷）》，文物出版社，1999年。
〔註12〕 陝西省考古研究院等：《陝西韓城梁帶村遺址 M27 發掘簡報》，《考古與文物》2007 年第 6 期。
〔註13〕 有關晉侯墓地資料可參看《文物》1994 年第 1、8 期，1995 年第 7 期。
〔註14〕 陝西省考古研究院等：《陝西韓城梁帶村遺址 M27 發掘簡報》，《考古與文物》2007 年第 6 期；陝西省考古研究院：《陝西韓城梁帶村芮國墓地 M28 的發掘》，《考古》2009 年第 4 期。

「隨王出征」，如唯叔鼎、虢仲盨「虢仲以王南征，伐南淮夷，在成周，作旅盨，茲盨有十又二」（《集成》‧4435），過伯簋「過伯從王伐反荊，俘金，用作宗室寶尊彝」（《集成》‧3907）；

「隨王出獵」，如啓鼎「王出獸南山，搜珊山谷，至於上侯競川，啓從征，謹不擾，作祖丁寶尊彝」（《集成》‧5410），員鼎「唯正月既望癸酉，王獸於視廩，王令員執犬，休善，用作父甲鼎彝」（《集成》‧2695）；

「戰役勝利俘金、折首執訊」，如「唯正五月，初吉丁亥，周伯邊及仲催父伐南淮夷，俘金，用作寶鼎，其萬年，子子孫孫永寶用」（《集成》‧2734），禹鼎（伐鄂侯馭方）、小盂鼎（伐鬼方）、伐玁狁的不其簋、多友鼎、虢季子白盤和兮甲盤，伐南淮夷的十月敔簋、虢仲盨等。

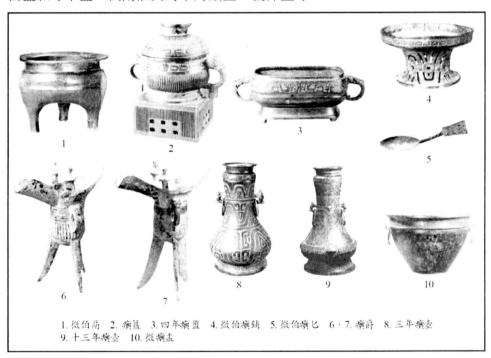

1. 微伯鬲　2. 瘋簋　3. 四年瘋盨　4. 微伯瘋鋪　5. 微伯瘋匕　6、7. 瘋爵　8. 三年瘋壺
9. 十三年瘋壺　10. 微瘋盉

圖 70：1976 年扶風莊白一號窖藏出土部分銅器（據朱鳳瀚《中國青銅器綜論》圖
一一‧六四修改）

這些都是值得向祖先和後世子孫乃至外人炫耀的事情，所以需要鑄器銘功，世代傳頌，遂成一時之風氣（「銘其功烈，以示子孫」。《左傳‧襄公十九年》）。此外，偶而還可以見到記錄營造都邑（何尊）、田地買賣（琱生諸器、衛盉、衛鼎、格伯簋、散氏盤等）和婚媾內容（蚋鼎、散車父壺）的寶器，

當皆意在爲祖先和後世子孫立下憑證，具有廣義上「紀念物」的性質，故在銘文中一樣要告誡子孫們「永世寶用」。

「一般寶器」除了在宗廟中陳設之外，也常常用於其他禮儀場合，即存在「一器多用」的現象。像宅簋「用作乙公尊彝……其萬年用饗王出入（使人）」（《集成·4201》），雖然該器屬於爲父親己公所作的寶器，但作器目的卻是爲王的使人宴饗準備的。類似的又如伯成父鼎「伯成父作旅鼎，用饗王逆造使人」（《集成》·2487）和伯者父簋「伯者父作寶簋，用饗王逆造」（《集成》·3748），僅是「出入」與「逆造」有別；而七年趞曹鼎和十五年趞曹鼎「用作寶鼎，用饗朋友」（《集成》·2783），「枏作寶尊彝，其萬年用饗賓」（《集成》·9431），「先□歈作朕考寶尊鼎，歈其萬年永寶用，朝夕饗厥多朋友」（《集成》·2655）等，均爲宴饗朋友、賓客之備；「衛肇作厥文考己仲寶鼎，用禱壽，丐永福，乃用饗王出入使人，□多朋友，子孫永寶」（《集成》·2733），則同時用於宴饗王的使人和自己的朋友；更有膳夫克盨「克拜稽首，敢對天子丕顯魯休揚，用作旅盨，唯用獻於師尹、朋友、婚媾，克其用朝夕享於皇祖考」（《集成》·4465），這件盨不僅陳於宗廟獻食，同時還兼用於和師尹、朋友以及婚媾等宴飲場合。也即是說，「一般寶器」在西周時期往往充當了生人宴饗之器的功能。恐怕正是由於其多爲臨時受賞或俘金（財物數量不定）所作且無需用於宗廟常祭，所以數量上也就未有定數。而且在作器者死後，這些並不具有身份標示意義的禮器也就無需被放入到墓葬中，更多時候，它們依舊被保留在宗廟裏供後世「垂鑒」，這可能即是周原眾多銅器窖藏中能夠出現同一家族連續幾代所作銅器的原因吧。

由此我們還可以給所謂的「旅器」作出一個合理的解釋〔註15〕：「旅」字當如《爾雅·釋詁》記載：「旅，陳也」，即宗廟裏的陳設之器。銘文「征作父癸寶尊彝，用旅」（《集成》·5927）若釋「旅」爲陳設於宗廟之意，則頗爲通順。旅器既包括了上述的成套常設祭器和兼作它用的「一般寶器」，如「郘公旅簋」、「召叔山父旅簠」、伯鮮旅鼎「伯鮮作旅鼎，用享孝於文祖，子子孫孫，永寶用享」（《集成》·2664）等，同時也應包括一些由於其他原因而進入宗廟的禮器，如胡叔胡姬簋「胡叔胡姬作伯媿媵簋，用享孝於其姑公，子子孫孫其萬年永寶用。」（《集成》·4064），雖然屬於媵器之列，但作器的目的

〔註15〕黃盛璋：《釋旅彝——銅器中「旅彝」問題的一個全面考察》，收入黃氏《歷史地理與考古論叢》，齊魯書社，1982年。

卻是用於祭祀女兒伯媿的姑舅，那麼按常理其同樣應該被放在夫家的宗廟之中，成爲了「旅器」。所以，從這個意義上講，「旅器」應該比「寶器」、「尊器」的內涵更爲廣泛。

不過有趣的是，南方的楚國卻並不使用這一套稱名原則。在春秋中晚期的淅川下寺二號墓（楚國令尹蒍子馮之墓）中，共出土了7件「王子午升鼎」，形制相同，大小相次，銘曰「佳正月初吉丁亥，王子午擇其吉金，自作䵼彝䵼鼎，用享以孝於我皇祖文考」，故知當是蒍氏宗廟常設的祭器〔註16〕，但卻不用周人的「寶、尊」限定詞，而改稱以「䵼鼎」（圖71）。「淄」字左半從才、食，在申公彭宇簠（《集成》·4610）、上都府簠（《集成》·4612）、平夜君成鼎（《集成》·2305）、蔡侯申壺（《集成》·9573）、曾者子曎鼎（《集成》·2563）等楚系青銅器上都可以見到，當是盛行於南方一帶的方言。蔡公子缶「蔡公子作姬安尊䵼□（缶）」（《集成》·10001）亦表明了其與周人尊器間的密切聯繫。但楚人卻有意將這種區別保持下來，以示與姬周文化的不同。像兩周之季的下都雍公緘鼎「唯十又四月，既死霸壬午，下都雍公緘作尊鼎，用追享孝於皇祖考，用乞眉壽，萬年無疆，子子孫孫永寶用。」（下都爲南郡之都，地點在今天的湖北宜城。《集成》·2753）和春秋早期的曾子仲宣鼎「曾子仲宣□用其吉金，自作寶鼎，宣喪（尚）用雍（饗）其諸父、諸兄，其萬年無疆，子子孫孫，永寶用享。」（《集成》·2737）等，使用的都還是周式稱名方式。只是在被楚國控制後，文化面貌上也不可避免的向楚人靠近。

戰國之後，這種祭器稱名上的差別表現得更加明顯。在戰國中期晚段的包山二號墓（左尹邵佗）中，隨葬器物都被記錄在遣策之內，按照功用、性質的不同可分爲「大兆之金器」組（祭器）、「食、飤室之金器」（食器）組和「相尾之器所以行」（行器）組，其中「大兆之金器」很可能就是宗廟陳設的祭器，包括「一牛鑐、一豕鑐、二鐈鼎、二□薦鼎、二貴鼎、二登鼎、二鑒、二卵缶、二迅缶、一湯鼎、一貫耳鼎、二鉼銅、二合簠、一□□鼎、二少勺、二盛盞、一盤、一匜、一□甗」〔註17〕，對於不同的銅器均冠以專名「鑐」、「登」、「湯鼎」、「鐈」、「薦」、「饋」等（可能代表了它們在祭祀活動中的不

〔註16〕河南省文物研究所等：《淅川下寺春秋楚墓》118頁，文物出版社，1991年。今從《集成》釋文。

〔註17〕湖北省荊沙鐵路考古隊：《包山楚墓》附錄一五：包山二號楚墓簡牘釋文與考釋·文物出版社，1991年。

同功用，突出地反映了銅器功能不斷細化的歷史趨勢），而這些名稱則幾乎不見於中原地區的青銅禮器上。

圖 71：王子午升鼎及銘文拓片

第二節　媵器

　　媵器者，是爲婚嫁女子所作之器〔註18〕，西周中期後開始普遍出現。器名前多帶一「媵」字，金文常寫作「朕」（圖 72）。如：

　　　　「魯伯大父作孟姜媵簋，其萬年眉壽，永寶用。」（《集成》·
3988）

　　　　「魯伯大父作仲姬俞媵簋，其萬年眉壽，永寶用享。」（《集成》·
3989）

　　　　「魯伯大父作季姬婧媵簋，其萬年眉壽，永寶用。」（《集成》·
3974）

　　作器者均是魯國貴族大父，而魯爲姬姓，所以後兩件應該是他爲二女兒「俞」（私名）和四女兒「婧」出嫁所作，而第一件則很可能是爲了迎接嫁入的姜姓女子準備的。

　　這也正是「媵器」最爲常見的兩種來源：「娘家作器」和「婿家作器」。其中「娘家作器」尤爲多見，當是周代社會的常制。如鄧公簋「鄧公作應嫚

____

〔註18〕關於媵器的綜合研究可參看陳昭容：《兩周婚姻關係中的「媵」與「媵器」——青銅器銘文中的性別、身份與角色研究之二》，《中央研究院歷史語言研究所集刊》第七十七本，民國九十五年六月。文中尤其對不帶媵字的「廣義媵器」的判斷有詳細的探討。

毗賸簋，其永寶用」，是鄧公為其女兒嫚毗出嫁到應國所作之器。四件鄧公簋皆出土於平頂山應國墓地中〔註19〕，故可以知道娘家所作的賸器一般是隨出嫁女子帶到夫家。1991 年在三門峽虢國墓地 M2012 中曾出土了一件「梁姬」罐，蓋內鑄銘二行五字「梁姬作梁□（器物專名）」〔註20〕。這座墓葬位於 M2001 虢季墓一側，依慣例墓主當是虢季的夫人。而虢為姬姓，所以虢季之妻不可能稱「梁姬」，那麼這一件「梁姬」罐應該就是嫁到嬴姓梁國的姬姓女子、也即該墓墓主人的娘家所作，後轉送給女兒的「賸器」。

當然，賸器又並非全是為出嫁的女兒所作，像宋公欒簋「有殷天乙湯孫宋公欒，作其妹句敔夫人季子賸簋」（《集成》·4589）和「養伯受用其吉金，作其元妹叔嬴為心賸饋簋」（《集成》·4599），就是為妹妹所作的賸器；「復公子伯舍曰：『愍新，作我姑鄧孟媿賸簋，永壽用之』」（《集成》·4011），則又是為姑（先秦時期稱岳父、岳母為舅姑）改嫁所作的賸器。而且從稱名方式上可以知道，伯舍之姑應該是媿姓女子，改嫁到嫚姓鄧國。

根據《公羊傳·莊公十九年》記載：「賸者何？諸侯娶一國，則二國往賸之，以姪娣從。姪者何？兄之子也。娣者何？弟也」；《左傳·莊公二十八年》稱：「驪姬得其娣同適晉獻公」；同書《襄公十九年》：「齊侯娶於魯，曰顏懿姬，無子。其姪鬷聲姬生光，以為太子」；《春秋經》成公八年、九年、十年記載宋共公使華元來聘魯女伯姬，共有衛、晉、齊三國來賸。可見周代諸侯婚嫁時多有它國之女為「賸」以及本國同姓女子為「從」，但是否如《左傳·成公八年》所云：「凡諸侯嫁女，同姓賸之，異姓則否」，或是僅非同姓國即可呢？金文資料可以為這一問題提供一定的線索。像叔姬簋「叔姬需作黃邦，曾侯作叔姬、邛（江）羋賸器鬻彝」（《集成》·4598），曾侯嫁女叔姬於嬴姓的江國〔註21〕，就以羋姓楚女為賸；許子妝簋「許子妝擇其吉金，用鑄其簋，用賸孟姜、秦嬴」（《集成》·4616），許國姜姓，許侯嫁女而以嬴姓的秦女為賸；上鄀公簋「上鄀公擇其吉金，鑄叔羋、改賸簋」（恭王府藏），上鄀公（楚國封君）為己女叔羋出嫁所作，以番國改姓女子為賸。從以上諸例均可以看出，它國為賸時並不需局限於同姓之邦。不過此類銅器終究十分稀少，絕大

〔註19〕平頂山市文物管理局編：《應國墓地的發現與研究》，汝州晚報社印刷有限公司，2006 年 3 月。

〔註20〕河南省文物考古研究所等：《三門峽虢國墓》（第一卷），文物出版社，1999 年。

〔註21〕根據銘文「楚王賸江仲羋南和鐘」（《集成》·72），羋姓楚人與江國通婚，可以知道江非羋姓之國。

多數的媵器仍只書一女子姓名，所以很可能媵器的製作主要遵循「本國嫁女由本國負責」的原則。此三器大概由於有大國爲媵，故特書以示愼重。而侄娣等從者身份低微，恐怕難以享有作器的殊榮。

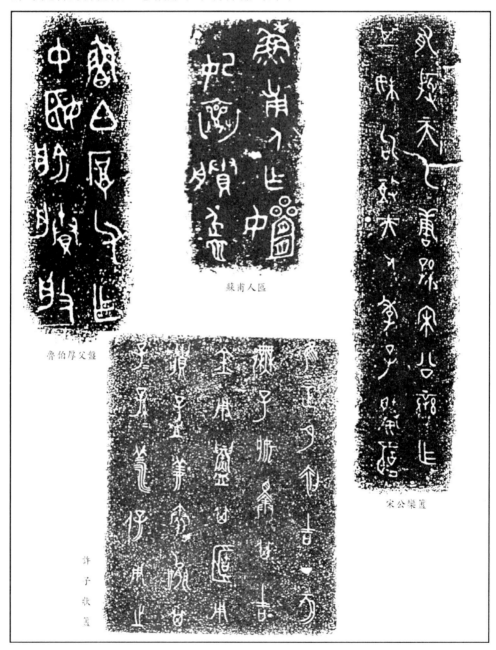

圖 72：東周時期部分媵器銘文拓片

「婿家作器」同樣十分少見，如上述的「魯伯大父作孟姜媵簋」以及「陳侯作孟姜媵簠」（《集成》‧4606）、「鄭大內史叔上，作叔妘媵匜」（《集成》‧10281）、「鑄侯求作季姜媵鍾，其子子孫永享用之」（鑄即祝，妊姓國。《集成》‧47）等，不過最著名的當屬「散車父壺」，銘曰「散車父作皇母□姜寶壺，用逆姞氏，伯車父其萬年，子子孫孫永寶」（《集成》‧9697），這與莊白散器群中的「散伯車父鼎」銘「散伯車父作姞尊鼎」可茲互相參照。姞氏當是散伯車父之妻，所以散車父壺雖是為母親所作的寶器，但作器目的亦包括用於迎娶（逆）新婚之妻，故也可以歸入媵器一類。另一件是在長清僊人臺五號墓（春秋中晚期之際）中出土的一件「邿公典盤」，盤內底銘文 42 字，曰：「寺子姜首及邿，公典為其盥盤，用祈眉壽難老，室家是保。它它熙熙，男女無期。於終有卒，子子孫孫永寶用之，丕用勿出。」發掘簡報稱該墓墓主人是「某一位姜姓國女嫁給邿國王室為妻者」〔註 22〕，若依此，則該盤當屬邿公典為其新婚而來的姜姓女子首所作的盥盤，故也屬於廣義上的媵器。

綜上可以發現，大多數媵器的書寫格式均固定為作器者國或氏名、私名+所嫁國、族名+女子的姓、名（或有排行），如「魯伯愈父作邾姬仁媵鬲」（《集成》‧690），「愈父」為魯伯私名，「邾」為所嫁國名，該女子姬姓，名「仁」。正是由於媵器包涵了如此豐富的國家、人物姓氏信息，所以它能夠為我們瞭解先秦時期的族群、家族提供重要的幫助，這也是媵器為學界所重視的原因之一。像佣仲鼎「佣仲作畢媿媵鼎，其萬年寶用」（《集成》‧2462），畢為姬姓國，有上述佣伯墓地出土「佣伯作畢姬寶旅鼎」以及「伯夏父作畢姬尊鼎（鬲）」（《集成》‧719-728、2584）為證，所以此「媿」當是佣國或佣族之姓氏；又如「鄂侯作王姞媵簋，王姞其萬年，子子孫孫永寶」（《集成》‧3928）可知，鄂為姞姓諸侯國。而姓氏的確立又對理解銅器的作器者和作器緣由都有莫大幫助。

最後「媵器」的禮制功能主要包括兩種：一是用於夫家宗廟祭祀活動中，如上述的胡叔胡姬簋，共是 6 件，銘曰「胡叔胡姬作伯媿媵簋，用享孝於其姑公，子子孫孫其萬年永寶用」（《集成》‧4062-4067）。不過其中三件上在原有銘文後另加刻有「芮叔□父作寶簋，用享用孝，用賜眉壽，子子孫孫永寶用」（《集成》‧4065-4067），是否可以據此推測媿姓胡叔之女正是嫁給了姬姓

〔註22〕山東大學歷史文化學院考古系：《長清僊人臺五號墓發掘簡報》，《文物》1998年第 9 期。

的芮叔□父呢？其原本打算用於祭祀伯媿舅姑、也即芮叔父母的媵器，也就理所當然的被丈夫取用作自家宗廟之器了。而此類媵器同時也可被視作寶、尊器的一種，像「許男作成姜□女（母）媵尊鼎，子子孫孫永寶用」（《集成》‧2549）就同時使用了媵、尊兩類限定詞。不過這樣就極其容易與上文中所提及的「父母專為女兒製作寶、尊器」的現象相混淆，而其中又牽涉「在周代未出嫁女子是否有資格參與到自家宗廟祭祀事務中（出嫁前器）」以及「父母探視出嫁女子是否會有禮物饋送（《左傳‧桓公三年》，出嫁後器）」等諸多問題，恐怕現階段還有待更多考古材料的積累；其二則是出嫁女子自用，像「魯伯愈父作邾姬仁媵沐盤，其永寶用」（《集成》‧10114）和「楚季苟作芈尊媵盥盤，其子子孫孫永寶用享」（《集成》‧10125），盥指盥手，沐為洗髮，均是女子日常生活之需。又有「養伯受用其吉金，作其元妹叔嬴為心媵饋簠」（《集成》‧4599），饋為饋食之意，則此簠當是「為心」日常飲食所備。

此外，根據膳夫克盨「克拜稽首，敢對天子丕顯魯休揚，用作旅盨，唯用獻於師尹、朋友、婚媾，克其用朝夕享於皇祖考」（《集成》‧4465），羝伯簋「用作朕皇考武羝幾王尊簋，用好宗廟，享夙夕，好朋友雯百諸婚媾，用祈純祿，永命，魯壽子孫」（《集成》‧4331）和弁季良父壺「弁季良父作□姒尊壺，用盛旨酒，用享孝於兄弟、婚媾、諸老」（《集成》‧9713）可以知道，婚媾時的宴飲活動依然使用的是宗廟裏的「一般寶器」，也即是說，媵器並不使用於婚姻活動中的其他環節。

第三節　食器

食器者，是為生人宴饗所備，屬奉養之器，與祭祀鬼神的祭器相對應。《禮記‧曲禮下》：「凡家造，祭器為先，犧賦為次，養器為後。」 孔穎達疏：「養器，供養人之飲食器也。」《禮記》是為《儀禮》作解釋說明的書籍，而《儀禮》又主要編撰於春秋晚期之後，所以至少表明從這個時期開始，食器與祭器已經有了明顯的區分。

不過在西周時其主要仍由「一般寶器」充當，如上文中提到的宅簋、伯成父鼎、伯者父簋、七年、十五年趞曹鼎、膳夫克盨、弁季良父壺、曾伯陭壺「唯曾伯陭……用自作醴壺，用饗賓客，為德無瑕，用享用孝，用賜眉壽」（《集成》‧9712）等，用於為王的出入使人、朋友、賓客、師尹、婚媾場合

等置辦饗食、酒飲。這也表明了食器當是從寶、尊器中分化而來，蓋由祭祀祖先亦以進獻各種美食為主。如伯康簋「伯康作寶簋，用饗朋友，用饋王（皇）父、王（皇）母」（《集成》‧4160），饋從食旁、貴聲，正是饋食之意。晚出的《儀禮‧少牢饋食禮》記載宗廟祭祀時的祝辭有：「敢用柔毛（羊）、剛鬣（豕）、嘉薦（菹醢）、普淖（黍稷），用薦歲事於皇祖伯某，以某妃配某氏，尚饗」，對於祭祀所用各種食物均有特別的美稱，以示慎重。因此，從這個意義上講，祭器、食器有著共同的本源也就不足為奇。

不過春秋之後，食器則逐漸演變為一套獨立的青銅器類別。而且由於地域間方言的差異，其在不同的地區先後出現了飤、饋、膳等不同的異名。如：

> 「徐王□用其吉金，鑄其饋鼎，用菜暨臘，用饗賓客，子子孫孫，世世是若。」（《集成》‧2675）

> 「寺伯肇作孟妊膳鼎，其萬年眉壽，子子孫孫永寶用。」（《集成》‧2601）

> 「鄧子午之飤鎬。」（《集成》‧2235）

依照此分類原則，筆者將飤器、饋器和膳器分別統計如下：

表 27：東周時代部分饋器統計表

器類	銘　　文	國　　別	集　　成
饋器	宋公欒之饋貞（鼎）	宋	2233
	宋左太師□左庖之饋貞（鼎）	宋	臨淄 LDM5
	宋君夫人之饋盂貞（鼎）	宋	2358
	衛妣作饋簋	衛	4666、4667
	莒公間自作饋簋	莒國	3919
	魯司徒仲齊，肇作皇考伯走父饋盥簋	魯	4440-4441
	鄧公牧作饋簋	鄧	3590、3591
	婁君伯□自作饋盂	婁國，山東諸城	10319
	戴叔朕自作饋貞（鼎）	戴國，陳留	2690-2692
	番君召作饋簠	樊國，河南信陽	4582-4587
	燕侯作饋盂	燕	10305
	曾孫史尸作饋簋	曾人之後	4591
	京叔作饋盥	洛陽	4381

（養伯受）作其元妹叔嬴為心媵饋簠	養國，河南桐柏	4599
黃太子伯克，作其饋盆	黃國，河南潢川	10338-10339
彭子仲擇其吉金，自作饋盆	南陽地區	10340
喬夫人鑄其饋貞（鼎）	合肥出土	2284
邾公㝬（克）鑄其饋敦	邾國，山東滕縣	4641
是叔虎父作杞孟妠饋簠	河南杞縣一帶	4592
毛作王母媿氏饋簋	洛陽	3931-3934
散車父作碧姞饋簋（西周晚期）	扶風莊白	3882-3886
穆父作姜懿母饋貞（鼎）	不明	2331、2332
□孫叔左擇其吉金，自作饋簠	楚	4619
戲伯作饋鼏	不明	666、667
禾（和）肇作皇母懿龏孟姬饋彝（龍形耳方座簋）	淮泗風格	3939
□伯……對揚王休，用作饋壺	不明	9702
仲惠父作饋簋	不明	3956-3957
慶孫之子銖之饋簋	慶氏	4502
孟姬脂自作饋簋	不明	4071-4072
叔夜鑄其饋貞（鼎）	不明	2646
叔液自作饋貞（鼎）	不明	2669
太師作孟姜饋簋	不明	3633
伯喜父作洹饋簋	不明	3837-3839
新妠作饋簋（西周早期）	不明	3439、3440
姚堯作□饋鼎	姚氏	2068

有關「饋」字，《說文》稱：「饋或從食，脩飯也。」《爾雅・釋言》則云：「饋、餾，稔也（穀熟）。」孫炎注：「蒸之曰饋，均之曰餾，是饋為炊蒸之義。」今人多直解為「蒸米」，不過先秦時期蒸物多用甗、甑，而此處的饋器則包括了鼎、簋、簠、壺、盨、敦等物，故饋字似不宜作動詞解釋其功能，還是理解為食器的一類共名更為妥當。

從上表的統計結果來看，饋器在西周時期的關中地區就已經出現，不過多集中於姞、妠等異姓貴族手中，並非周人的稱名傳統。春秋後則主要分佈於宋、衛、邾等泗上諸國至河南南陽一帶。

表 28：東周時代部分膳器統計表

器類	銘　文	國　別	集　成
膳器	齊侯作媵寬□孟姜膳敦	齊	4645
	取它人之膳鼎	不明	2227
	魯大司徒元作膳鼎	魯	2592、2593
	寺伯肇作孟妊膳鼎	寺國，山東長清	2601、2602
	魯子仲之子歸父爲其膳敦	魯	4640
	荊公孫鑄其膳敦	山東膠南	4642
	魯大司徒厚氏元作膳鋪	魯	4689-4691
	□氏諓作膳鍂　會	不明	10350

　　膳爲膳食之義自不必多論，西周王庭更有膳夫之官來主管王的各種飲食（又見於戰國文獻《周禮》），且地位尊崇，像克、吉父、梁其等，均有大量精美青銅器傳世，看來將飲食總稱爲「膳」當是姬姓周人的稱名傳統。而從此處的統計結果來看，東周時代的膳器主要集中於魯南地區，尤以魯國最爲多見，這其中的淵源恐怕並非巧合吧？

表 29：東周時代部分飤器統計表

器類	銘　文	國　別	集　成
飤器	芮公作鑄飤鼎	芮，陝西	2475
	陳生（甥）□作飤鼎	陳	2468
	陳姬小公子子□叔媸飤盨	陳	4379
	鄭勇句父自作飤羉	鄭	2520
	余鄭邦之產……作鑄飤器黃鑊	鄭	2782
	單孝子臺以庚寅之日，命鑄飤鼎鬲	戰國中原式樣	2574
	吳王姬作南宮史叔飤鼎	吳	2600
	曾孫無祺自作飤繁	曾	2606
	七月丁亥，乙自作飤繁	曾	2607
	曾子□自作飤簠	曾	4588
	徐王之子庚兒，自作飤繁	徐	2715、2716

蘇公之孫寬兒，擇其吉金，自作飤繁	楚	2722
楚屈子赤目腏仲羋璜飤簠	楚	4612
王子□擇其吉金，自作飤於鼎	楚	2717
王孫壽擇其吉金，自作飤瓶	楚	946
昭之飤鼎	楚	1980
楚子□之飤繁（鼎）	楚	2231
子季嬴青擇其吉金，自作飤簠	鄧	4594
鄧□之飤鼎	鄧	2085
鄧子午之飤鐈	鄧	2235
鄧公乘自作飤繁	鄧	2573
樊君靡之飤簠	樊，河南信陽	4487
許公買擇厥吉金，自作飤簠	許，河南葉縣	4617
息子行自作飤盆	息，河南息縣	10330
黃韋俞父自作飤器	黃	10146
楚子爰鑄其飤簠	楚	4575-4577
王孫□作蔡姬飤簠	楚	4501
王子侄自作飤鼎	楚	2289
楚叔之孫佣之飤（於鼎）	楚	2357
蔡侯申之飤（升鼎、於鼎、鼎）	蔡	2215-2225
蔡侯申之飤簠	蔡	4490-4493
蔡太師□腏許叔姬可母飤繁	蔡	2738
蔡太子義工之飤簠	蔡	4500
須愁生之飤鼎	不明	2238
爰子佗之飤繁（鼎）	不明	2239
大司馬孛術自作飤簠		4505
齊侯作飤敦	齊	4638、4639
魯士孚父作飤簠	魯	4517-4520
伯就父作飤簋		3762
邕子良人擇其吉金，自作飤瓶		945

　　由上表統計結果可以看出，飤器主要集中於陳、曾、鄧等漢水流域諸國以及隨後崛起的強大的楚國，同時又通過貿易、戰爭、婚姻等方式偶然傳播

至齊、魯、徐、許等地，與饋器、膳器等各自形成了相互區別但又相互影響的分佈區域（圖73）。不過需要注意的是，在三晉兩周地區以及繼承西周文化傳統的關中秦國，卻極少見到這種稱名方式的銅器，從而再次表明飤器、饋器和膳器當是受到了當地土著文化的影響而產生的。

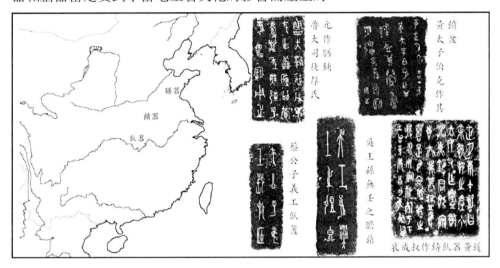

圖73：東周時期食器的分佈與銘文拓片

　　這種獨立食器的出現並與祭器並立的現象不僅在銘文中大量見到，墓葬材料中亦可以一窺端倪，而其中尤以墓葬序列齊全的楚國表現得最爲明顯。在春秋中晚期的淅川下寺墓地（楚國令尹蒍子馮家族墓地）M1、M2、M3中〔註23〕，所有青銅禮器按照自銘是否帶「飤」字均可分爲不同的兩組：A 非飤器組和 B 飤器組（見表30）。

　　M1 飤器一組包括箍口的鑲鼎 2 件（M1：61、64），口徑約 27、通高約 33 釐米，殘損未修復（M2 鑲鼎 4 件，分爲兩組，較小的一組自銘爲「飤鑲」，較大的一組無銘文，由此推測 M1 的情況也與此類似）；箍口小鼎 1 件（M1：58），口徑 17、通高 22 釐米，鼎內盛有綠色糊狀結塊，很明顯不屬於正鼎；折沿的飤於鼎 2 件（M1：66、65），口徑約 50、通高約 45 釐米。而非飤器組則包括箍口的鑲鼎 2 件（M1：57、67），口徑約 33、通高約 41.5 釐米，均修復、無銘文；折沿的於鼎兩件（M1：62、63），口徑約 31、通高 28 釐米；小口濾（湯）鼎 1 件；束腰平底升鼎 2 件，一大一小；立耳無蓋大鼎 1 件，口徑 44、通高 49.6 釐米，應是 1 件鑐鼎（楚人對鑊鼎的別稱）。

〔註23〕河南省文物研究所等：《淅川下寺春秋楚墓》，文物出版社，1991 年。

M2 飮器一組包括箍口的鯀鼎 2 件（M2：43、47），口徑 39、通高約 44
釐米；飮於鼎 6 件，（M2：46 銘文殘損），分爲兩組，一組口徑約 52 釐米（M2：
42、48），一組口徑約 46 釐米（M2：44、46）。另兩件於鼎僅剩鼎蓋殘片（M2：
45、233），口徑約 48 釐米，未復原。但其大小明顯是介於上面兩組「飮於」
之間的，所以恐怕也應該是兩件飮於鼎；箍口小鼎 1 件（M2：203），口徑約
25、通高約 25 釐米。非飮器組則包括小口濂鼎 1 件（M2：56），王子午升鼎
7 件，自銘「用享以孝於我皇祖文考」。

表 30：淅川下寺 M1、M2、M3 出土銅鼎分類簡表

鼎制 墓葬	A 組					B 組（飮器組）		
	鯀鼎	於鼎	升鼎	鑊鼎	濂鼎	飮鼎	飮鯀	飮於
	箍口	折沿		立耳無蓋	小口	中立環紐，箍口	箍口	折沿
下寺 M1	2	2	2	1	1	1	2	2
下寺 M2	2	2	7		1	1	2	*6，三組*
下寺 M3	2	2			1	1		

M3 飮器一組僅有箍口的小鼎 1 件（M3：12），口徑 26、通高 27 釐米。
而非飮器組包括鯀鼎 2 件（M3：9、10），均無銘文，口徑 34.3、通高約 41
釐米；於鼎 2 件（M3：10、11），無銘文，口徑 47、通高 46 釐米；小口鼎 1
件（M3：4）。

根據上文的討論結果，M2 中 A 組有王子午升鼎 7 件，自銘「用享以孝於
我皇祖文考」，故知當是宗廟陳設的祭器；而 B 組則是獨立的食器組合，專用
於生人飮食。二者以獨立、固定的組合形式共存於同一墓葬中，充分體現了
食器組銅器地位的迅速崛起。

戰國之後，此風尤盛行不減。在荊門包山二號墓（楚國左尹邵佗之墓）
中〔註 24〕，出土了完整的記載隨葬器物的遣策，對於青銅禮器有著極好的分
類，分別包括了「大兆之金、木器」，有鑐鼎、升鼎、鐈鼎、簋、簠、盞、俎、
豆等常見宗廟祭祀之物；「食、飮室之金器」，包括鼎、匕、籩、刀、耳杯等，
以及「飮室之飮」組中所記載的脩（乾肉）、醯、雞、魚、鵝、栗、脯等各種
美食，很顯然這是爲墓主人飮食所準備的；「相尾之器所以行」組，包括巾、

〔註 24〕 湖北省荊沙鐵路考古隊：《包山楚墓》附錄一：《包山二號楚墓簡牘釋文與考
釋》，文物出版社，1991 年。

席、扇、梳、被、服飾等生前日用之物。祭器與食器不僅在類別上有嚴格的區分，組合形式上也開始趨於固定。

到了戰國末年的壽縣楚幽王墓中，儘管祭器組合鐽鼎、升鼎、簠、方壺、鐈鼎、簠、缶、子口鼎、盞、圓壺等亦是十分齊全，但從銅器上篆刻的銘文來看，其在墓主人生前多是被存放或使用於集廚、集脰、集膴、集既、集醻、集糈等機構中。像「酓前（或釋作『肯』）鐈鼎」銘曰：「酓前（肯）作鑄鐈鼎，以供歲嘗」，「嘗」為周禮中秋祭之名，劉彬徽先生認為「或通指歲祭」〔註25〕。而從「王子申鑒」「鄂陵君王子申，攸載造金鑒，攸立歲嘗，以祀皇祖，以會父兄，永用之」（《集成》・10297）可以確知，這批器物的原來用途是被專設於祭祀場合的。不過其鼎蓋上卻銘刻有「集脰」兩字，「集」字學界多釋為「司」或「彙」，有總管之意，為楚地特殊的官職名〔註26〕，江陵天星觀一號墓遣策中即有「集糈尹」的記載〔註27〕。「脰」字據《廣雅・釋言》記載：「脰，饋也」，有饋食、飲食之意。那麼「集脰」正是楚國主管膳食類的機構。「醻」字舊讀作「酋」，《說文》：「酋，繹酒也」，為久釀之白酒，「集醻」即是主管酒飲的機構；「糈」有精米之意（《離騷》王注），集糈之名亦多出現在甗、甑等器物上，所以「集糈」當是楚國王室內主管稻粱主食的機構；「既」字可讀作「餼」，「集既」應是總管各類餼廩的機構。由此可見，集廚、集脰、集膴、集既、集醻、集糈等均與楚王的飲食活動有著密切的聯繫。也即是說，這些宗廟重器生前曾被廣泛地使用於王的宴飲場合，而且它的管理、使用亦不再局限於宗廟之中了。自此，食器被貴族們日加重視，已凜然有凌駕於祭器之上的趨勢。

中原地區由於缺乏相應的文字資料，使我們難以像對楚國一樣詳盡地考察食器組合的構成情況和發展、變化過程，不過戰國晚期以後銅器日趨實用化、生活化正是不爭的事實，一些銘文資料亦可以為此提供些許線索。像「二年，寺工師初、丞佝、廩人茶，三斗，北寢，糟府」（《集成》・9673），對於銅器的鑄造時間、鑄造者、管理者、容量、存放機構、管理機構等均有詳細

〔註25〕劉彬徽：《楚系青銅器研究》，湖北教育出版社，1995年。
〔註26〕李學勤：《戰國題銘概述》（下），《文物》1959年第9期；陳秉新《壽縣楚器銘文考釋拾零》，《楚文化研究論集》（一），荊楚書社，1987年；程鵬萬：《安徽省壽縣朱家集李三孤堆出土青銅器銘文集釋》，吉林大學碩士學位論文，2003年4件。
〔註27〕湖北省荊州地區博物館：《江陵天星觀一號楚墓》，《考古學報》1982年第1期。

的記錄，這也正是戰國中後期中原地區銅器銘文的共同特點。而寢爲生人居住之地，糟府爲專司酒糟之府，同樣不再像以前的寶器、尊器只存放於宗廟之中了。

　　那麼，究竟是什麼原因導致了作爲食器出現的青銅禮器迅速風行於東、南之地呢？筆者以爲有兩點是需要著重考慮的：其一是東周時代以來對於生人功業和生活享受的重視。激烈的生存競爭促使大量出身寒微的有才之士躋身高位，執掌國家之「牛耳」。對於他們來講，以宗廟祭祀來體現純正血緣和高貴出身不再顯得如此重要，祖先並不能夠爲其解決一切問題，更需要的是自己憑藉才幹、膽識等在紛亂的時代縱橫捭闔，一展所長（「以賢勇、知，以功爲己」）。在取得巨大功業的同時，自然對於生活的享受也就日益重視，唯有如此才能清晰地體現他們與普通人之間的區別。這樣大量寶貴的銅礦資源也就源源不斷流向個人生活領域，這與戰國後許多貴族大肆建造高臺建築、規模龐大的陵墓、追求華美衣物、配飾（如李斯《諫逐客疏》中所提及的「崑山之玉、隨、和之寶、太阿之劍、纖離之馬」等）等的道理是一樣的。《禮記·曲禮下》中記載：「凡家造，祭器爲先，犧賦次之，養器爲後。」以上這些恐怕正是經學家們一再擯棄的「養器」吧？

　　其二則關乎到時人對於生死觀念的變遷。東周之後，人們開始對於死後世界有了更加清晰的認識，出於對死亡的畏懼，他們希望在地下世界依然可以過著如生前一樣的生活；同時，子孫們也希望能夠盡量滿足死者的這種需求，從而免其魂魄回歸人間，化爲厲鬼爲害（「鬼，歸也」）。在這種觀念的導引下，大量生活實用物、美食等被放入到墓葬中隨葬，而享用它們也自然需要一套完備的器具。這種由於社會改革所帶來的思想觀念上的變化，在周禮束縛較輕的東夷、南蠻舊地也就尤其發展迅猛了。

第四節　行器

　　關於行器的研究，最早見於李純一先生在 1973 年發表的《關於歌鍾、行鍾及蔡侯編鍾》一文〔註28〕。文中通過對蔡侯墓出土自銘爲「蔡侯申之行鍾」和「蔡侯申之歌鍾」的兩組編鍾測音後發現「歌鍾用於上層貴族日常燕饗之時，所以它是按照一個完整音階（或調式）而定音而組合；行鍾爲上層貴族

〔註28〕李純一：《關於歌鍾、行鍾及蔡侯編鍾》，《文物》1973 年第 7 期。

巡狩征行時所用，因而它的定音和組合是以一個音階（或調式）中的骨幹音
為根據」。簡言之，「歌鍾」與「行鍾」之間不僅稱名方式不同，功能和定音
上亦各有差別。自此「行器」開始作為一類特別的銅器受到學界關注。張亞
初先生《殷周青銅鼎器名、用途研究》一文中即認為「『行』、『行器』是貴族
專為出行時製作的用器，器小而粗糙〔註 29〕。」但張昌平先生通過對曾國青
銅器中廣泛流行的「行器」研究後發現「（其）銘文的一個突出特徵是都帶有
『永祜福』這樣的嘏辭，他們形成一個固定的辭例搭配。上述器物體量多較
大，『行』並不代表有出行之意〔註 30〕。」此後，馮峰《東周喪葬禮俗的考古
學觀察》一文則對目前所見的行器進行了系統地梳理，並首次將其與喪葬用
器和東周時代普遍出現的「明器」聯繫起來。這些觀點無疑都是十分正確而
有創見性的，本節即在此基礎上，來嘗試進一步探討行器的分佈和功能變化
情況。

　　毫無疑問，行器者，本是為貴族出征遠行所備之器。如衛文君夫人鬲「衛
文君夫人叔姜作其行鬲，用從遙征」（《集成》‧595），「□□為甫（夫）人行
盨，用徵用行，萬歲用常」（《集成》‧4406），更有侯母戎壺「侯母作侯父戎
壺，用征行，用求福無疆」（《集成》‧9657），皆證明了其與行軍征戰的密切
聯繫。西周時，行器亦多由宗廟「一般寶器」充當，像陳公子甗「唯九月初
吉丁亥，陳公子子叔□父作旅甗，用徵用行，用饎稻粱，用祈眉壽，萬年無
疆，子孫是常」（《集成》‧947），史免簠「史免作旅簠，從王征行，用盛稻粱，
其子子孫孫永寶用享」（《集成》‧4579），「唯王九年，初吉庚午，曾伯□哲聖
元武……余用自作旅簠，以征以行，用盛稻粱，用享用孝於我皇祖、文考」（《集
成補》‧4631），既是宗廟祭祀皇祖、文考之器，又用於「以征以行」，可見如
食器一樣，行器也是從寶、尊器中分化而出，所以有時二者又會被混作一類，
如叔夜鼎「叔夜鑄其饙鼎，以征以行，用鬻用烹，用祈眉壽無疆」（《集成》‧
2646），就既是饙器，又用於征行；庚兒鼎「唯正月初吉丁亥，徐王之子庚兒，
自作飤繁，用徵用行，用蘇用菜，眉壽無疆」（《集成》‧2715、2716）則是飤
器用於征行等。不過這可能恰也說明了行器正是用於行軍途中置辦饗食之物
的吧？

〔註 29〕 張亞初：《殷周青銅鼎器名、用途研究》，《古文字研究》第 18 輯，中華書局，
　　　　　1992 年。
〔註 30〕 張昌平：《曾國青銅器研究》155 頁，文物出版社，2009 年。

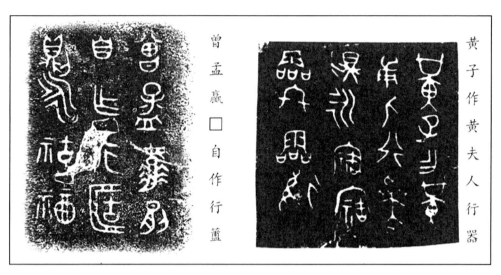

圖 74：東周時期部分行器銘文拓片

但東周之後，行器卻開始具有了完全不同的含義和功能。見下表：

表 31：東周時代部分行器統計表

器類	銘　文	國　別	集　成
行器	曾侯興之行（簠、缶、戟）	曾	4488、4489、9996、11180、11181
	曾侯越之行戟	曾	11175-11177
	曾子□自作行器	曾	4528、4529
	曾子伯言鑄行器	曾	2450
	曾少宰黃仲酉之行（器）	曾	東風油庫 M1
	可之行（方壺、盤、匜、簠）	曾	東風油庫 M2
	曾都尹定之行簠	曾	《近出》511
	連迁之行升	曾	2084
	蔡侯申之行戈	蔡	11140
	蔡侯申之行鍾	蔡	212-214
	惟王正月初吉丁亥，鍾離君柏作其行鍾	鍾離	東南文化 2009.1
	黃子作黃孟姬行器	黃	考古 84.4
	唯奚子宿車自作行（鼎、壺、盆）	黃	中原文物 81.4
	黃君孟自作行器	黃	考古 84.4
	樊夫人龍嬴自作行（盤、匜、壺）	樊	文物 81.1

江太宰孫叔師父作行具	江	9706
王子午之行（戟）	楚	《淅川下寺春秋楚墓》
王孫誥之行（戟）	楚	同上
彭子射之行（繁鼎、盤、匜）	楚	文物 11.3
浮公之孫公父宅，鑄其行匜		10278
唯子綦鑄其行盂		10335
右走馬嘉自作行壺		9588

這一時期的行器主要分佈於曾、黃、蔡、樊等毗鄰之國，當是漢水流域獨特的文化現象。考察上述銅器銘文，可以發現無一例再有與軍旅相關的內容，而且像曾、黃、江、蔡、樊等國先後淪爲楚國附庸，自保尚且不暇，何來遠征他國之力呢？取而代之的是銘文末常伴有「永祜福」一類的嘏辭，且器形巨大，與征伐遠行再難有干係。

又根據淅川下寺 M1 出土的「敬事天王鍾」銘文「唯王正月，初吉庚申，自作鈴鍾，其眉壽無疆，敬事天王，至於父兄，以樂君子，江漢之陰陽，百歲之外，以之大行」（《集成》·73-4 至 80-1），如果理解無誤的話，此時在江漢地區已經有了將死後（百歲之外）喻爲「大行」的稱呼方法，以指其從此遠去、不再復歸之意〔註 31〕。包山二號墓遣冊中專爲墓主人死後生活所用的器物，像床、席、扇、梳、衾被、服飾等，也被統稱爲相尾之「行器」，恐怕亦是取這個含義。

所以是否可以由此推測上之所述的行器正是專爲死者製作的喪器（藏器，以非實用的明器居多）呢？而且多以偶數成對，遵循南方地區獨特的禮制傳統。考慮到戰國晚期至西漢初年後許多小型墓葬內專用於隨葬的仿銅陶禮器鼎、盒、壺、鈁組合亦均是兩件成套，這其中的淵源關係恐怕頗耐人尋味。

無獨有偶，在戰國時期成書的《儀禮》中也出現了「行器」一詞。《儀禮·既夕禮》：「（大遣奠畢）行器，茵、苞、器序從，車從。」鄭注：「（行器者）目葬行明器，在道之次。」賈疏：「包牲訖，明器當行鄉壙，故云『行器』。」即行器就是指「當行向壙」的明器。而在前文「陳明器於乘車之西」一句中鄭玄注釋爲：「明器，藏器也。《檀弓》曰：『其曰明器，神明之也。』言神明者，異於生器。」明器指專爲死者所造、所藏之器當無疑問。那麼，《儀禮》

〔註31〕趙世綱：《淅川下寺春秋楚墓青銅銘文考索》，《淅川下寺春秋楚墓》附錄一，文物出版社，1991 年。

中的「行」應是指行向墓壙、也即死後世界的過程，而行器實則就是明器在這一階段的別稱。

　　無論銅器銘文與文獻記載是否指向同一類物品，但可以肯定的是，在東周時代人們的意識中，「行」已然毫無疑問具有了逝世遠去之意，那麼出現專爲這類遠行製作的器物也當在情理之中了。

　　不過，現有的材料還不足以支撐我們去探討上述行器究竟是使用於喪葬活動中的某個特殊儀節（「行」爲特殊祭奠之名？），或者是使用於死後世界中某個非祭祀、宴飲的場合（如出行、狩獵等）。所以在這些問題解決之前，恐怕我們還難以對行器的功能作出一個確定無疑的判斷。

第五節　用器、弄器

　　在戰國時期成書的《儀禮·士喪禮》篇中曾根據器物的功能對隨葬品進行過首次系統的分類，其中就包括「用器」一組，「用器，弓矢、耒耜、兩敦、兩杅、槃，匜。」 鄭注：「此皆常用之器也。」賈疏：「皆象生時而藏之也。」可見此處所稱的「用器」實則是指日常生活（田獵、農耕、飲食）所用的器物，與「明器」、「祭器」、「燕樂器（宴飲用樂之器）」、「役器（干、戈、甲、笴等）」、「燕器（燕體安居之器）」等相對應。《禮記·王制》也云：「用器不中度，不粥於市。」鄭玄注：「用器，弓矢、耒耜、飲食器也。」這應該是戰國時期的人對於「用器」的準確定義。

　　例如在山西太原晉國趙卿墓中〔註32〕，除去鼎、豆、簠、壺等青銅重器外，尚有另一套別樣的器具，包括甑、甗、釜、罐、耳杯、鉢、帶鈎、鏡、量、氈帳等，皆是青銅質地，類似的氈帳在河北平山 M1 中山王䇅墓中也見到有一件〔註33〕，並與兵車同出，故可以斷定爲軍帳無疑。也即是說，趙卿墓中的這一套器具是作爲日常田獵之用的，與宗廟祭祀、宴飲活動均無涉。

　　再如前文中曾提及的「魯伯愈父作邾姬仁媵沐盤，其永寶用」（《集成》·10114），是魯國貴族愈父爲出嫁的邾姬所作的媵器，但其功能卻是日常沐發之用，十分類似於上述《儀禮》中提到的「槃，匜」，故也當屬於用器一類。且

〔註32〕 山西省考古研究所等：《太原晉國趙卿墓》，北京：文物出版社，1996 年。
〔註33〕 河北省文物研究所：《䇅墓——戰國中山國國王之墓》，北京：文物出版社，1995 年。

銘文後不再加「子子孫孫永寶用」的固定辭例，而改以「其（仁）永寶用」，這可以作爲用金文資料來判斷「用器」的重要依據。

　　所以根據上文中對寶尊器、食器、媵器、行器的定名原則來看，金文中的「用器」又不僅僅包括日常生活器具，兵器（《儀禮》中屬役器）就是一個極好的例子。許多戈、劍上也往往自銘爲「元用」、「御用」，像「梁伯作宮行元用，抑鬼方蠻，抑攻方」（《集成》‧11346），「蔡侯申之用戈」（《集成》‧11141-11142），「虢太子元徒戈」（徒兵之戈，《集成》‧11116-11117），「曾侯乙之用戈」（《集成》‧11169-11170），「周王瑕之元用戈」（《集成》‧11212），「攻吳夫差自作用戟」（《集成》‧11258），「徐王之子羽之元用戈」（《集成》‧11282），「越王州（朱）句（勾）自作用劍」（《集成》‧11622-11632），「單□託作用戈三萬」（《集成》‧11267）等，就皆是個人配帶的征戰殺敵之物；「曾侯乙之寢戈」（《集成》‧11167），「王子反鑄寢戈」（《集成》‧11122）等，又可能均是自家宿衛之器。因此這裡不妨也以「用器」之名簡單地統而稱之。但是在葉縣舊縣 M4 中出土的 6 件銘文銅戈卻分爲「許公之車戈」、「許公之造走戈」和「許公之用戈」三種類型〔註 34〕，從而透露出「用戈」的使用方法可能與車載之戈和徒戰之戈又略有不同。類似的區別亦見於蔡侯申、曾侯乙的自鑄兵器中，所以關於它的實際功能其實還有進一步探討的必要。

圖 75：東周時期部分弄器及銘文拓片

　　不過之所以要在這裡提及「用器」，其實是想強調包含其中的另一類更加特別的器物：弄器。1993 年在山西北趙晉侯墓地 M63 中曾發現了一件「銅鼎

〔註34〕平頂山市文物管理局等：《河南葉縣舊縣四號春秋墓發掘簡報》，《文物》2007年第 9 期。

形方盒」（M63：123）〔註35〕，扁長方形，頂部有兩扇可以對開的小蓋，一側蓋上鑄臥虎鈕，直身，平底。盒外壁四面鑄對稱的龍形耳，四角各出一雲形扉棱。盒身兩寬面下部還各鑄有背對盒身的人形足，裸身跪姿。銅盒深3.6、通長19.2、通高9.3釐米，盒內盛滿各類玉質小件器，有玉人、牛、熊、鷹、龜等。學界對此多釋爲「匵」或「櫝」〔註36〕，屬墓主人生前閨房陳設，裏面所盛的也主要是用於日常賞玩之需。所以這其實已經具有了「弄器」的含義：日常生活中的個人把玩之物。

類似的發現亦見於春秋早期的韓城梁帶村 M26 仲姜墓中〔註37〕，包括一系列細小精緻的方鼎、罐、盒、單把罐等，均放置在棺外東側。以方鼎爲例，通高僅有 10.3 釐米，屬內外兩層方鼎套合而成。小鼎鼎足爲瑞獸，大鼎鼎足爲裸體女奴，與一般宗廟禮器厚重莊嚴的風格迥然有異。而小銅罐的大小、形制則與三門峽虢國墓地 M2012 中出土的「梁姬罐」十分接近，恐怕二者均具有類似的性質。

不過「弄」正式作爲青銅器的一類共名則要到春秋晚期以後才出現，像以下諸器：吉林大學所藏的「君子之弄鼎」（《集成》·2086），美國弗里爾美術館藏「智君子之弄鑒」（《集成》·10288、10289）〔註38〕，傳世「杕氏壺」（藏德國柏林）銘文「杕氏福及，歲賢鮮于（虞），可（何、荷）是金□，臺（吾以）爲弄壺……吾以宴飲，於我家室，弋獵毋後，□在我車」（《集成》·9715）即明言是用於日常宴飲、弋獵等休閒場合。儘管數量尚比較稀少，卻已經足夠表明在當時弄器已然作爲一類特別的器物爲人所知（圖65）。依此線索，我們可以將許多墓葬中具有相似功用的器物進行比聯，例如在山西太原趙卿墓中出土有 1 件鑄造十分精美的臥牛蓋子母口小鼎（M251：559），口徑僅有 10.3 釐米，通高 11.4 釐米〔註39〕，完全不具備實用功能。而且數量僅有 1 件，未見有其他禮器組合搭配，所以恐怕也是屬於此類「弄器」之列吧？又

〔註35〕 山西省考古研究所、北京大學考古系：《天馬──曲村遺址北趙晉侯墓地第四次發掘》，《文物》1994 年第 8 期。

〔註36〕 方輝：《試論周代的銅匵》，《收藏家》2009 年第 6 期；李零：《喪家狗：我讀論語》，山西人民出版社，2007 年 5 月。

〔註37〕 陝西省考古研究所等：《陝西韓城梁帶村遺址 M26 發掘簡報》，《文物》2008 年第 1 期。

〔註38〕 唐蘭：《智君子鑒考》，原載《輔仁學誌》七卷一、二期，1938 年。後收入故宮博物院編：《唐蘭先生金文論集》，45～52 頁，紫禁城出版社，1995 年。

〔註39〕 山西省考古研究所等：《太原晉國趙卿墓》，北京：文物出版社，1996 年。

如在山東長清僊人臺 M5 中出土有一件「異形器」（M5：86），下部爲鼎、上部爲盤，其間以一柱相連。鼎的一側耳間有 L 形圓筒狀附件，上部中空，以利煙氣通暢。全器通高僅有 9.2 釐米，遠小於墓中的其他青銅禮器，且形制怪異，時所罕見〔註40〕。故是否可以推測其並非是作爲禮器放入墓中隨葬，而更可能是屬於墓主人的把玩「弄器」呢？而「弄器」的出現也恰印證了前文中有關「東周時代以來對生人功業和生活享受重視」的論斷。

小　結

綜合上文論述，我們可以比較清晰地概括出東周銅器稱名製度上的兩大變化趨勢：一是銅器專名的變化（與具體功能相關），從「尊、彝的大共名」到「鼎、簋、簠、鬲、盤、匜等青銅器專名的出現」再到「升（正、登）鼎、陪鼎（羞鼎）、湯鼎、饋鼎（盞）、薦鼎（鬲）、鑊鼎、鐈鼎、匜鼎等更加細化同時又帶有濃鬱地方特色的專名的出現」；二是有限共名的變化（與類別和使用場合相關），同樣從「尊、彝的大共名」開始，到西周時期以「寶、尊器爲主」，之後再從中進一步分化出「媵器、食器、行器、用器、弄器」等不同類別。這兩大趨勢充分體現了東周以來銅器功能的細化以及禮制儀節的日益繁縟，與前文中所論及的器用制度的變遷是十分一致的，這也是一個社會不斷發展、繁榮的必然結果。

〔註40〕山東大學歷史文化學院考古系：《長清僊人臺五號墓發掘簡報》，《文物》1998年第 9 期。

第十一章　從「敬神」到「事鬼」——青銅禮器的變革與周代貴族生死觀的變遷

　　東周時代青銅禮器使用上的深刻變革，包括禮儀制度的日漸繁縟（戰國中期之前）和禮器的世俗化（生活化）、明器化等，無疑是當時社會政治、經濟領域劇烈改革的突出反映。而思想領域的變遷，尤其是對待死後祖先（周代喪、祭活動的核心）的基本觀點和看法，同樣會對周代貴族在喪、祭活動中選擇製作、使用和處理何種青銅禮器產生重要影響。

　　正如《禮記‧表記》篇記載：「夏道尊命，事鬼敬神而遠之⋯殷人尊神，率民以事神，先鬼而後禮⋯周人尊禮尚施，事鬼敬神而遠之」，作為三代禮制核心的喪、祭活動，又主要包括「敬神」與「事鬼」兩方面：喪葬意在奉送死者（事鬼），而宗廟祭祀意在為生人祈福並使宗族「各安其位」（敬神）〔註1〕，其共同之處均以祖先為主要施禮對象。所以對於祖先存在狀態（鬼、神）的不同理解和看法，必將與當時社會中養生送死的行為產生直接聯繫。例如在漢代墓葬中盛行的朱書解注文、魂瓶、鉛人、人參、五神石等厭勝之物便是為了達到「生死隔絕」的效果，以防止厲鬼返回人間索擾〔註2〕。但是在兩周時期，「神」與「鬼」的概念究竟是如何形成與變化的，它們與魂魄觀念存在何種聯繫，以及對當時人們處理喪葬事宜產生了怎樣的影響，這是本章所希望嘗試探討的問題，而這種探討又能夠幫助我們去更好地理解東周時代禮制變革發生的誘因。

〔註1〕賈誼《新書》卷八：「而人心以為鬼神以與於利害。是故具犧牲、俎豆、粢盛，齋戒而祭鬼神，欲以佐成福，故曰『祭祀鬼神，為此福者也』。」
〔註2〕死者與生者的隔絕是解除文所著重強調的，參看黃景春：《早期買地券、鎮墓文整理與研究》，華東師範大學博士學位論文，2004年。

　　值得注意的是，前賢關於中國上古時期生死觀的探討，多集中在宗教文獻資料詳實的兩漢時期〔註 3〕，而對兩周階段則著墨較少〔註 4〕；所使用的資料也主要是諸子學說、《論衡》、《風俗通義》、《太平經》、《抱朴子》等傳世文獻以及《日書》、買地券、鎮墓文等出土文字資料，而對於墓葬本身結構以及隨葬品組成的變化關注較少。事實上，墓葬資料相對於文獻而言有其不可比擬的優勢：一是墓葬作爲連接生與死的物質載體，其佈局、結構、隨葬品的組成等不僅反映了死者對於死後世界的安排與嚮往，亦體現著生人對於祖先、鬼神、孝道的尊崇程度。因此，不同的生死觀必然會對墓葬這一文化現象產生最直接的影響；二是墓葬在封閉墓壙的那一刻起，便成爲一個相對「永恒」的空間，很少會像傳世文獻那樣受到後人主觀的修改，這樣便能夠更加貼近於特定時代的真實想法；三是由於喪葬是一種普世性的行爲，它能夠同時反映社會各個階層生死觀的變化，而不像文字那樣對於受眾有著較高的要求，所以更便於比較社會高層次思想（官方思想）和低層次思想（民間信仰）之間的異同。因此，在本章的討論中，除了使用金文、簡牘以及《詩經》、《左傳》等文獻資料外，我將更加關注墓葬自身的變化（包括墓葬結構和隨葬品的組成兩個方面），從「敬神」、「事鬼」所受重視程度的轉移來簡要揭示東周時期貴族生死觀的變遷。

第一節　西周時期的生死觀

　　西周時期，「天命」與「德」的觀念是官方思想的主流〔註 5〕。西周政權

〔註 3〕比較系統的著作包括：余英時：《東漢生死觀》，侯旭東等譯，上海古籍出版社，2005 年；林巳奈夫：《漢代鬼神の世界》，《東方學報》46 期，1974 年；魯惟一：《漢代的信陽、神話和理性》，王浩譯，北京大學出版社，2009 年 6 月；魯惟一：《通往仙境之路：中國人對長生之追求》，倫敦，1979 年；蒲慕州：《追尋一己之福——中國古代的信仰世界》，上海古籍出版社，2007 年；蒲慕州：《墓葬與生死——中國古代宗教之省思》，中華書局，2008 年；黃曉芬：《漢墓的考古學研究》第八章，嶽麓書社，2004 年。

〔註 4〕郭沫若：《周彝中之傳統思想考》，《金文叢考》（修訂本），人民出版社，1954 年；錢穆：《靈魂與心》，廣西師範大學出版社，2004 年；侯外廬等：《中國思想通史》，第一卷，人民出版社，1957 年；余英時：《中國古代死後世界觀的演變》，《燕園學論集》177-196 頁，北京大學出版社，1984 年；詹鄞鑫：《神靈與祭祀：中國傳統宗教綜論》，鳳凰出版社，1992 年；傅海濱：《春秋戰國時期的鬼神觀念研究》，陝西師範大學碩士學位論文，2006 年；陳偉：《楚人禱祀記錄中的人鬼系統以及相關問題》，《新出楚簡研讀》103-132 頁，武漢大學出版社，2010 年。

〔註 5〕關於這一觀點，學界已經有十分充分的討論，可參看陳來：《古代宗教與倫理：儒家思想的根源》，三聯書店，1996 年。

以「天命所在」自居，故周王又被尊稱為「天子」〔註6〕。貴族們普遍信奉昊天之下、又有上帝百神，如𪔂鐘（厲王時期）銘文「惟皇上帝百神，保余小子」（《集成》‧260），《詩‧周頌‧時邁》：「懷柔百神，及河喬嶽」等。此「百神」不僅包括自然諸神和遠祖聖賢轉化而來的特定神祇，如風神、雨神以及黃帝、顓頊、后稷（稷）、勾龍（社）、成湯、文王、傅說、實沈（參神）、關伯（辰神）等〔註7〕，新逝的祖先亦將依據生前爵秩而列為諸神，拱衛在上帝周圍，並且可能與商時一樣，被稱為「帝工」或「帝臣」〔註8〕。

如叔夷鐘銘文「赫赫成湯，有嚴在帝所，溥受天命」（《集成》‧285），即是稱成湯的魂靈在帝所〔註9〕；《詩‧大雅‧文王》：「文王陟降，在帝左右」，則是文王亦在天帝左右；更有𪔂簋銘曰：「朕皇文烈祖考，其各前文人，其瀕才（頻在）帝廷陟降」（厲王時期），即𪔂的先祖皆在帝廷「陟降」（陞降，《朱熹集傳》）。正由於祖先魂靈高高在上，所以宗廟祭祀時首先需以禮樂降神，而祖先賜予的福祉也多被稱為「降余多福」（𪔂簋、士父鐘、叔向父禹簋）、「降福」（《詩‧小雅‧桑扈》）、「廣啓厥孫於下」（番生簋）等〔註10〕。

反之，「鬼」的概念在這一時期的文字資料中卻極少被提及。據沈兼士先生的研究，鬼的原始意義是古代的一種類人之異獸（猩猩、狒狒之屬），然後由此引申為異族「鬼方」之名，再由實物之鬼藉以形容人死後的靈魂〔註11〕。甲骨卜辭中有「貞：多鬼夢，不至禍」，「貞：王夢鬼，不惟禍」，「庚辰卜，貞：多鬼，□不至，禍」等，此處的「鬼」即被理解是死者的

〔註6〕關於「天子」與「王」兩個稱號的關係問題，可參看石井宏民：《東周王朝研究》，中央民族大學出版社，1999年。

〔註7〕當然這其中有戰國時期儒生託古、編造的神祇如黃帝、顓頊等，參看詹鄞鑫：《神靈與祭祀：中國傳統宗教綜論》，鳳凰出版社，1992年；關於實沈、關伯的由來可參看《左傳‧昭公元年》。

〔註8〕殷墟卜辭中有「帝工」、「帝臣」、「帝五臣」的稱呼，顯然是在天帝之下分管四方和中土的臣僚，參看詹鄞鑫：《神靈與祭祀：中國傳統宗教綜論》46頁，鳳凰出版社，1992年。

〔註9〕郭沫若、池田末利、余英時等學者曾認為金文中常見的「嚴在上、翼在下」的嘏辭分別指祖先的魂、魄，但近來容庚、徐中舒、王冠英等學者的研究已經揭示出「嚴、翼」都訓為「敬」，表示恭敬之意。參看張德良對這一問題的綜述，《金文套辭「嚴在上、翼在下」淺析》，《齊魯學刊》2009年第1期。

〔註10〕金文中除「降福」之外，還有「降喪」、「降令」等語辭，參看譚於藍：《金文同義詞研究》，華南師範大學碩士論文，2002年。

〔註11〕沈兼士：《鬼字原始意義之試探》，《國學季刊》第5卷，第3期，1935年。

魂〔註12〕。那麼，可以認爲在這一時期鬼與神的區別是十分細微的，都是一種類似「魂靈」的概念。「鬼」顯然還不具備《說文》中所稱的「人所歸爲鬼」的具象（至春秋時期始見），它只是神的一種模糊的異化形式。在西周時期，「事鬼」是不被特意強調的方面，周人對其還缺乏清晰的認識。

這種觀念在墓葬中就表現爲：隨葬品僅有一套青銅祭器（禮樂器）以及隨身的裝飾玉器、車馬器，用以體現墓主人的身份等級和優雅禮節。同時祭器上多銘刻長篇的紀功文字（盛行於西周中晚期，一部分仍保留於宗廟中供後世垂鑒），以便於死者魂靈在帝廷獲得合適的、與其爵秩相應的位置。死者並無「地下世界」或者「死後生活」的概念，「多壽」、「永壽」、「眉壽」、「靈終」（得享天年）是他們生前所祈求的〔註13〕，顯然對於死亡有著強烈的畏懼。例如像北京琉璃河西周燕國墓地 M253，西周早期，長方形豎穴土坑墓，無墓道，墓向 357 度，墓坑長 5.1、寬 3.5 米，有槨無棺，外槨四周有一圈二層臺，是這一時期周人墓葬結構的通行方式。二層臺北部擺放著鼎、簋、鬲、爵、觶、尊、甗、卣、壺、盤、盉等青銅禮器，東西兩面分別放置著車馬器、兵器和裝飾品〔註14〕。而西周晚期的晉侯墓地 M64 晉侯邦父墓中〔註15〕，雖然墓主人爵位明顯高於前者，但墓葬結構上並無太大差別（規模略大），南北向，帶一條斜坡墓道，長方形墓室，墓底長 6.48、寬 5.52 米，一槨兩棺，槨室四周有積石積炭，爲這一地區的特色。僅是在禮器構成上有所不同〔註16〕，5 鼎、4 簋、2 方壺等青銅禮器在北部，並銘

〔註12〕 沈兼士：《鬼字原始意義之試探》，《國學季刊》第 5 卷，第 3 期，1935 年。

〔註13〕 「壽」是見於周代金文中最爲流行的嘏辭，參看徐中舒：《金文嘏辭釋例》，《史語所集刊》第 4 本，1936 年；郭沫若：《周彝中之傳統思想考》，《金文叢考》，北京，1954 年。

〔註14〕 北京市文物研究所：《琉璃河西周燕國墓地》36 頁，文物出版社，1995 年。

〔註15〕 山西省考古研究所、北京大學考古學系：《天馬-曲村遺址北趙晉侯墓地第四次發掘》，《文物》1994 年第 8 期。

〔註16〕 關於西周晚期禮器組合的變化或「禮制改革」的研究，可參看唐蘭：《陝西省博物館、陝西省文物管理委員會藏青銅器圖釋・序言》，文物出版社，1962 年；盧連成、胡智生：《陝西地區西周墓葬和窖藏出土的青銅禮器》470-529 頁，《寶雞漁國墓地》附錄一，寶雞市博物館編輯，文物出版社，1988 年；[英] 羅森：《古代中國禮器──來自商和西周時期墓葬和窖藏的證據》，劉新光譯，北京大學出版社 2002 年 7 月；羅泰：《有關西周晚期禮制改革及莊白微氏青銅器年代的新假設：從世系銘文說起》，中央研究院歷史語言研究所編：中國考古學與歷史學之整合研究》，《中央研究院歷史語言研究所會議論文集（四）》，1997 年；曹瑋：《從青銅器的演化試論西周前後期之交的禮制變化》，《周秦文化研究》，陝西人民出版社，1998 年等。

刻作器者姓名,青銅樂器在東部,墓主人隨身佩戴玉覆面和金帶飾,顯然這是當時社會對於喪葬活動更加關注的方面──祭器、車服所體現的身份爵秩(如圖76)。從整體上看,這一時期的貴族墓葬既與生時居所全然不同,也沒有可供墓主人在死後繼續生活之物。生與死在墓壙封閉的那一刻便成隔絕,事生與事死遵循著完全不同的原則。宗廟祭祀所體現的等級(決定了死者魂靈在帝廷的位置)在死後仍然被著意強調,所以,「敬神」應是這一時期禮制儀節關注的中心。

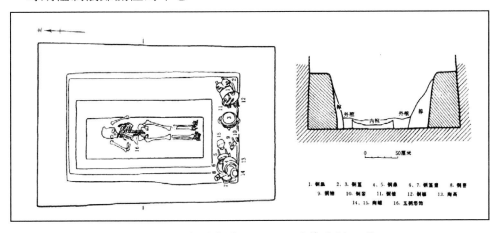

圖 76：西安張家坡 M253 西周墓平剖面圖

第二節　春秋時期的生死觀

至春秋階段,貴族墓葬中開始出現兩個顯著的變化,代表了新的生死觀念的影響:一是斂玉系統的完備(玉覆面在西周晚期即已出現)〔註17〕。在春秋初年的三門峽虢國墓地 M2001 號季墓中,除去青銅禮器鼎、簋、方壺、圓壺等(槨室西側南部)以及樂器(槨室西側北部)、車馬器、兵器之外,墓主人的裝殮同樣十分值得關注:頭部為仿造人面部器官的綴玉幎目,頭頂有玉髮飾,頸部有項飾,胸前有玉組佩〔註18〕,口中含有玉石貝和玉珠璣,兩手各握有圓管狀握玉,腳端踏有二件踏玉,腳趾間夾有兩組共八件弧形玉飾,

〔註17〕孫慶偉:《周代用玉製度研究》,上海古籍出版社,2008 年。

〔註18〕關於兩周時期玉組佩的研究,可參看羅伯健:《兩周組玉佩考》,《文博》1987
　　　年 4 年;黃展岳:《組玉佩考略》,《故宮文物月刊》10 卷第 3 期;孫慶偉:《兩
　　　周「佩玉」考》,《文物》1996 年第 9 期;孫機:《周代的組玉佩》,《文物》1998
　　　年第 4 期;李宏:《玉佩組合源流考》,《中原文物》1999 年第 1 期等。

身下還鋪墊著一組璧、戈等，周身再裹以數重衣服和衾被（均已腐朽）。而且這些斂玉都是用其他玉器改制而成，玉質較差，多不透明，「部分玉片還殘留著原玉器的局部紋樣」〔註19〕。所以，其應與生前經常佩戴的裝飾用玉不同，是家族後人在喪葬過程中臨時專門製作的。

　　類似的現象亦見於 M2012 號季夫人墓、芮國墓地 M19、M26、M27、M28〔註20〕、平頂山應國墓地 M1〔註21〕、洛陽 C1M9950〔註22〕等兩周之際的高級貴族墓葬中。很顯然，在這一時期，死者的軀體開始被特別關注和處理，以使其得到更好的保存。戰國時期成書的《儀禮・士喪禮》篇中有關於小斂、大斂的詳細記載，應當亦是肇始於此時。玉殮具（幎目、含、握、瑱等）被認爲是漢代玉衣的前身〔註23〕，其目的旨在借用玉器的潔淨與永恒來保護死者軀體不至於腐朽〔註24〕，也即是余英時先生所提到的「不朽」的觀念〔註25〕。但這種「不朽」又並非是如金文中「難老」、「毋死」那樣所祈求的「世間不朽」（或者稱「永生」），而是死者體魄在地下世界的長存。這一方面反映出貴族們對於死後世界開始清晰並重視，而另一方面則是對「魂」與「魄」關係的認知：「魂氣」需依託「形魄」而存在，故唯有「形魄」長存和得到滿足，「魂氣」才能更長久的爲生人降福。當然此時對於「魄」的理解還是比較混亂的，並不像漢代那樣專指「形魄」〔註26〕，有時也常常被理解爲

〔註19〕河南省文物考古研究所等：《三門峽虢國墓》（第一卷），北京：文物出版社，1999 年。

〔註20〕陝西省考古研究所等：《陝西韓城梁帶村遺址 M19 發掘簡報》，《考古與文物》2007 年第 2 期；陝西省考古研究院等：《陝西韓城梁帶村遺址 M27 發掘簡報》，《考古與文物》2007 年第 6 期；陝西省考古研究所等：《陝西韓城梁帶村遺址 M26 發掘簡報》，《文物》2008 年第 1 期；陝西省考古研究院：《陝西韓城市梁帶村芮國墓地 M28 的發掘》，《考古》2009 年第 4 期。

〔註21〕河南省文物研究所、平頂山市文管會：《平頂山市北滍村兩周墓地一號墓發掘簡報》，《華夏考古》1988 年第 1 期。

〔註22〕洛陽市文物工作隊：《河南洛陽市潤陽廣場 C1M9950 號東周墓葬的發掘》，《考古》2009 年第 12 期。

〔註23〕高崇文：《試論先秦兩漢喪葬禮俗的演變》，《考古學報》2006 年第 4 期。

〔註24〕葛洪《抱朴子》：「金玉在九竅，則死者爲之不朽。」但在周代，因爲死者魂氣還需上達帝廷，所以斂玉尚無防止精氣外泄的功能，死者身體九竅也未見塞堵。

〔註25〕余英時：《東漢生死觀》23 頁，侯旭東等譯，上海古籍出版社，2005 年。

〔註26〕《禮記・郊特牲》：「魂氣歸於天，形魄歸於地，故祭求諸陰陽之義也。」《禮記・祭義》：「子曰，氣也者，神之盛也；魄也者，鬼之盛也。……眾生必死，死必歸土，此之謂鬼。骨肉斃於下，陰爲野土。其氣發揚於上，爲昭明、焄蒿、悽愴，此百物之精也，神之著也。」

寄託或形成肉體的一種存在，與魂一樣具有氣的特質，像《左傳·宣公十五年》：「十年後，原叔必有大咎，天奪之魄矣」，《左傳·昭公二十五年》：「心之精爽，是謂魂魄。魂魄去之，何以能久」，《左傳·昭公七年》：「人生始化曰魄，既生魄，陽曰魂。用物精多，則魂魄強，是以有精爽，至於神明」等，「魄」均與死後的軀體並無直接關聯〔註27〕，但魂與魄之間的密切聯繫則是一再被強調的。公元前515年吳公子季札在其子的葬禮上稱「骨肉歸復於土，命也。若魂氣則無不之也，無不之也」（《禮記·檀弓》），使用的即是「骨肉」而非「形魄」一詞。但同時又申明魂氣離開軀體而無所不至，這種死後「魂魄二分」的看法，就此決定了事鬼的重要性將不斷上升。

圖 77：三門峽虢國墓地 M2001 玉器出土情況圖

〔註27〕據余英時先生的研究，魄的本意是從月相演變而來，春秋時期與人的精神、知覺聯繫更為密切，「魂」的觀念是從南方地區傳入的，此後才逐漸形成了魂氣、形魄二元觀念。余英時：《東漢生死觀》134-137 頁，侯旭東等譯，上海古籍出版社，2005 年；Hu Shih, "The Concept of Immortality in Chinese Thought", Harvard Divinity School Bulletin, 1945-1946:30; 永澤要二：《魄考》，《漢學研究》n.s.2, 1964 年。

　　春秋時期墓葬中另一個重要的變化是「明器」的出現（狹義的明器）〔註28〕。像前述三門峽虢國墓地 M2001 號季墓中，實用禮器組合包括 7 鼎、6 簋、8 鬲、1 甗、4 盨、2 簠、2 鋪、2 方壺、2 圓壺、1 盤、1 盉，鑄造精細，裝飾華麗，器體厚重，銘文中亦有常見的「寶、旅」限定詞，故知當是宗廟祭器無疑；而明器組合則有鼎、簋、盤、盉、方彝、觚、爵、觶，以商式酒器爲主，單獨放置於槨室西南角偏東處，刻意與祭器分開。器形多矮小單薄，鑄造粗糙，紋飾分爲素面、重環、S 形竊曲紋等三種類型，簡率潦草，器腹、器底多實範土，完全不具備使用的可能。例如 3 件方彝（M2001：111.387.133）均是四坡式屋頂形蓋，與器身混鑄爲一體，無底，腹腔內實範土，無法盛物。1 件重環紋明器盉（M2001：117）也是蓋與器身混鑄，前部的流扁體實心，無底，腹腔內實範土，通高僅 9.4 釐米，遠遜於通高 22.6 釐米的實用龍紋盉（M2001：96）〔註29〕。同樣的現象亦見於虢國墓地 M2012（虢季之妻）、M2016、M2017（虢季侍從）、M2006（孟姞）、M2008（虢宮父）、晉侯墓地 M62、M63（晉穆侯夫婦）、M93、M102（晉文侯夫婦）、平頂山應國墓地 M1、M8、M95（應侯）、洛陽 C1M9950（5 鼎）、C1M9934（3 鼎）、韓城梁帶村芮國墓地 M27（芮桓公，商式酒器直接取用前代傳世之物）、M502 等兩周之際的貴族墓葬中〔註30〕，是這一時期近畿地區重要的文化變遷現象。

〔註28〕 林澐先生對明器有專門的討論，將其區分爲「廣義的明器」和「狹義的明器」兩類，廣義的明器是指一切鑄造粗糙的器物，而狹義的明器則是合乎儒家思想所指的、專致於鬼神的器物，本文這裡使用的是狹義的明器概念，參看林澐：《周代用鼎制度商榷》，《史學集刊》1990 年第 3 期。

〔註29〕 河南省文物考古研究所等：《三門峽虢國墓》（第一卷），北京：文物出版社，1999 年。

〔註30〕 河南省文物考古研究所等：《三門峽虢國墓》（第一卷），北京：文物出版社，1999 年；河南省文物考古研究所等：《上村嶺虢國墓地 M2006 的清理》，《文物》1995 年第 1 期；河南省文物考古研究所、三門峽市文物考古研究所：《河南三門峽虢國墓地 M2008 發掘簡報》，《文物》2009 年第 2 期；山西省考古研究所、北京大學考古系：《天馬──曲村遺址北趙晉侯墓地第四次發掘》，《文物》1994 年第 8 期；北京大學考古系、山西省考古研究所：《天馬──曲村遺址北趙晉侯墓地第五次發掘》，《文物》1995 年第 7 期；洛陽市文物工作隊：《河南洛陽市潤陽廣場 C1M9950 號東周墓葬的發掘》，《考古》2009 年第 12 期；山西大學歷史文化學院、洛陽市文物工作隊：《河南洛陽市潤陽廣場東周墓 C1M9934 發掘簡報》，《考古》2010 年第 12 期；河南省文物研究所、平頂山市文物管理委員會：《平頂山市北滍村兩周墓地一號墓發掘簡報》，《華夏考古》1988 年第 1 期；河南省文物研究所、平頂山市文物管理委員會：《平頂山應國墓地九十五號墓的發掘》，《華夏考古》1992 年第 3 期。河南省文物考古研究

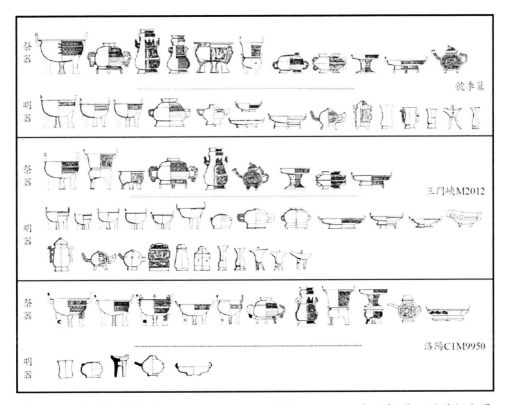

圖 78：三門峽虢國墓地 M2001、M2012、洛陽 C1M9950 出土祭器、明器組合圖

　　當然，銅器的「明器化」（廣義的明器）早在西周中期的關中地區就已經出現，而且還伴以鉛製明器現象。如 81 扶風強家 M1（西周中期）中，食器和水器均爲實用銅器，而水器則明顯「明器化」〔註31〕；73 劉家 M1（西周中期）中同樣是食器和酒器爲實用器，水器使用鉛器〔註 32〕。但不同的是，這些鉛器和銅明器主要是用於補充原有祭器組合的不足，而並未形成自己獨立的組合形式，應主要是基於經濟上的考慮。

　　在晚出的禮制文獻《儀禮》與《禮記》兩書中均有關於周人兼用祭器、明器的記載。《禮記‧檀弓上》云：「仲憲言於曾子曰：『夏后氏用明器，示民無知也；殷人用祭器，示民有知也；周人兼用之，示民疑也。』曾子曰：『其

所等：《河南平頂山應國墓地八號墓發掘簡報》，《華夏考古》2007 年第 1 期；陝西省考古研究院等：《陝西韓城梁帶村遺址 M27 發掘簡報》，《考古與文物》2007 年第 6 期；陝西省考古研究院等編著：《梁帶村芮國墓地——二零零七年度發掘報告》，北京：文物出版社，2010 年。
〔註31〕周原扶風文管所：《陝西扶風強家一號西周墓》，《文博》1987 年第 4 期。
〔註32〕羅西章：《扶風出土的商周青銅器》，《考古與文物》1980 年第 4 期。

不然乎？其不然乎？夫明器，鬼器也；祭器，人器也。夫古之人胡爲而死其親乎？』仲憲認爲周人兼用明器、祭器是由於對人死之後是否有知的疑惑，曾子則反駁說明器應是鬼器，爲事鬼神、神明之器。祭器應是人器，爲生人宗廟祭祀之器，死後則代表其生前的爵秩。很顯然，曾子的觀點是儒家學者所認可和提倡的，孔子歷來主張：「之死而致死之，不仁而不可爲也。之死而致生之，不知而不可爲也。是故竹不成用，瓦不成味，木不成斮，琴瑟張而不平，竽笙備而不和，有鍾磬而無簨。其曰明器，神之也」（《禮記・檀弓上》），明器正是在喪時製作、致送於神明的不成用之物，它的出現亦反映了對於地下之鬼需求的感知。不過儒家學派一直堅信「生死有別」（人死而無知），只是出於社會統治穩固的需要，往往對這一問題採取了迴避的態度〔註33〕，故而並不認爲人死之鬼有眞實的飲食、起居需要，只需以不能成用的明器來宣揚孝道即可。

《儀禮・士喪禮》篇中同樣涉及明器、祭器的區別：大遣奠前會將喪葬中所涉及的器物都擺放在庭院中，首先即是明器，「陳明器於乘車之西」，又被稱爲「行器」，「（大遣奠畢）行器，茵、苞、器序從，車從。」鄭注：「（行器者）目葬行明器，在道之次。」賈疏：「包牲訖，明器當行鄉壙，故云『行器』」。其次是苞、筲、甕、甒等飲食物以及生前常用的「用器」，最後便是「祭器」。但「士禮略」所以無祭器（「無祭器」，鄭注：「士禮略也」），按其例則大夫以上當有祭器（《禮經釋例》），鄭玄即云「大夫以上兼用鬼器、人器也」，所引的正是《禮記》曾子之言。

因此上述考古所見的兩套組合形式頗能吻合於禮制文獻中有關「祭器」與「明器」的定義。而且相比於祭器組合之間嚴格的數量等差，明器器類的數量則比較隨意，虢季墓有 3 鼎、3 簋、3 方彝、3 爵、2 觶等，M2012 爲 6 鼎、6 簋、5 方彝、4 爵、6 觶等，很顯然既無法代表墓主人的身份，也不能用於宗廟祭祀活動中（無法置辦饗食），應是喪時倉促而做、備於死者在地下

〔註33〕如漢代劉向的《說苑》中就記載：「子貢問孔子：『人死，有知將無知也？』孔子曰：『吾欲言死人有知也，恐孝子妨生以送死。吾欲言死者無知也，恐不孝子孫棄親不葬也。賜欲知人死有知將無知也，死徐自知之，猶未晚也。』」王充《論衡》進一步指出：「孔子非不明死生之實，其意不分別者，亦陸賈之語指也。夫言死無知，則臣子倍其君父。故曰：『喪祭禮費，則臣子恩泊；臣子恩泊，則倍死亡先；倍死亡先，則不孝獄多。』聖人懼開不孝之源，故不明死無知之實。」

所用的器物，故但求多致以示盡愛而已。這與前述對死者軀體的裝殮一樣，都反映了貴族們對於鬼以及死後世界（地下世界）的逐漸重視和認知。祭器事神而明器事鬼，這是此後禮制實踐的一個重要分界線。而之所以首先使用明器化的商式酒器，一方面是由於該地區曾居住著大量的商遺民，對製作商式器物有一定的瞭解，而另一方面則是早期禮制遵循「生死有別」原則的體現〔註34〕。

〔註34〕周禮中事生人之法講究在合乎身份等級的前提下「尚文」、「盡味」，以滿足人體的各種欲望。例如生人之服（吉服）有冕服、弁服、冠服等諸多種類，分用於不同的禮儀場合，綵章繁縟，配飾複雜，布料精細。光冕服天子即有六種之多，大裘、袞冕（金文「玄袞衣」）、鷩冕、毳冕、絺冕、玄冕（金文「玄衣黻純」）。衣畫文，裳繡章，用布三十升，文、章的數量和內容各有等差。而事死者的喪服（凶服）雖有五類（五服），但多用布粗糙，配飾簡略，如斬衰，冠法吉服弁冠，但用布六升，繫以麻繩，苴麻絰（首帶與腰帶），菅（草）屨，上服（衰）下裳用布三升，苴竹杖。與生人之服迥異。
又如《周禮·天官·醢人》記載宗廟祭祀時（事鬼神）天子用加豆八件，分裝芹菹、兔醢、深蒲、醓醢、箈菹、雁醢、筍菹、魚醢；而《儀禮·公食大夫禮》在宴饗生人時下大夫就可以用到加豆十六件，所薦者包括膷、臐、膮、牛炙、醢、牛胾、醢、牛鮨、羊炙、羊胾、醢、豕炙、醢、豕胾、芥醬、魚膾，分為四列擺放並以西北為上（「旁四列，西北上」），而上大夫則「庶羞二十（二十豆），加於下大夫以雉、兔、鶉、鴽」，遠遠超過了天子宗廟之制，即是生人進食尚味之故。另外生人進食還會配上兩件盛醯醬之豆（不見於宗廟祭祀之中），也是因為鄭玄所稱的「生人尚褻味」。
而人一旦死後，便沒有了知覺和欲望，所以事鬼神之法主要遵循「尚質」、「示敬」的原則。例如若是事生人之禮，則載體（牲、臘之肉）進膝（骶），如鄉射、鄉飲酒、公食大夫禮、小斂、大斂奠（未忍遽異於生也，尚以生人之禮事尸）、士虞禮（變禮反吉）等。「膝」是皮、膚之理，進其理則本（骨之上端）在前，肉多味美（生人尚味）之故。若是事鬼神之禮，則載體進末（下），如特牲、少牢饋食禮等，「末」是骨之終，尚質之故（鄭注：「變於食生」）；薦魚時亦然，若生人食用則進「鰭」，也就是魚脊，少骨鯁且肉美，因為生人尚味。若事鬼神則進「腴」，因為腴是氣之所聚，而鬼神尚氣。而且魚的數量也十分有講究，士昏禮時「魚十有四」鄭注：「凡魚之正，十五而鼎，減一為十四者，欲其敵偶也。」其他事生人之禮則各依其命數，《儀禮·公食大夫禮》：「魚七，縮俎，寢右。」「明日，賓朝服拜賜於朝……魚、腸胃、倫膚，若九若十有一，下大夫則若七若九。」鄭注：「此以命數為差也。」若事鬼神則無論尊卑皆用十五條，如特牲、少牢禮。《儀禮·特牲饋食禮》：「魚十有五」鄭注：「魚，水物，以頭枚數，陰中之物，取數於月十有五日而盈。」士喪、士虞禮因喪祭略而僅用九隻（《儀禮·士虞禮》）。此外還有象生人衣服右衽而死者左衽、生人南首而死者北首等等，事生與事死的差別在周禮記載中比比皆是，不勝枚舉。

　　與這兩個變化趨勢相應的是，《左傳》中也出現了對「歸鬼」的詳細描述，最著名的例子當屬鄭國子產對「伯有之亂」的評論（《左傳·昭公七年》）：「人生始化曰魄，既生魄，陽曰魂。用物精多，則魂魄強，是以有精爽，至於神明。匹夫匹婦強死，其魂魄猶能馮依於人，以爲淫厲……（伯有）其用物也弘也，其取物也多矣，其族又大，所馮厚矣。而強死，能爲鬼，不亦宜乎？」這裡有兩點十分值得注意：一是「用物精多，則魂魄強，是以有精爽，至於神明」，說明唯有「用物精多」之人死後方能「至於神明」，昇天爲神成了高級貴族的特權，普通人則被剝奪了成爲神祇的資格。如後世的道教造神運動一樣〔註35〕，神祇之間也出現了階級化差別；其二是厲鬼歸來、復仇或危害人間的概念，即「匹夫匹婦強死，其魂魄猶能馮依於人，以爲淫厲」，而解決的辦法就是使魂得到適當的歸宿（如爲伯有立後奉祀，使其魂魄不至於餒）。

　　這種歸宿（地下世界）在中原地區被稱作「黃泉」、「下土」或「下都」，亦是這一時期始見於文獻、金文之中。《左傳·隱公元年》有著名的鄭莊公「黃泉見母」的故事，「不及黃泉，毋相見也」杜預注云：「黃泉，地中之泉」，原是指地下之意，爲死者埋藏之所，故可用來代指死亡，亦見於《荀子·勸學》、《孟子·滕文公下》等著作中，但何時開始具有今日習見的「鬼魂聚集之所」的概念尚不得而知；「下土」一詞見於「哀成叔鼎」銘，曰：「嘉是佳（唯）哀成叔之鼎，永用禋祀，□於下土，臺（以）事康公，勿或能怠」〔註36〕，就明言哀成叔死後在「下土」繼續「以事康公」；「下都」則見於「鄭藏（莊）公之孫鼎」，銘曰：「佳正六月吉日唯己，余鄭藏公之孫，余刺之□子臕，作鑄□彝，以爲父母。其□於下都曰：『嗚呼，哀哉！刺叔刺夫人，萬世用之』」〔註37〕，顯然也是認爲其祖先在於「下都」。

　　在南方則被稱爲「幽都」，戰國時期成書的《楚辭·招魂》篇中有：「魂兮歸來，君無下此幽都些」，王逸注云：「幽都，地下后土所治也。地下幽

〔註35〕任繼愈主編：《中國道教史》，上海人民出版社，1989年；傅勤家：《中國道教史》，商務印書館，2011年。

〔註36〕洛陽博物館：《洛陽哀成叔墓情理簡報》，《文物》1981年第7期。釋文參見趙振華：《哀成叔鼎的銘文與年代》，《文物》1981年第7期；張政烺：《哀成叔鼎釋文》，《古文字研究》第五輯，中華書局，1981年；蔡運章：《哀成叔鼎銘考釋》，《中原文物》1985年第4期。

〔註37〕黃錫全、李有才：《鄭藏公之孫鼎銘考釋》，《考古》1991年第9期。

冥，故稱幽都」。「幽都」本來是指北方偏遠之地，《尚書・堯典》：「申命和叔宅朔方，曰幽都」，此後爲南方的楚人所借用，因其爲極寒之地，適宜於陰氣聚集，故引申爲靈魂的安置所，裏面又有土伯、敦肷、參目等官吏或惡獸。這些死者之所的特定稱謂與前述考古所見貴族對地下世界的重視趨勢是一致的，漢代以後爲了便於對「鬼」的集中管理，又進一步創造出「蒿里」、「梁父」（泰山之旁）的概念，專聚「人死魂魄」，並設置泰山君、地下二千石、地下都尉、魂門亭長、丘丞、墓伯、墓長、墓令等各級官吏管轄，儼然已與生世無別〔註 38〕。天廷、人世、地下三者的區分，在漢墓壁畫中也不斷得到強化〔註 39〕。

雖然春秋中期之後明器形式的商式酒器不再出現，但其所代表的思想觀上的轉變，即對鬼回歸人間並對人世活動產生影響的認知（「人死輒爲神鬼而有知，能形而害人」）、以及貴族對死後世界和死後存在、需求的重視，卻對墓葬的營建和隨葬品的選擇上產生了極其深遠的影響：地下的鬼與天廷的神分屬二元系統，敬神與事鬼分離，專門事鬼的明器比例不斷增加。而且人們還逐漸認爲鬼（所依附的形魄）與生人有著同樣的需求，講究美食佳肴、良宅美眷，所以喪葬活動的原則也漸次由「生死有別」轉變爲「事死如生」。

第三節　戰國時期的生死觀

戰國之後，隨著從對死者生前身份到死後生活關注的轉變，貴族墓葬中開始大量出現死者生前日常所用的物品，包括服飾、衾被、床、幾、耳杯、梳、篦、奩、鏡、扇、掃帚、筆墨等。正如在包山二號楚墓（下葬於 316BC，楚左尹邵佗之墓）遣策中，除去「大兆之金器」、「食、飲室之金器」兩欄外，尚有「相尾之器所以行」一欄，所錄的正是各種冠服、安寢、梳妝用具，對應的實物也被精心地安排在西室和北室之內〔註 40〕。同樣的記載亦普遍見於

〔註38〕　王育成：《考古所見道教道教簡牘考述》，《考古學報》2003 年第 4 期；黃景春：《早期買地券、鎮墓文整理與研究》，華東師範大學博士學位論文，2004 年。

〔註39〕　如馬王堆一號漢墓帛畫從上至下即被分爲天廷、人世、地下三個場景，參看湖南省博物館、中國社會科學院考古研究所：《長沙馬王堆一號漢墓》，文物出版社，1973 年。

〔註40〕　湖北省荊沙鐵路考古隊：《包山楚墓》及附錄一：《包山二號楚墓簡牘釋文與考釋》，文物出版社，1991 年。

曾侯乙墓遣策〔註41〕、信陽簡〔註42〕、望山簡〔註43〕等。法國學者杜德蘭（Alain Thote）在總結這一現象時稱，「戰國時期楚墓中常見的私人物品如梳子、鏡子、帶鈎、隨身武器、樂器、竹箱、席子、枕頭、扇子和酒食用具等，構成了陪葬品中的一個新的門類」〔註44〕。巫鴻先生則將其定義爲「生器」（生時所用之器）〔註45〕，此概念最早由荀子提出（《荀子・禮論》），並爲鄭玄所認可，且將其與明器相對應〔註46〕，用在此處是十分恰當的。

　　同時許多楚國貴族墓葬中還會用竹笥、陶罐等裝上各種美食來奉獻給死者。例如在江陵馬山一號墓中，糧食類食品被單獨放在一件大的竹筐中，各類肉食如羊、雞、麻雀等則被分別放入邊箱的九件竹笥中〔註47〕；而身份等級更高的包山二號墓中，不僅竹笥容積更大、食物品種更多（已辨別的有豬、雞、栗、棗、柿、生薑、蓮藕、菱角等），還有 12 件密封完好的陶罐來盛放各種調味品如菹、醢、脯等，與周禮所記載的籩豆所盛五齊（齏）、七菹（皆菜合肉，細切爲齏，全物若䐑爲菹）、七醢、三臡（皆乾肉漬鹽及美酒，百日乃成。無骨曰醢，有骨曰臡）之物頗有類似之處，自然其製作出來的食物也就更加味美可口了。而這正是事生人之法所講究的「盡味」原則（鬼神尚質、尚氣）。《禮記・檀弓上》中記載「宋襄公葬其夫人，醯醢百甕」雖然遭到了曾子的譏諷（「既曰明器矣，而又實之」），卻也許正是當時時代的眞實寫照。

　　更特別的是，楚國貴族墓中開始仿造生前的居室對墓內進行分室處理，並將隨葬品嚴格的按照其性質放入不同的空間中，例如祭器在東室或頭箱（亦在東，以楚貴族墓頭皆朝東），生活用器多在西室或腳箱，車馬、兵器則主要在

〔註41〕 湖北省博物館：《曾侯乙墓》及附錄一：《曾侯乙墓竹簡釋文與考釋》，中國社會科學院考古研究所編，文物出版社，1989 年。墓內出土的生活用器被精心的放置在 5 件衣箱、1 件酒具箱、2 件食具箱中。

〔註42〕 河南省文物研究所：《信陽楚墓》及附錄：《信陽楚簡釋文與考釋》，中國社會科學院考古研究所編，文物出版社，1986 年。

〔註43〕 湖北省文物考古研究所：《江陵望山沙冢楚墓》及附錄二：《望山 1、2 號墓竹簡釋文與考釋》，文物出版社，1996 年。

〔註44〕 Alain Thote, "Continuities and Discontinuities: Chu Burials during the Eastern Zhou Period", in R, Whitfield and Wang Tao, eds., Exploring China's Past: New Discoveries and Studies in Archaeology and Art, pp. 189-204, Saffron International Series in Chinese Archaeology and Art, 2000.

〔註45〕 巫鴻：《「生器」的概念與實踐》，《文物》2010 年第 1 期。

〔註46〕 《儀禮・士喪禮》：「陳明器於乘車之西」，鄭注：「明器，藏器也。《檀弓》曰：『其曰明器，神明之也。』言神明者，異於生器。」

〔註47〕 湖北省荊州地區博物館：《江陵馬山一號楚墓》，文物出版社，1985 年。

邊箱，罕有例外〔註48〕。而在戰國晚期的長沙地區，楚人更將墓室之間打通，僅以梁柱分隔，並配上可以開關的門窗結構〔註49〕，儼然已與生前的寢居無異。

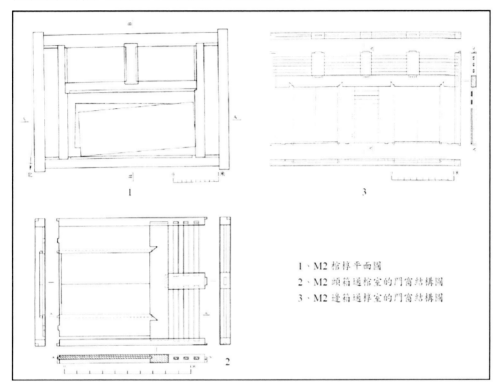

圖79：荊州高臺二號墓槨室及門窗結構圖

　　由此，從用具、食物、居所等各個方面，楚人都爲其死去的祖先精心營造了一個完全仿造生前的「地下生活世界」。而且這種生活是如此的眞實、精緻，完全與奉養生人之法相同。無怪乎荀子會稱：「具生器以適墓，象徙道也」（《荀子·禮論》），此時的喪葬確實就如同是給死去的親屬搬家一樣。

　　中原地區的貴族墓葬中也有類似的趨勢，只是其生活用器的比例要略低於楚墓而已，當然這部分是由於保存不善所致（尤以漆器爲甚）〔註50〕。例如在

〔註48〕郭德維《楚系墓葬研究》，湖北教育出版社，1995年。

〔註49〕湖南省博物館等：《長沙楚墓》，文物出版社，2000年。

〔註50〕另一方面也可能與文化傳統的差異有關。從意識到要爲死去的祖先專門製作一套「彼世」使用的明器開始，到完全將生前的生活複製到墓葬之中，這一變化過程必定是緩慢和艱巨的，尤其是在儒家、墨家（反對厚葬）和禮制思想盛行的中原地區，因爲它違背了周禮有關事生與事死有別的基本原則。而且禮制本來就不甚重視世俗的生活，鐘鳴鼎食、進退揖讓，儀節繁縟而嚴格，

山西太原晉國趙卿墓中（春戰之際），生活用具就包括青銅製成的甗、甑、釜、罐、耳杯、缽、帶鉤、鏡、量、氈帳等〔註51〕，輕巧簡便，樸素實用，但組合傾向於田獵、軍旅生活而並不能涵蓋生活的其他方面。類似的氈帳在河北平山M1 中山王墓中也見到有一件，並與兵車同出，故可以斷定爲軍帳無疑。不過相較於趙卿墓，中山王墓內又多出了漆碗、盤、圓盒、方盒、盆、壺、鼎等生活飲食用具（皆已腐朽）以及四龍四鳳方案、十五連盞燈、錯銀雙翼神獸、漆木屏風、方形小帳等爲一套的議事居所（宮廷）擺設〔註52〕，生活的氣息又似乎顯得更加濃厚了。公元前 239 年成書的《呂氏春秋》中有《節喪》一篇，正反映了戰國以來中原地區的厚葬趨勢，「國彌大，家彌厚，含珠鱗施，夫玩好貨寶，鍾鼎壺濫，輿馬衣被戈劍，不可勝其數。諸養生之具，無不從者。題湊之室，棺槨數襲，積石積炭，以環其外」，所遵循的亦是「事死如生」的原則。

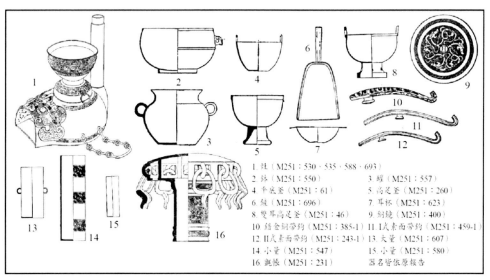

圖 80：山西太原金勝村 M251 趙卿墓出土銅製生活用具

同時，這一時期的青銅器裝飾中也開始大量出現反映現實生活場景的刻畫圖案，紋飾佈局、內容共性較強，應是基於相近的粉本，且多集中於壺、盤、

終非燕居安體之道。隨著人們對於世俗生活關注程度的提高，黃鐘大呂必定難敵鄭衛清音，鼎簋籩豆亦讓步於釜甑倉灶、漆盤耳杯，禮制最終也就慢慢淡出了普通人的視野；而在周禮束縛相對較輕的楚國，自古以來便是巫術思想盛行的區域（如《楚辭》所示），戰國時期又主要信奉莊老思想，對於鬼神有著強烈的信仰和認知感，所以在「事鬼」的事宜上有著更爲強烈的熱情。

〔註51〕山西省考古研究所等：《太原晉國趙卿墓》，文物出版社，1996 年。

〔註52〕河北省文物研究所：《㣥墓——戰國中山國國王之墓》，文物出版社，1995 年。

匜等水器之上。正如葉小燕在《東周刻紋銅器》中指出：「刻紋銅器最習見的花紋是用寫實的方法在器壁上刻出人物、禽獸、臺榭樓閣、園囿、樹木、車馬等等，生動活潑地把春秋戰國時期的社會生活再現於器壁之上」〔註53〕。刻畫圖像的內容主要包括四種：宴飲、田獵、弋射和征戰。其中宴飲場景（如陝縣後川 M2144：7、M2042：8 銅匜〔註54〕）多以一棟高臺建築爲中心，屋內設案陳尊、屋外列鼎烹煮，主賓之間或階上揖讓、或對坐勸飲，奴僕們則奉走左右。臺榭前後還另設有編鍾編磬、笙竽琴瑟，奏樂者或跪或立，旁以翩翩起舞的長袖舞者；田獵場景（如輝縣趙固 M1 銅盤〔註55〕）則多以一乘田車爲中心，單轅雙輪，駟馬而駕，御者與乘者分列左右，其周圍野獸飛奔，侍者林立；弋射場景（如鳳翔高王寺銅壺〔註56〕）既有張侯習射者，亦有臥射飛禽者；而水陸攻戰圖則幾乎囊括了當時所能見到的各種戰爭形式，像水戰、攻城戰、野戰等，同時也具體描述了從出征、殺伐到獻虜、賞賜等戰鬥中的各個環節（如山彪鎮 M1：56 銅鑒〔註57〕），不同地域內出土的水陸攻戰圖都具有極強的共性，表明其意圖體現的是一種虛擬的、想像的戰鬥場景，而與器物擁有者無關，重在展示戰爭的殘酷與榮耀。這些反映貴族們「笙歌犬馬、殺伐征戰」的圖像被墓主人帶到了地下世界，很顯然是希望能夠在彼世依然過著如此生一樣的生活，具體而微的圖像資料正是最好的憑託，它們是整個時代風氣下的產物。

圖 81：汲縣山彪鎮 M1 出土水陸攻戰紋銅鑒

〔註53〕 葉小燕：《東周刻紋銅器》，《考古》1983 年第 2 期；相似的研究還包括武紅麗：
《東周畫像銅器研究》，中央美術學院碩士學位論文，2008 年；賀西林：《東
周線刻畫像銅器研究》，《美術研究》1995 年第 1 期。
〔註54〕 中國社會科學院考古研究所編著：《陝縣東周秦漢墓》，科學出版社，1994 年。
〔註55〕 中國科學院考古研究所：《輝縣發掘報告》，科學出版社，1956 年。
〔註56〕 韓偉等：《陝西鳳翔高王寺戰國銅器窖藏》，《文物》1981 年第 1 期。
〔註57〕 郭寶鈞：《山彪鎮與琉璃閣》，科學出版社，1959 年。

　　事實上儒家學者對這一社會領域的巨變也是有著深刻的認知。在春秋時代，孔子對用生活器具隨葬的現象表示了深惡痛絕的反對，「哀哉死者，而用生者之器也，不殆於用殉乎哉」（《禮記・檀弓上》）。但在時代的潮流面前，其最終也只是採取了默然的態度。成書於戰國時期的《儀禮》一書就明確的將這種現象記入了《士喪禮》篇中：最後放入墓葬中的不僅僅有上文提到的用器（「弓矢、耒耜、兩敦、兩杅、盤、匜」），還有燕樂器（「無祭器，有燕樂器可也」）甲、冑、干、笮之類的役器（師役之器）以及杖、笠、翣之類的燕器（燕居安體之器），《禮記・曲禮下》中又稱之為「養器」，均是在戰國之前所罕見的隨葬品種類，而注經者對此並無異議。荀子也對孔子的觀點及時作出了調整，《荀子・禮論》中就稱：「喪禮者，以生者飾死者，大象其生以送死也。故如死如生，如亡如存，終始一也。……（生器）象徙道，又（明器）明不用也，是皆所以重哀也。」儘管依舊強調生與死應該有所區別，但已經承認在對待死者時可以生器、明器兼用了，以表達對死者如生時一樣的尊敬（「示不負死以觀生也」）。

　　這一時期南方出土的卜筮祭禱簡、日書等文字資料中也將「鬼」之於人世的各種危害進行了系統的分類描述。劉信芳先生稱，「秦漢之時（實始自戰國中期），鬼怪之說猖獗，其時上至宮廷貴族，下及村夫野婦，十分重視驅除鬼魅以求無病災之虞」〔註58〕。像睡虎地日書《詰咎》篇中就記載有陽鬼、丘鬼、厲鬼、棘鬼、孕鬼、哀鬼、暴鬼、遊鬼等40餘種鬼怪以及對應的症狀和驅除之法〔註59〕。楚國卜筮祭禱簡中亦普遍認為疾病是鬼怪作祟所致，因此首先需「卜筮求祟」，然後再以相應的攻解之法或祭或禱（稱為「敓」），對象包括太、社、后土、司命、司禍、宮地主、野地主、行、大水、二天子、楚人祖先、已亡父母兄弟等各類天神、地祇和人鬼（祈福）〔註60〕。

〔註58〕　劉信芳：《日書驅鬼術發微》，《文博》1996年第4期。

〔註59〕　睡虎地秦墓竹簡整理小組：《睡虎地秦墓竹簡》，文物出版社，2001年；劉樂賢：《睡虎地秦簡日書〈詰咎篇〉研究》，《考古學報》1993年第4期；劉信芳：《日書驅鬼術發微》，《文博》1996年第4期；劉釗：《談秦簡中的精怪》，《出土簡牘文字叢考》，臺灣書房，2004年。

〔註60〕　陳偉：《包山楚墓初探》，150～172頁，武漢大學出版社，1996年。

這種「重鬼」（死人有知）的觀念映像到墓葬活動中，必然是「偶人以侍屍柩，多藏食物以歆精魂」乃至「破家盡業，以充死棺，殺人以殉葬，以快生意」（《論衡‧薄葬》），來滿足地下之鬼的各種欲望和需求，使其有所憑依而不至在人間遊蕩爲禍。

但是，相比於「事鬼」的不斷受到重視，普通貴族和庶民們對於以「敬神」爲原則的宗廟祭祀事宜卻逐漸失去了原有的關注和熱情，廟祭逐漸演變爲墓祭，墓葬中與身份等級相關的祭器出現微型化、模型化的趨勢，鑄造粗糙（多因灌澆不足導致在器物表面產生許多空洞），紋飾簡略，器體輕薄，或者直接以仿銅陶禮器取代，但形制、數量、組合又與祭器無異。例如在戰國時期臨淄地區的齊國貴族墓葬中（單家莊 M2、相家莊 M3、淄河店 M2 等）〔註61〕，手製、實心的小型陶明器和銅器、仿銅陶禮器往往共出，證明時人對於明器和仿銅陶禮器之間有著明確的區分，仿銅陶禮器只是青銅祭器的一種簡化的替代形式，含義上仍然是爲了突出死者的身份爵秩。又如在河南平頂山 M10 楚國貴族墓葬（戰國初年）中，宗廟祭器如箍口鼎 4 件、子母口高蹄足蓋鼎 1 件（共同湊成列鼎一套 5 件）、敦（盞）2 件、尊缶 2 件、浴缶 1 件、盤 1 件、匜 1 件等均是銅製，而另有 3 件束腰平底升鼎、4 件方座簠、4 件扉棱鬲、2 件簋、2 方壺等均作陶製〔註62〕。從其他高等級楚墓的隨葬品組合共性來看，很顯然這些仿銅陶禮器是用於補充青銅禮器組合之不足，屬祭器範疇，而不能理解爲儒家意義上致送地下鬼神、不可使用的明器。這種青銅祭器微型化、模型化的過程通常被稱作「禮制的世俗化」，是戰國中後期以來社會領域的巨大變革之一，而生死觀的變遷在這其中也扮演了十分重要的角色〔註63〕。

〔註61〕山東省文物考古研究所編著：《臨淄齊墓》，文物出版社，2007 年。

〔註62〕河南省文物考古研究所等：《平頂山應國墓地十號墓發掘簡報》，《中原文物》2007 年第 4 期。

〔註63〕巫鴻先生認爲，上述現象的出現是由於社會結構的巨變、以及軍事鬥爭的需要促使許多出身寒微的新興貴族階層崛起，他們對於個人功業的重視程度遠甚於之前對家族傳統和出身的追求，宗廟祭祀所祈求的福祉不再是社會安身立命之本，參看 Wu Hong, Art and Architecture for the Dead, The Cambridge History of Ancient China, pp.707-744, Cambridge University Press. 1999.

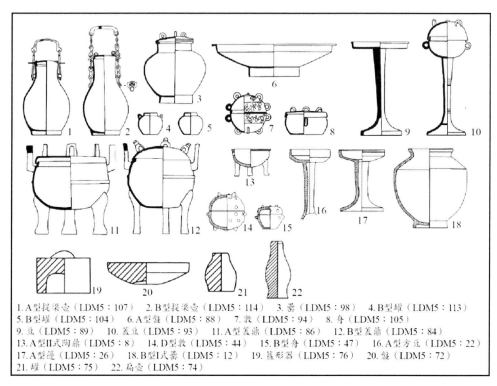

1. A型提梁壺（LDM5：107） 2. B型提梁壺（LDM5：114） 3. 罍（LDM5：98） 4. B型罐（LDM5：113）
5. B型罐（LDM5：104） 6. A型盤（LDM5：88） 7. 敦（LDM5：94） 8. 舟（LDM5：105）
9. 豆（LDM5：89） 10. 蓋豆（LDM5：93） 11. A型蓋鼎（LDM5：86） 12. B型蓋鼎（LDM5：84）
13. A型II式陶鼎（LDM5：8） 14. D型敦（LDM5：44） 15. B型舟（LDM5：47） 16. A型方豆（LDM5：22）
17. A型簋（LDM5：26） 18. B型I式罍（LDM5：12） 19. 蓋形器（LDM5：76） 20. 盤（LDM5：72）
21. 罐（LDM5：75） 22. 扁壺（LDM5：74）

圖 82：臨淄東夏莊 M5 出土銅禮器、仿銅陶禮器、陶明器組合圖

小 結

　　綜合上文論述，可以初步地認爲，周代生死觀變遷的一個重要體現便是對死者死後存在方式認知的轉移：從以敬神爲中心逐步過渡到以事鬼爲對待祖先的主要關注方面。西周時期，喪葬與祭祀活動均以祈求成爲神祇的祖先降福爲核心目的，對於「鬼」的認知尚是十分模糊和簡單的；至春秋以後，魂與魄對立的觀念開始形成，貴族們逐漸意識到死後世界的存在，以及祖先在地下的各種需求，於是，有別於祭器、而專致於鬼神的明器開始大量出現，死者的軀體也被隆重而謹愼地裝殮，使其能夠保證魂靈長久地爲生人服務；但戰國之後，昇天爲神被塑造成一件十分困難的事情，敬神日漸成爲統治階層、國家政權的政治工具，而遠離普通民衆，宗廟祭祀（代表出身血統）也不再對個人的活動產生決定性的影響〔註 64〕。對於單個家庭而言，他們更關

〔註64〕普通民衆也會在鄉社、家廟中舉行一些小型的祭祀活動，但主要是針對行、道、中霤、灶、門等與日常生活息息相關的神祇，這在墓葬中很難有所體現，故略而不提。

心的是，爲死去的祖先之鬼找到合適的依託，使其在地下世界黃泉、幽都能夠過著如生時一樣的生活，從而不再返回人間爲禍。於是，墓祭開始變得流行，墓葬的結構和隨葬品的選擇也都以「事死如生」的原則來進行，大量生前使用的物品被陸續放入到墓葬中，從而使得隨葬青銅禮器的種類、規模、數量不斷增加（祭器、明器、用器等）。但是由於祖先「神性」逐漸褪去，人們對待死者更強調「避禍」而非「祈福」，於是最初推動青銅禮器興盛繁榮的理論基礎——爲祖先奉送祭祀之物來祈求庇祐便在普通民眾和新興貴族中間失去了意義，再輔以其他社會政治、經濟因素（如戰爭、社會階層變革、資源限制等）的推動，最終導致了青銅禮器不可抑止地走向世俗化、生活化。

第十二章　漢淮、吳越地區青銅禮制初論

　　高明先生在其專論《中原地區東周時代青銅禮器研究》一文中首次將東周時代的青銅文化劃分爲四大中心：中原地區、南方地區、北方地區（草原地帶）和山東地區〔註1〕。隨後朱鳳瀚先生《中國青銅器綜論》一書又進一步完善爲中原地區、山東地區、漢水以北及淮水流域地區、漢水流域及長江中游地區（楚文化區）、長江下游地區、關西地區（關中）六大區域性的青銅文化圈〔註2〕。這種分區主要是基於青銅禮器的形制、紋飾、組合上的差別，而如果從青銅禮器使用制度的角度考慮，正如前文中所述，中原地區、山東地區、南方楚文化區（漢水流域及長江中游地區）和關中地區無疑是具有著自身獨特禮器制度的「禮制中心」（Ritual Core），但像漢水以北及淮水流域（本章簡稱「漢淮地區」）、長江下游地區（吳越地區）是否也具有著同樣的禮制地位，抑或僅僅是這些禮制中心的「半邊緣地帶」（semi-periphery）〔註3〕，將是本章希望嘗試探討的問題。當然，由於考古資料的不完善和不系統，這種討論仍是十分初步和粗淺的，但對於認識整個東周時代的禮制文化格局和傳播方式無疑是頗有裨益的。

第一節　漢淮地區青銅禮器制度

　　在楚人崛起於南土之前，漢水以北至淮河流域曾分佈著眾多小國。《左

〔註1〕高明：《中原地區東周時代青銅禮器研究》，《考古與文物》1981年2～4期。
〔註2〕朱鳳瀚：《中國青銅器綜論》，上海古籍出版社，2009年。
〔註3〕這裡使用美國學者伊曼紐爾・沃勒斯坦（Immanuel Wallerstein）於1974年出版的《現代世界體系（第一卷）：16世紀資本主義農業和歐洲世界歐洲的起源》（Morderm World-System I : Capitalist Agriculture and the Origins of the European World -Economy in the Sixteenth Century）一書中所提出的「世界體系理論」，即主張世界政治體存在中心──半邊緣──邊緣的等級結構。

傳·僖公二十八年》中有「漢陽諸姬」之稱，即是周王室分封在南方的重要
屏障。今試依國別分別論述如下：

曾國，自二十世紀六十年代以來，在隨棗走廊及南陽盆地屢次發現曾國
的青銅器，證明這一地域存在一個姬姓曾國已是不爭的事實。張昌平先生對
這一地域出土的曾國銅器進行了系統整理，將 26 組組合比較完整的銅器群分
為兩段八期，第一段分為三期，第一期為西周晚期，第二期為兩周之際至春
秋早期早段，第三期為春秋早期晚段至春秋中期早段；第二段分為五期，第
四期為春秋中期，第五期為春秋晚期早段，第六期為春秋晚期晚段至戰國早
期早段，第七期為戰國早期晚段，第八期為戰國中期早段。這是目前對曾國
青銅器群進行的最為詳盡的分期斷代〔註4〕，參見下表：

表 32：曾國青銅禮器年代分期表〔註5〕

段	期	器群	銅禮器組合
第一段	第一期	隨州 70 熊家老灣	簋 4、醽 1、卣 1
		隨州義地崗 M8	鬲 1、盤 1、匜 1
		隨州桃花坡 M2	鼎 4、鬲 2、簋 1

〔註 4〕 張昌平：《曾國青銅器研究》，文物出版社，2009 年。

〔註 5〕 鄂兵：《湖北隨縣發現曾國銅器》，《文物》1973 年第 5 期；隨州市考古隊：《湖
北隨州義地崗又出土青銅器》，《江漢考古》1994 年第 2 期；隨州市博物館：《湖
北隨縣安居出土青銅器》，《文物》1982 年第 12 期；鄂兵：《湖北隨縣發現曾國
銅器》，《文物》1973 年第 5 期；隨州市博物館：《湖北隨縣安居出土青銅器》，
《文物》1982 年第 12 期；湖北省博物館：《湖北棗陽縣發現曾國墓葬》，《考古》
1975 年第 4 期；田海峰：《湖北棗陽縣又發現曾國銅器》，《江漢考古》1983 年
第 3 期；隨州市博物館《湖北隨縣新發現古代青銅器》，《考古》1982 年第 2 期；
湖北省博物館：《湖北京山發現曾國銅器》，《文物》1972 年第 2 期；湖北省博
物館：《湖北棗陽縣發現曾國墓葬》，《考古》1975 年第 4 期；襄樊市考古隊等：
《棗陽郭家廟曾國墓地》，科學出版社，2005 年版；隨州市博物館：《湖北隨縣
發現商周青銅器》，《考古》1984 年第 6 期；隨州市博物館：《湖北隨縣劉家崖
發現古代青銅器》，《考古》1982 年第 2 期；隨縣博物館：《湖北隨縣城郊發現
春秋墓葬和銅器》，《文物》1980 年第 1 期；隨州市博物館：《隨州東城區發現
東周墓葬和青銅器》，《江漢考古》1989 年第 1 期；左超：《關於曾國問題的補
遺》，《楚文化研究論集》第五集，黃山書社，2003 年版；隨州市博物館：《湖
北隨縣劉家崖發現古代青銅器》，《考古》1982 年第 2 期；陳欣人、劉彬徽：《古
盉小議》，《江漢考古》1983 年第 1 期；隨州市博物館《湖北隨州市安居鎮發現
春秋曾國墓》，《江漢考古》1990 年第 1 期；湖北省文物考古研究所：《曾國青
銅器》，文物出版社，2007 年版；湖北省博物館：《曾侯乙墓》，文物出版社，
1989 年版；荊州市博物館：《隨州擂鼓墩二號墓》，文物出版社，2008 年。

		隨州 72 熊家老灣	鼎 3、甗 1、簋 2、醹 1、盤 1、匜 1
		隨州桃花坡 M1	鼎 2、鬲 1、簋 4、壺 1、盤 1、匜 1
		棗陽 72 曹門灣	鼎 2、簋 2
	第二期	棗陽 83 曹門灣	鼎 1、簋 2、壺 1
		隨州何家臺	鼎 2、甗 1、鬲 4、簋 2、圓壺 2、盤 1、匜 1
		京山蘇家壟	鼎 9、鬲 9、甗 1、簋 7、豆 2、方壺 2、盉 1、盤 1、匜 1
		棗陽段營	鼎 3、簋 4、壺 2
		棗陽郭家廟 M17	鼎 2、壺 2、鬲 1
		新野小西關 M2	鼎 3、簋 4、甗 1、盤 1、匜 1
	第三期	棗陽郭家廟 M1	鼎 1、簋 2、方壺 2、盤 1、匜 1
		棗陽郭家廟 M02	鼎 1、醹 2
		隨州周家崗	鼎 2、鬲 2、簋 2、圓壺 2、盤 1、匜 1
第二段	第四期	隨州 80 劉家崖	鼎 2、鬲 4、簋耳 4、圓壺 2、勺 2
		隨州季氏梁	鼎 1、甗 1、簋 2
		隨州八角樓	鼎 1、盞 1
		羅山高廟	鼎 1、簋 2、壺 2、盤 1、匜 1
	第五期	隨州 75 劉家崖	升鼎 3、鼎 1
		隨州 76 義地崗	鼎 1、盞 1
	第六期	隨州汪家灣	鼎 1、簋 2
		隨州東風油庫 M2	鼎 1、簋 1、方壺 1、盤 1、匜 1
		隨州東風油庫 M1	鼎 1、甗 1、簋 1、方壺 1、盤 1、匜 1
		隨州東風油庫 M3	鼎 1、方豆 1、壺 1、盤 1、匜 1
	第七期	隨州曾侯乙墓	鼎 20、鬲 10、甗 1、簠 8、簋 4、豆 3、鼎形器 10、盒 2、尊缶 2、聯禁大壺 2、提鏈壺 2、鑒缶 2、尊缶 1、小口鼎 1、匜鼎 1、鑒 1、盥缶 4、盤 1、匜 2
	第八期	隨州擂鼓墩 M2	鼎 17、鬲 10、甗 1、簠 8、簋 4、方壺 2、圓壺 2、豆 3、釜 1、方尊缶 2、圓尊缶 2、盥缶 2、盤 1、匜 1

　　可以看出，西周晚期至春秋中期之前，曾國貴族墓葬的青銅禮器組合爲鼎、簋、壺、盤、匜，僅有一套，壺多爲兩件，高級貴族使用方壺而中小貴族使用圓壺，與周制相符。

　　但值得注意的是，雖然曾國爲姬姓之國，但同樣存在使用偶數鼎制的現象，尤其在中小貴族墓葬內普遍。像隨縣何店古墓出土鼎2、簋2、圓壺2、盤1、匜1、鬲4、甗1組合，其中兩件銅鼎形制相同，均爲立耳、瘦高蹄足的「深腹圓底鼎」（腹部已比西周晚期變淺，參看第二章），飾竊曲紋〔註6〕；又如隨州周家崗銅器墓，出土鼎2、簋2、鬲2、壺2、盤1、匜1組合，其中兩件銅鼎形制、花紋、大小相同，銘文字體、內容亦完全一致，顯然是同時製作的。而且若依銅簋銘文，墓主人曾任曾國太保一職，顯然不會在士一等級〔註7〕，所以使用兩件銅鼎應是出於特殊的禮制考慮，是當地傳統制度的孑遺。

　　春秋中期之後，曾國國勢衰微，逐漸淪爲楚國附庸，文化上也反受楚制影響。三足簋被簠所取代，鼎簋組合演變爲鼎簠搭配，盞也開始變得盛行，傳統的兩件成套的酒器制度在社會中下層趨於消亡。但從曾侯乙墓、擂鼓墩二號墓的情況來看，除大量採納楚制（箍口鼎、小口鼎、簠、尊缶、盥缶等）之外，其高層仍然對周制多有借鑒和保留，如兩套奇數正鼎、多種類型銅豆的使用等，這與其地處楚國北部地區也應當有密切的聯繫（爲這一地區普遍的風尚，參看第七章）。

　　鄧國，嫚姓，678BC滅於楚。都城在距今襄樊市十餘里的古鄧城遺址〔註8〕，墓葬則位於附近的王坡一帶，其中M1、M55出土有青銅禮器，均屬春秋早期〔註9〕。M1被盜僅剩有1鼎，M55則基本完整，出土有5鼎、6簋、2圓壺、1盤、1匜組合，且5件銅鼎形制、花紋相同，大小略異，當屬於一套，從周制。但鼎、簋等器鑄造粗糙、範縫均未打磨、未見到有使用痕跡，當均屬於明器。

　　申國，姜姓，周宣王時期分封在南陽，《詩·大雅·崧高》記載周宣王時，改封元舅申伯，建立「南申」，「南土是保」，687～684年滅於楚〔註10〕。1981年在南陽市北郊發掘了一座銅器墓，出土的鼎、簋上均有「南申伯太宰中再父」銘文〔註11〕，當是兩周之際的申國貴族之墓，其基本的青銅禮器組合爲

〔註6〕隨州市博物館：《湖北隨縣新發現古代青銅器》，《考古》1982年第2期。

〔註7〕隨州市博物館：《湖北隨縣發現商周青銅器》，《考古》1984年第6期。

〔註8〕石泉：《古鄧國鄧縣考》，《江漢論壇》，1980年3期；徐少華：《周代南土歷史地理與文化》，武漢大學出版社，1994年。

〔註9〕湖北省文物考古研究所、襄樊市考古隊、襄陽區文物管理處：《襄陽王坡東周秦漢墓》，科學出版社，2005年。

〔註10〕何浩：《西申、東申與南申》，《史學月刊》1988年5期。

〔註11〕崔慶明：《南陽市北郊出土一批申國青銅器》，《中原文物》1984年4期。

鼎、簋、盤、匜（缺失），從周制，可惜被盜嚴重，數量不明。

黃國，嬴姓，位於淮河上游的潢川一帶，648BC 滅於楚。黃國銅器最重要的發現當屬1983年在河南光山縣發掘的春秋早期黃君孟夫婦同穴合葬墓〔註12〕。黃君孟隨葬鼎2、豆2、壺2、醽2、盤1、匜1，銘文多爲「黃君孟自作行器……」；夫人則隨葬鼎2、豆2、壺2、醽2、鬲2、盂2、盤1、匜1，銘文多爲「黃子作黃夫人孟姬行器……」，均是爲喪葬而特別製作的行器，遵循偶器制度，與中原禮制迥異。黃國銅器墓另外還有潢川磨盤山一座，出土盆1、醽1、盂1，以及鼎、盤、壺的殘片等〔註13〕；羅山高店銅器墓出土盤1、匜1、壺1，爲侯君單自作器，屬黃國公族〔註14〕。由此可以看出黃國銅器不僅鼎制特別，粢盛器方面也主要以盆、柄部鏤孔的銅豆（多見於淮泗地區的莒、薛等國，M2內卷口銅盂亦是典型的淮河中下游徐舒銅器風格〔註15〕，這都表明了淮河流域諸國間更爲密切的聯繫）爲主，醽屬水器，兩件成套使用，可能是後世罍（中原）、盥缶（南方）的肇始形態。壺也極具特色，雖然亦是兩件成組使用，但形制上卻是扁體橢圓形，雙耳爲虎鈕。

養國，嬴姓，位於淮河上游的桐柏縣一帶。1993 年在桐柏縣月河一號墓出土了立耳無蓋鼎2、盥缶2、盤1、匜1、方壺2、盂（盆）1、鐸2 等29 件青銅器，其中鐸有「羕之白受止鐸」銘文，屬養伯之器，年代爲春秋中晚期之際〔註16〕。2001 年對該墓地進行了進一步發掘，M4 出土立耳無蓋鼎2、鬲2、醽2、盤1、匜1，M22 出土立耳無蓋鼎2、矮頸扁圓壺2、盤1、匜1，時代均爲春秋早期〔註17〕。1975 年在桐柏縣新莊又發現了一批青銅器，計有立

〔註12〕 河南信陽地區文管會等：《春秋早期黃君孟夫婦墓發掘報告》，《考古》1984年第4 期。

〔註13〕 信陽地區文管會：《河南潢川縣發現黃國和蔡國銅器》，《文物》1980 年第 1期。

〔註14〕 信陽地區文管會等：《河南羅山縣發現春秋早期銅器》，《文物》1980 年第 1期；李學勤：《論漢淮間的春秋青銅器》，《文物》1980 年第1 期。

〔註15〕 參看張愛冰：《銅陵謝壠出土青銅器的年代及其相關問題》，《東南文化》2009年第6 期。

〔註16〕 南陽市文物研究所、桐柏縣文管辦：《桐柏月河一號春秋墓發掘簡報》，《中原文物》1997 年第4 期。

〔註17〕 河南省文物考古研究所、桐柏縣文物管理委員會：《河南桐柏月河墓地第二次發掘》，《文物》2005 年第8 期；雷英：《小議養器與養國》，《中原文物》2007年第1 期。

耳無蓋鼎 2（通高約 20、口徑約 25 釐米）、小口鼎 1、鬲 2、豆 4、扁圓壺 2、
盤 1、匜 1，銅匜有「㝴仲无龙」作器銘文，時代亦屬春秋早期〔註 18〕。從這
些墓葬資料可以看出，同爲嬴姓的養、黃兩國銅器風格十分接近，不僅鼎制
皆爲 2 件一套的立耳無蓋鼎，粢盛器也盛行使用柄部鏤空的豆、平底的盆等
器物，酒器方面，春秋早中期多爲扁體橢圓形、矮頸的圓壺，爲這一地區的
特色禮器。但到春秋晚期之後，則轉而流行使用楚器，像方壺、盥缶等。

　　樊國，嬴姓。1978 年在河南信陽平橋發現了春秋早期晚段的樊君夒及其
夫人龍嬴的同穴合葬墓，樊君夒隨葬銅鼎 1、壺 1、鬲 2、盆 1、盤 1、匜 1，
夫人龍嬴隨葬銅鼎 2、壺 2、盤 1、匜 1、簠 2〔註 19〕。有學者考證今湖北樊城
一帶曾有一樊國，樊君夒應是此樊國之君，因被楚所逼而逃至今信陽一帶的
亡國之君〔註 20〕。樊君夒的禮器殘缺，且多借用其夫人之器，不合於禮制之
數。但仍可以看出其粢盛器用盆而非簠，壺也是扁體、矮頸型，與黃、養等
國一致。而其夫人龍嬴的禮器顯然更爲豐富和完整，且均是自作之器，反映
出這一時期以簠爲代表性粢盛器的青銅文化的強盛（春秋中晚期南土的禮制
趨勢）。

　　番國，位於河南省信陽一帶〔註 21〕。1974 年，信陽長臺關甘岸一墓中出
土銅盤 1、銅匜 2，銅匜銘文爲：「唯番伯酓自作匜」字樣，春秋早期〔註 22〕；
1978 年，潢川彭店一墓中出土銅鼎、簋、扁方壺、罍、盤各一件，其中盤銘
有「唯番君伯龍」等字（可能是通婚、饋贈之物），春秋早期〔註 23〕；1979
年，信陽楊河一墓出鼎 2、盤 1、匜 1，均有「唯番昶伯者君」自作器銘文，
春秋早期〔註 24〕；近來在河南南陽李八廟又發現了一座番子之墓，春秋中期

〔註 18〕 南陽地區文物工作隊：《河南桐柏縣發現一批春秋銅器》，《考古》1983 年第 8
　　　　 期；另外在河南泌陽郭莊亦出土過養國銅器盤 1、匜 1，參看李芳芝、張金瑞：
　　　　 《河南泌陽發現春秋銅器》，《文物資料叢刊》第 6 期，文物出版社，1982 年。
〔註 19〕 河南省博物館等：《河南信陽市平橋春秋墓發掘簡報》，《文物》1981 年第 1 期。
〔註 20〕 歐潭生：《信陽地區楚文化發展序列》，載河南省考古學會編：《楚文化覓蹤》，
　　　　 中州古籍出版社，1986 年。
〔註 21〕 關於番國來歷學界尚有巨大爭議，有認爲是姬姓的沈國被楚所滅後遷於此
　　　　 地，參見歐潭生：《信陽地區楚文化發展序列》，載河南省考古學會編：《楚文
　　　　 化覓蹤》，中州古籍出版社，1986 年，也有主張即是己姓的番國，參看徐少華：
　　　　 《周代南土歷史地理與文化》，131 頁，武漢大學出版社，1994 年。
〔註 22〕 信陽地區文管會：《河南信陽發現兩批春秋銅器》，《文物》1980 年第 1 期。
〔註 23〕 鄭傑祥、張亞夫：《河南潢川縣發現一批青銅器》，《文物》1979 年第 9 期。
〔註 24〕 信陽地區文管會：《河南信陽發現兩批春秋銅器》，《文物》1980 年第 1 期。

偏晚，隨葬平蓋鼎 2、甗 1、盆 1、浴缶 1、盤 1、匜 1，鼎銘稱「番子擇其吉金，自作飤鼎」，當是被楚所滅後遷至此地的番國後裔〔註25〕。可以看出，與樊、黃、養等國一樣，番國青銅禮制也以偶鼎制度爲核心，粢盛器使用盆而非簋、簠。

蔡國，姬姓，原位於河南駐馬店市上蔡一帶，後被楚壓迫而不斷南遷至於州來（安徽鳳臺縣），447BC 滅於楚。春秋早中期的禮制情況不甚明瞭，春秋晚期後則淪爲楚國附庸，深受楚制影響。1966 年在河南省潢川縣高稻場發現了蔡公子義工墓，春秋晚期，出土銅鼎 1、盞 1、簠 1、盤 1、匜 1、盥缶 1、鍤1〔註26〕，基本禮器組合已是楚式的鼎、簠、缶，但鼎制似仍堅持周式的奇數鼎制。這一現象在安徽壽縣蔡侯墓中亦體現的頗爲明顯，雖然採用了楚制的三套禮器組合，但正鼎卻是九（子母口鼎）、七（束腰平底鼎）兩套，與曾侯乙墓的情況類似〔註27〕。

鍾離國，嬴姓，是近年來淮河流域考古的又一重要發現。代表性的墓葬包括安徽蚌埠雙墩一號墓（淮北）和鳳陽卞莊一號墓（淮東），均爲圓形土坑豎穴，僅規模大小有別。雙墩一號墓墓主爲「童麗君柏」，隨葬青銅鼎 5、簠 4（大小各 2 件）、罍（浴缶）2、鏤孔豆 2、甗 1、盉 1、盤 1、匜 1〔註28〕，時代約在春秋中期晚段（略早於下寺 M2）〔註29〕，組合上已近於楚制的鼎、簠、缶搭配。但 5 件銅鼎卻是由 3 件立耳無蓋鼎和 2 件有蓋深腹蹄足鼎（同於鄭伯墓中的有蓋鼎）組成，與這一時期中原地區的禮制情況更爲接近。像第三章所舉春秋時期新鄭李家樓鄭伯墓、琉璃閣甲乙墓、分水嶺 M269、M270、洛陽 C1M9950、JM32、郟縣太僕鄉銅器墓、上馬 M13 等墓中銅鼎均是由立耳無蓋鼎和有蓋深腹蹄足鼎湊成奇數鼎制。這種情況的出現可能是因其地處淮北、與魯國毗鄰的緣故，所以更易受到中原禮制的影響。《左傳・成公十五年》（576BC）即記載：「十一月，會吳於鍾離，始通吳也」，證明此時鍾離國尚與魯國交好。鳳陽卞莊一號墓墓主爲「童麗君柏之季子康」，被盜，殘存的銅器

〔註25〕南陽市文物考古研究所：《河南南陽李八廟春秋楚墓清理簡報》，《文物》2012 年第 4 期。

〔註26〕信陽地區文管會：《河南潢川縣發現黃國和蔡國銅器》，《文物》1980 年第 1 期。

〔註27〕安徽省文物管理委員會等：《壽縣蔡侯墓出土遺物》，科學出版社，1956 年。

〔註28〕安徽省文物考古研究所、蚌埠市博物館：《安徽蚌埠雙墩一號春秋墓發掘簡報》，《文物》2010 年第 3 期。

〔註29〕徐少華：《蚌埠雙墩與鳳陽卞莊兩座墓年代析論》，《文物》2010 年第 8 期。

包括 1 簠、1 甗、1 鏤孔豆、1 盂、1 罍，與雙墩一號墓比較接近但年代略晚，在春秋晚期前段〔註30〕。是否是爲楚所迫而東遷尙不得而知，而柄部鏤孔銅豆的使用則是淮河流域的傳統。

　　群舒，包括《世本》記載的偃姓之舒庸、舒蓼、舒鳩、舒龍、舒鮑、舒龔、《左傳・文公十二年》杜注「群舒之屬」的宗和巢以及英、六等，主要分佈在安徽境內淮河至長江流域之間〔註31〕。隨葬品較完整的銅器墓葬包括肥西小八里銅器墓，出土平蓋鼎 2、瓦紋蓋圓鼓腹簠 1、甗形盉 1、盤 1、匜 1〔註32〕，春秋早中期之際；舒城河口銅器墓，出土平蓋鼎 2、小口鼎 1、犧尊 1、瓦紋蓋圓鼓腹簠 1、罍 1、帶流缶 1、甗形盉 1，春秋中期晚段〔註33〕；舒城鳳凰嘴銅器墓，出土平蓋鼎 2、鬲 3、缶 3、犧尊 1、甗形盉 1，春秋中期晚段〔註34〕；皖南地區的繁昌湯家山銅器墓，出土方鼎 2、立耳無蓋鼎 3、小口鼎 1、扁體簠 1、甗 1、盤 2，春秋早期〔註35〕；銅陵謝隴銅器墓，出土鼎 2（立耳無蓋鼎 1、平蓋附耳鼎 1）、甗 1、匜 1、甗形盉 1，春秋中期偏晚〔註36〕；青陽廟前汪村銅器墓〔註37〕，出土無蓋附耳鼎 1、小口鼎 1、尊 1、犧尊 1、盤 1，春秋早期；繁昌孫村銅器墓，出土銅鼎 2（均爲立耳無蓋鼎但形制、大小略有不同）、匜 1，春秋中期〔註38〕；貴池裏山徽家沖銅器墓，出土銅鼎 2（均爲立耳無蓋鼎但形制、大小略有不同）、盤 1，春秋晚期〔註39〕；宣城孫

〔註30〕安徽省文物考古研究所、鳳陽縣文物管理所：《安徽鳳陽卞莊一號春秋墓發掘簡報》，《文物》2009 年第 8 期。

〔註31〕張愛冰、張鍾雲：《江淮群舒青銅器研究的意義》，《中國文物報》2011 年 3 月 6 日。

〔註32〕安徽省博物館編：《安徽省博物館藏青銅器》，上海人民美術出版社，1987 年。

〔註33〕安徽省文物考古研究所、舒城縣文物管理所：《安徽舒城縣河口春秋墓》，《文物》1990 年第 6 期。

〔註34〕安徽省文化局文物工作隊：《安徽舒城出土的銅器》，《考古》1964 年第 10 期。

〔註35〕安徽省文物工作隊、繁昌縣文化館：《安徽繁昌出土一批春秋青銅器》，《文物》1982 年第 12 期；張愛冰、陸勤毅：《繁昌湯家山出土青銅器的年代及其相關問題》，《文物》2010 年第 12 期。

〔註36〕安徽銅陵市文物管理所：《安徽銅陵謝隴春秋銅器窖藏清理簡報》，《東南文化》1990 年第 4 期；張愛冰：《銅陵謝隴出土青銅的年代及其相關問題》，《東南文化》2009 年第 6 期。

〔註37〕安徽省文物考古研究所：《安徽青陽出土的春秋時期青銅器》，《文物》1990 年第 8 期；張愛冰：《安徽青陽汪村出土青銅器的年代及其相關問題》，《東南文化》2011 年第 4 期。

〔註38〕安徽省博物館：《安徽省博物館藏青銅器》，上海人民美術出版社，1987 年。

〔註39〕安徽省博物館：《安徽貴池發現東周青銅器》，《文物》1980 年第 8 期。

埠鄉正興村銅器墓，出土銅鼎 2（均為立耳無蓋鼎但形制、大小略有不同）、鬲 1，春秋早期〔註40〕。可以看出皖中北部地區與皖南地區的青銅禮器使用似存在差異：皖中北部地區流行使用偶數件的附耳平蓋鼎，且兩件形制、紋飾、大小一致，與淮泗諸國相近，並配以中原形制的瓦紋蓋圓鼓腹圈足銅簋；而皖南地區則盛行使用立耳無蓋鼎，雖然亦多是偶數件，但係拼湊而成，形制、紋飾、大小多不相同。粢盛器主要使用扁體雙獸耳的銅簋，與吳越地區接近。不過酒器犧尊、侈口直筒尊以及卷流的盉形盉是「群舒」地區的共同特色。

　　綜合以上墓葬資料，可以得出的一個初步結論是：漢水流域與淮河流域諸小國在青銅禮制上各具特點。漢水中上游地區春秋早期時以遵循周制為主，如申、鄧、曾、應、許等國，使用奇數鼎制，搭配銅簋、方或圓壺、盤、匜組合。春秋中期後則深受楚制影響，使用偶數鼎制、搭配簠、缶、盞、盤、匜組合，唯有高層仍在一定程度上保持周制。而淮河流域如黃、番、樊、養、群舒等國從春秋早期伊始便具有其自身的禮制特色，使用偶鼎制度，粢盛器盛行盆、鏤孔豆而不見簋，酒器上多為矮頸的扁體壺，同時水器醽也頗為多見，並可能是後世罍、盥缶的源頭。這種差別的出現當與其受周王室的倚重程度不同密切相關。據《國語・鄭語》載，西周末年周太史史伯曾對鄭桓公說：「當成周者，南有荊蠻、申、呂、應、鄧、陳、蔡、隨、唐」，即體現了西周晚期南土諸侯國之態勢，這些為周王室深所倚重、用以抵禦南蠻的重要諸侯國家無一例外在文化上亦深受周制影響，而那些當地的小國則缺少來自周王室的關注和信息，所以得以依然堅持其傳統的制度不變。

　　楚國在春秋早中期陸續佔據了上述地區，而其在禮制上的二元性（周制和地方傳統禮制）也顯然對楚國青銅禮制的形成產生了重要影響。

第二節　吳越地區青銅禮器制度

　　東周時期長江下游地區主要是吳、越兩國的屬地，其先後問鼎中原、稱霸諸侯，是春秋中晚期時重要的政治力量，因而其文化面貌亦歷來頗受學界關注〔註41〕。而根據張敏、陳元甫等先生近來的研究發現，越國貴族並不使

〔註40〕徐之田：《安徽宣州市孫埠出土周代青銅器》，《文物》1991 年第 8 期。
〔註41〕代表性的研究包括鄒厚本：《寧鎮地區出土周代青銅容器的初步認識》，《中國考古學會第四次學會論文集》，文物出版社，1983 年；劉興：《東南地區青銅器分期》，《考古與文物》1985 年第 5 期；馬承源：《長江中下游土墩墓出土青

用青銅禮器隨葬而代以陶瓷禮樂器〔註 42〕，所以關於這一地區青銅禮器制度的探討，就主要集中在吳國銅器方面。

吳國，姬姓，爲周王室後裔。據《史記·吳太伯世家》記載，周太王之子、季歷之兄太伯、仲雍爲避季歷之賢而南奔荊蠻，文身斷髮，與當地族人雜處，自此不斷繁衍、壯大。西周初年周章之時始封，自號勾吳。西周時期勢力主要分佈於寧鎭、皖南地區，以土墩墓爲代表性墓葬形式。著名的銅器墓葬如出土宜侯簋的丹徒煙墩山 M1〔註 43〕、丹徒大港母子墩銅器墓〔註 44〕、江蘇溧水烏山 M1、M2〔註 45〕、丹陽司徒銅器墓〔註 46〕、安徽屯溪諸墓〔註 47〕等，已在學界引起了廣泛的討論。雖然就其年代和族屬尚有爭議〔註 48〕，但

銅器的研究》，《上海博物館集刊》第四輯，上海古籍出版社，1987 年；肖夢龍：《初論吳文化》，《考古與文物》1988 年第 2 期；楊寶成：《略論西周晚期吳國青銅器》，《東南文化》1991 第 3、4 期；劉建國：《論江南周代青銅文化》，《東南文化》1994 年第 3 期；馬承源主編：《吳越地區青銅器研究論文集》，香港：兩木出版社，1997 年；楊楠：《江南土墩遺存研究》，民族出版社，1998 年；肖夢龍、劉偉主編：《吳國青銅器綜合研究》，科學出版社，2004 年；鄭小爐：《吳越和百越地區周代青銅器研究》，科學出版社，2007 年等。

〔註 42〕 張敏：《吳越貴族墓葬的甄別》，《文物》2010 年第 1 期；陳元甫：《越國貴族墓隨葬陶瓷禮樂器葬俗探論》，《文物》2011 年第 4 期。

〔註 43〕 江蘇省文物管理委員會：《江蘇丹徒煙墩山出土的古代青銅器》，《文物參考資料》1955 年第 5 期；《江蘇丹徒煙墩山西周墓及附葬坑出土的小器物補充材料》，《文物參考資料》1956 年第 1 期。

〔註 44〕 肖夢龍：《江蘇丹徒大港母子墩西周銅器墓發掘簡報》，《文物》1984 年第 5 期。

〔註 45〕 溧水縣圖書館：《江蘇溧水出土的幾批青銅器》，《考古》1986 年第 3 期；鎮江市博物館劉興等：《江蘇溧水發現西周墓》，《考古》1976 年第 4 期；鎮江市博物館等：《江蘇溧水烏山西週二號墓清理簡報》，《文物資料叢刊》2，文物出版社，1978 年。

〔註 46〕 鎮江市博物館、丹陽縣文物管理委員會：《江蘇丹陽出土的西周青銅器》，《文物》1980 年第 8 期。

〔註 47〕 安徽省文化局文物工作隊：《安徽屯溪弈棋西周墓葬發掘報告》，《考古學報》1959 年第 4 期；胡文：《屯溪弈棋又出土大批西周珍貴文物》，《文物》1965 年第 6 期；殷滌非：《安徽屯溪周墓第二次發掘》，《考古》1990 年第 3 期；屯溪弈棋八號墓發掘組：《屯溪弈棋八號墓發掘簡報》，《文物研究》（七），黃山書社，1991 年。

〔註 48〕 如馬承源、李國梁、周亞等學者主張吳越地區土墩墓出土青銅器的年代上限在春秋中晚期，參看馬承源：《長江中下游土墩墓出土青銅器的研究》，《上海博物館集刊》第四輯，上海古籍出版社，1987 年；李國梁：《皖南出土的青銅器》，《文物研究》第 4 期，黃山書社，1988 年；李國梁：《從青銅兵器看屯溪八墓的年代》，《吳越地區青銅器研究論文集》，25～30 頁，香港：兩木出版社，

可以肯定的一點是，西周時期吳國青銅禮制的面貌雖然以姬周文化爲主體，如採用列鼎制度、鼎簋搭配、水器使用盤盉等，但又大量採納了當地的傳統禮俗，如土墩墓、東西向、多隨葬越式鼎以及盛行使用酒器尊（延續至春秋末年）等，《左傳‧哀公七年》載：「太伯端委以治周禮，仲雍嗣之，斷髮文身，嬴以爲飾，豈禮也哉？有由然也」，正是謂此。肖夢龍、林留根先生在《皖南吳國青銅器分期研究》一文中指出，「（皖南）所出銅器有成對或成偶數的現象，如屯溪 M1 爲鼎 4、尊 2、卣 2、盤 2、簋 2、五柱器 2，屯 M3 爲方鼎2、圓鼎 4、盤 2、卣 2、方足器 2、簋 8、方簋 2、劍 2」〔註49〕，這顯然與周人「鼎俎奇而籩豆偶」（《禮記‧郊特牲》）的禮制傳統不合，而具有南方地區的顯著特色。

春秋中期之後，吳國壽夢稱王，以太湖流域爲中心不斷開疆拓土，吞占徐（蘇北、皖中）、群舒等國土地，並與強大的楚國展開了長期的爭霸戰爭，直至 473BC 亡於越國。這一系列的軍事、外交行動有力地推動了東南地區與長江中游、淮河流域乃至中原地區的經濟、文化交流，爲吳國新的禮制創建奠定了重要基礎。這一時期所發現的吳國銅器墓不僅數量更多，而且因爲常常隨葬有年代序列更爲清晰的楚式青銅器，所以在年代的判斷上也就較西周時期更爲可靠。茲擇其組合完整者列舉如下：

固始侯古堆一號墓〔註 50〕：位於淮水上游的河南省固始縣，由於墓中出土了「有殷天乙湯孫宋公欒作其妹勾吳夫人季子媵簠」兩件有銘銅器，爲宋景公（516BC～469BC 在位）嫁女至吳國的媵器，所以可以判斷該墓中絕大多數銅器的製作年代當在春秋晚期晚段前後。但具體的年代與墓主人，學界主要有春秋晚期吳國夫人墓和戰國早期楚墓兩說〔註 51〕。雖然至今仍爭論不

1997 年：周亞：《吳越地區土墩墓出土的青銅器研究》，《吳越地區青銅器研究論文集》，55～70 頁，香港：兩木出版社，1997 年。

〔註49〕 林留根、肖夢龍：《皖南吳國青銅器分期研究》，載肖夢龍、劉偉主編：《吳國青銅器綜合研究》，46～57 頁，科學出版社，2004 年。

〔註50〕 固始侯古堆一號墓發掘組：《河南固始侯古堆一號墓發掘簡報》，《文物》1981年第 1 期；河南省文物考古研究所編著：《固始侯古堆一號墓》，大象出版社，2004 年。

〔註51〕 主張爲吳國夫人墓的學者有歐譚生：《豫南考古新發現的重要意義——兼論吳太子夫差夫人墓》，《中原文物》1981 年特刊；王恩田：《河南固始「勾吳夫人墓」——兼論番國地理位置及吳伐楚路線》，《中原文物》1985 年第 2 期；歐譚生：《固始侯古堆吳太子夫差夫人墓的吳文化因素》，《中原文物》1991 年第

休，但墓中的銅陶器、原始瓷器像銅三足盉、越式陶鼎、泥質硬陶甕、原始瓷杯等都具有濃鬱的吳國特色，顯然受到了吳文化的強烈影響，所以仍可作爲是考察吳國銅器的重要參考。共出土青銅鼎 9 件，分爲圓蓋獸鈕魑紋蹄足銅鼎 1 件（M1P：53）、楚式箍口鼎 2 件一套（M1P：46、M1P：51）、臥獸鈕子母口鼎 3 件一套（M1P：50、M1P：45、M1P：52）、三環鈕子母口鼎 3 件一套（M1P：49、M1P：47、M1P：48），所以禮制上應是 3 鼎級別。另有 2 簋（9 鼎當用 4 簋，如曾侯乙墓、壽縣蔡侯墓、李三孤堆楚王墓等）、2 缶（腹部有四個鼻鈕）、1 罍、1 盉、1 爐盤、1 匜、1 瓿，所以其基本禮器組合爲鼎、簋、缶、盤、匜。

丹徒北山頂銅器墓：春秋晚期，出土青銅鼎 3 件，分別盛羊、豬、鯉魚，尊缶 2 件、鑒 1 件。另有鈕鍾 7 件、編磬 12 件、鎛鍾 5 件〔註52〕。

吳縣何山東周墓：春秋中晚期之際，出土銅鼎 3 件，其中楚式箍口縣鼎 1 件，細錐足外撇的越式鼎 2 件，簋 2、盥缶 1、盉 1、盤 1、匜 1〔註53〕。

六合程橋 M1、M2、M3〔註54〕：爲春秋晚期臧氏家族墓地，一號墓與三號墓主人（羅兒）皆自稱是臧公坪之子，則二人當是兄弟，皆爲仲冬之外孫、吳王之甥。其中 M1 出土越式鼎 1 件、缶 1 件；二號墓出土鼎 3 件（2 件爲越式鼎、1 件三環鈕子母口高蹄足楚式鼎）、匜 1 件；三號墓出土鼎 2 件、曾子義行簋 1 件、瓢 1 件、吳國太叔盤 1 件、匜 1 件、鈢 1 件。並皆有銅鐘、鎛、印紋硬陶器出土。

4 期；河南省文物考古研究所編著：《固始侯古堆一號墓》，大象出版社，2004 年；趙世綱先生則認爲是闔閭的夫人，參見《固始侯古堆一號墓》附錄四：《固始侯古堆出土樂器研究》，125～133 頁，大象出版社，2004 年；徐少華先生近來指出其應是夫差之兄、闔閭太子終累的夫人，參見徐少華：《固始侯古堆一號墓的年代及其相關問題》，《楚文化研究論集》（第七集），306～319 頁，嶽麓書社，2007 年。主張爲戰國時期楚墓的學者有李學勤：《東周與秦代文明》，126 頁，文物出版社，1984 年；徐少華：《周代南土歷史地理與文化》，130 頁，武漢大學出版社，1994 年等。

〔註52〕 江蘇省丹徒考古隊：《江蘇丹徒北山頂春秋墓發掘報告》，《東南文化》1988 年 3、4 合期。
〔註53〕 張志新：《江蘇吳縣何山東周墓》，《文物》1984 年第 5 期。
〔註54〕 江蘇省文物管理委員會、南京博物院：《江蘇六合程橋東周墓》，《考古》1965 年第 3 期；南京博物院：《江蘇六合程橋二號東周墓》，《考古》1974 年第 2 期；南京市博物館、六合縣文教局：《江蘇六合程橋東週三號墓》，《東南文化》1991 年第 1 期。

六合和仁東周墓：春秋中晚期。出土越式鼎 1 件、夾砂紅陶鼎 2 件、刻紋銅匜 1 件（三晉式樣）及其他印紋硬陶器〔註55〕。

丹徒糧山大隊銅器墓：春秋晚期晚段。出土鼎 3 件（2 件越式鼎、1 件楚式箍口鬲鼎）、甌 1 件、罍 1 件〔註56〕。

丹徒糧山 M2：殘存銅盉 1 件，另有紅陶鼎 2 件，與六合和仁東周墓的情況相近，所以其年代當亦在春秋中晚期〔註57〕。

鎮江諫壁王家山東周墓：春秋晚期偏早。出土盞 1、盉 1、刻紋盤 1、刻紋匜 1、刻紋銅鑒 1、銅爐 1〔註58〕。

蘇州虎丘東周墓：春秋晚期晚段，出土箍口鼎 2、缶 1、有柄蓋豆、盤 1、盉 1、匜 1，蓋豆當係來自於中原地區〔註59〕。

蘇州城內相門內倉街銅器窖藏：春秋晚期，出土鼎 1 件、罍 1 件、鑒 1 件、瓿 1 件和銅鐘 3 件〔註60〕。

其他像淮陰高莊戰國墓、丹徒青龍山春秋大墓等墓葬由於被盜嚴重，青銅禮器組合不全，暫不涉及〔註61〕。

上述墓葬無一例外都集中於春秋中晚期階段，這與吳國的復興時間是相吻合的。而從禮制的角度來看，其仍然能夠堅持遵循「周制」，使用奇數鼎制以及採納編鍾、編鎛的樂器系統。同時熱衷於引入中原地區春秋中後期興起的刻紋銅器，部分墓葬中還能夠見到銅蓋豆這樣的器物。但另一方面，其又深受「楚制」影響，盛行鼎、簠、缶、盤、匜的基本組合，而且銅鼎中也多見楚式的箍口鬲鼎或高蹄足的獸鈕子母口蓋鼎。許多 3 鼎墓葬中有兩件銅鼎即是成套的，證明其在生產製作時又主要遵循的是偶鼎規範，只是後來下葬時又配上一件其他類型的銅鼎。最後本地區的傳統禮制特色在這些墓葬中也有充分的體現，除了印紋硬陶、原始瓷器之外，銅器上也十分盛行從幾何形印紋陶器上借鑒來的裝飾紋樣。同時越式鼎十分盛行，並成為禮制構成的基

〔註55〕吳山菁：《江蘇六合縣和仁東周墓》，《考古》1977 年第 5 期。

〔註56〕鎮江市博物館：《江蘇丹徒出土東周銅器》，《考古》1981 年第 5 期。

〔註57〕劉興：《江蘇丹徒糧山石穴墓》，《考古與文物》1987 年第 4 期。

〔註58〕鎮江博物館：《鎮江市諫壁王家山東周墓》，《文物》1987 年第 12 期。

〔註59〕蘇州博物館考古組：《蘇州虎丘東周墓》，《文物》1981 年第 11 期。

〔註60〕蘇州博物館：《江蘇蘇州市發現窖藏青銅器》，《考古》1991 年第 12 期。

〔註61〕淮安市博物館編：《淮陰高莊戰國墓》，文物出版社，2009 年；丹徒考古隊：《丹徒青龍山春秋大墓及附葬墓發掘報告》，《東方文明之韻——吳文化國際學術研討會論文集》，10～35 頁，嶺南美術出版社，2000 年。

礎（兩件成套再配上其他銅鼎）。三段式的尊、敦於、鉦等傳統禮樂器也一值得到很好的保持。

小　結

《左傳・桓公六年》曾記載：「漢東諸國隨爲大」（遵從周制），而西周中後期淮河流域（淮夷）又主要以徐國爲中心（保持當地傳統禮制）〔註62〕，所以這兩個國家在政治、經濟、文化背景上的不同正是漢、淮兩大地域間文化差異的縮影。

總體來看，漢水以北地區諸國由於其「共主」周王室的沒落而導致政治、軍事實力急劇下降，爲楚相繼所滅，並成爲了楚國借鑑和學習周制的一個重要渠道〔註63〕；淮水流域自西周以來便保持其獨特的禮制傳統，並成爲此後楚制的核心組成部分。可以說，漢淮地區青銅文化的二元性正是造就楚國獨特禮制的基礎。

吳國雖然處偏僻之地日久，但在文化建設上卻能夠積極地向外借鑑和學習，這不僅包括其奉爲正統的周文化，同時也包括其強大的近鄰──楚文化，所以在禮制上便不似關中地區那樣保守和「因循守舊」。可惜春秋晚期之後便迅速衰亡，未能有充足的時間來將周制、楚制和長江下游的地方傳統制度融爲一體而創造出另一套有序的青銅禮器等級體系。

〔註62〕《韓非子・五蠹》與《淮南子・人間訓》都記載：「徐偃王服國三十六（或三十二）」，《後漢書・東夷傳》亦有：「徐夷潛號，乃率九夷以伐宗周，西至河上。穆王畏其方熾，乃分東方諸侯命徐偃王主之。」

〔註63〕張正明：《漢淮之間──周代的一個文化交錯地帶》，《中原文物》1992年第2期。

結　語

　　本書在綜合運用墓葬、窖藏、金文、簡牘以及三禮文獻的基礎上，系統地探討了東周時代這樣一個巨大的歷史變革時期內，針對席捲全國的「禮制改革」浪潮，不同地域間所採取的不同道路和方式〔註1〕，而其主要媒介和表現途徑就是青銅禮器的使用制度。

　　在之前的章節中，筆者已經分別對東周時代中原地區、關中地區（春秋時期）、南方楚文化區內主要青銅禮器的使用制度與變遷情況，如用鼎制度、粢盛器制度、酒器制度、水器制度等，進行了全面而詳盡的探討。因此，作為結語部分，我希望能夠進一步對上述三大區域內的禮制差異和發展軌跡作出整體性的概括和總結（圖83）：

〔註1〕 由於資料的限制，本文僅主要關注了以下兩個大的地域：中原三晉兩周地區和南方的楚文化區，同時也部分參考了春秋時期的關中地區，但對於孔子素來推崇的齊魯地區卻著力較少，從而難以對東周時代的整體面貌作出全面的總結和歸納，這無疑是本研究目前的一大遺憾所在。對於魯國較好的保持周禮傳統，歷史文獻中曾多有記載，如《左傳・襄公十年》：「諸侯宋魯，於是觀禮。魯有禘樂，賓祭用之。宋以《桑林》享君，不亦可乎？」杜預注：「宋，王者後，魯以周公故，皆用天子禮樂，故可觀。」《左傳・昭公二年》又有：「春晉侯使韓宣子來聘，且告為政而來見，禮也。觀書於大史氏，見《易》、《象》與《魯春秋》，曰，『周禮盡在魯矣！』」但目前有關魯國的考古材料還不系統，缺少中高等級貴族墓葬資料，所以還難以對其禮樂制度作詳盡的探討。可參看中國社會科學院考古研究所編：《中國考古學・兩周卷》之《齊魯地區東周墓的埋葬制度》，14～22頁，中國社會科學出版社，2004年。尤其是書中提到的「齊國的偶鼎制度」十分值得我們注意。新近出版的《臨淄齊墓》報告也為我們瞭解戰國時期齊國的禮制特點提供了重要資料，可惜墓葬多盜損嚴重，等級序列並不健全。所以對於這一地域青銅禮制的系統研究恐怕還有待於更多考古資料的公佈。

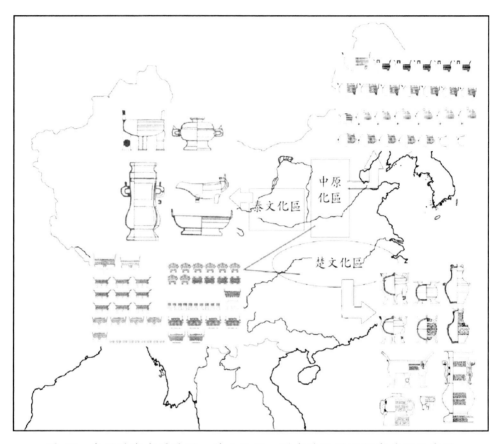

圖 83：東周時期中原地區、楚文化區、關中地區器用制度差別示意圖

關中秦文化區在春秋時期較多地承續了西周以來的傳統制度，立耳鼎、圈足簋、方壺、盤、匜的組合盛行於各級貴族墓葬中，形制、紋飾上雖然也借鑒和學習了一些中原地區新出現的風格特點，如有蓋子母口鼎、蓮瓣蓋、透雕爬獸裝飾、模印蟠螭、蟠虺紋技術等，但卻並未出現多套正鼎制度、鼎的類型多樣化（鑊鼎、鉶鼎、羞鼎等區別）、粢盛器的變革、圓壺的使用等東周以來新的禮器制度。

而且在春秋中期以後，由於東進之路受到晉國遏制，導致重要的銅、錫礦資源捉襟見肘，同時社會中下層受質樸的西戎文化影響也逐步增多，從而對周禮制度漸漸疏遠，表現在考古材料上就是中小型貴族墓內普遍流行鑄造粗糙、簡略的小型銅明器。這種現象將一直持續到戰國中期關東地區大規模移民的到來。

中原三晉兩周地區是周王室東遷以後新的禮制中心所在，同時又憑藉其在

國力（晉國長期主導華夏聯盟）、人口規模（城市數量的急劇增加）、經濟技術水平等方面的巨大優勢，使其無疑成爲了禮制改革運動的發起地和核心區域。

　　從春秋中期開始，傳統的周禮制度就開始發生巨大調整，這不僅僅表現在青銅禮器的形制、紋飾、組合上，同時器用制度方面也出現了深遠的變革。首先從居於核心的鼎制開始，原來簡單的一套正鼎的使用制度（數量與身份等級嚴格對應）逐漸被兩套乃至三套（戰國之後）不同形制的正鼎組合所取代，數量上亦存在嚴格的等差制度；鼎的功能也出現分化，鑊鼎、羞鼎、匜鼎等新的種類開始湧現；粢盛器方面，簋開始讓步於敦（平底變化至三足）、蓋豆，並在戰國初年完成了系統的由豆所組成的粢盛器組合的構建；方壺與圓壺兼用的制度不僅異於西周古制，甚至在整個東周疆域內也是「獨樹一幟」的。戰國之後酒器率先擺脫了傳統禮制的束縛，大量使用生活氣息濃厚的仿自異域的「舶來品」——瓠壺、扁壺、蒜頭壺、繭形壺等，從而開啓了禮制走向世俗化的序幕；水器則除去傳統的盤、匜（戰國後亦開始變化）外，又開始仿傚南方創造出罍、鑒、洗等器物，從而使得整個青銅禮器組合的數量、規模日益龐大。

　　從現有材料來看，中原地區的禮制變化可以分爲「春秋中期」和「戰國初期」兩個顯著的階段，這無疑又能夠與歷史文獻中所反映的社會政治、經濟改革相聯繫〔註2〕。

　　南方的楚國是東周時期崛起於漢水流域的新興強國，它的成長雖得益於周人的分封，但更多的卻是依靠自身的努力和勵精圖治。並且在其強盛之後，楚人一直戮力北進，自詡爲蠻夷，與華夏諸族爲敵。一方面，他積極地借鑒和吸收中原地區許多嶄新而先進的政治、經濟、文化制度（基於密切的軍事、外交聯繫），同時又保留了其征服地域內（如漢水流域的土著文化，湘江、沅水、澧水流域的越文化和淮河流域的東夷文化等）眾多的土著文化特色，從而使得其禮器制度出現了大量有別於中原地區的新特點（貨幣制度亦是如此〔註3〕），像偶鼎制度，漆豆制度，簋、簠、盞三套粢盛器並用的制度等，這也是楚國上層所極力營造和樂於見到的。

〔註2〕　童書業：《春秋史》，上海古籍出版社，2010 年；楊寬：《戰國史》，上海人民
　　　　出版社，2003 年；許倬雲：《春秋戰國間的社會變動》，邢義田・林麗月主編：
　　　　《社會變遷》，中國大百科全書出版社，2005 年。40～66 頁。
〔註3〕　趙德馨：《論先秦貨幣的兩種體系——從貨幣文化的視角考察楚國與黃河流域
　　　　各國貨幣的異同》，《江漢論壇》2004 年第 9 期。

　　但是相較於差異性而言，更令筆者關注的卻是楚文化區與中原地區在青銅禮器以及禮制變革上的聯繫性與一致性。像升鼎制度、鑊鼎（鑐鼎）的使用、鼎簋搭配制度、方壺制度、水器制度等早已經被學界詳盡討論，此外，楚人所特有的三套青銅禮器組合形式：A 類升鼎、方座簋、扁棱鬲、方壺組合；B 類箍口鼎、簠、尊缶、盥缶組合；C 類子母口高足蓋鼎、敦（盞）、圓壺組合，在出現時間和使用方式上也都與中原地區以鼎、豆為代表的禮器改革頗為一致。A 類組合實則就是周禮制度的翻版，而 C 類組合也是模仿了中原地區戰國階段新出現的鼎、豆、壺組合而作的簡單改造而已。在這種由兩套禮器組合向三套轉變的過程中，兩個地域間也保持了高度的相似性，其中的深意是頗為耐人尋味的。當然這樣的借鑒和學習並不是單向的，中原地區同時也在傚仿楚人禮制組合中的新風尚，像之前提及的盥缶、鑒、爐盤等與生活聯繫更加密切的器物。

　　此外，尚需引起注意的是，在中原地區的禮制變革過程中，主要是由中小貴族們充當了「先行者」的角色，無論是新式的有蓋子母口鼎、敦的出現、方壺與圓壺的棄用等，都是首先流行於中小型貴族墓葬內，而高級貴族們則在「被迫」使用新制的同時，又傾向於保留一套古式器物組合來維繫其身份、家族傳統上的特殊性。可以說，中原地區的禮制改革採取的是一種「自下而上」的方式。

　　而南方的楚文化區內，雖然今、古式器物兼用的現象也普遍見於中高級貴族墓葬中，但其出現的方式卻又有所不同。從現有資料可以推斷，其往往是由楚國的高層在外來因素的影響下，結合自身的傳統特色相應地創造出一套類似的新制度，並保證其順利地向社會中下層迅速推行。而高級貴族自身則將新制與舊制融為一體，以確保禮器組合的區別性和等差性。像在春秋時期（中期以後），楚國的高層就主要使用 A（古式）、B（今式）兩類組合，而中小貴族則僅使用 B 類組合；到戰國以後，在中原地區禮制進一步複雜化的背景下，楚國的統治階層也決心建立起這樣一種三套禮器組合區別性共用的新制度，於是便模仿中原腹地新興的鼎、豆、壺組合，又改以自身原有的高足鼎和敦（盞）的傳統，從而形成了 C 類全新的器物搭配，並幾乎同時在社會各個階層中得到推廣（高級貴族與中小貴族間並無時間差）。試想如果不是有國家力量的支持和推崇，一種新的葬制葬俗又如何能在廣大疆域內毫無障礙地迅速普及呢？但即便如此，在江陵周邊地區仍有一批頑固的守舊者在堅

持使用昔日的 B 類組合，他們的墓葬規格、身份等級與那些單獨使用 C 類組合的小貴族們相差無幾，從而也再次證明楚文化區內的禮制改革不是由中小貴族們來發起和推動的，他們僅僅是新制的接受者和遵從者。與中原地區所不同的是，楚國的禮制改革走的是一條「自上而下」的道路。

秦國的情況似乎又與中原地區多有類似之處（各種交往亦最爲密切），這背後所揭示的三者間在國家階級構成、統治方式和社會控制程度上的差別將是十分耐人尋味的。如根據《左傳》的記載，楚在戰國以後由群公子柄持朝政的現象仍舊十分突出，如令尹昭魚、黃歇、昭子等人，且封君數量、權勢也十分強大；而其他諸國則多布衣卿相，更迭頻繁，像趙之虞卿、齊之鄒忌、韓之申不害、魏之李悝、白圭、燕之將渠等。其中更以秦國爲盛，像張儀、甘茂、范雎、白起、呂不韋、李斯等名滿天下之人，皆出身貧微，而終能爲秦所重用。此中之差別對於社會禮制當不無影響。

在論文的第九章，筆者又將這種東周時期普遍流行的今、古式器物兼用的現象（復古之風）與禮制文獻中廣泛討論的「文、質之別」進行了關聯和比較，證明了二者間的確存在著極其密切的聯繫：「質」即是簡單、質樸之意，而「文」則指文華、文采（紋樣、裝飾之美）。在周人的認知體系中，由於對前代社會不甚瞭解，便簡單地認爲其禮制一定是十分簡略、樸素的，如食則茹毛飲血，居則橧巢營窟，祭則蕢桴土鼓等。於是凡有涉古之事，便需一律採取「尚質」的原則，如「玄酒」、「大路」、「疏布」（覆蓋玄酒之尊）、「鸞刀」、「大羹」的使用等；而「敬文」則成爲了對時下諸事、諸禮時所應遵循的原則，如崇尚「酒醴之味」、「黼黻文繡之美」、「丹漆雕幾之秀」等，當然「尚質」、「敬文」的差別還可以被進一步引申到生死觀的領域中（見第九章）。在東周時代，社會結構巨變，僭越之風盛行，傳統的主流貴族們嚮往昔日的榮耀和有序的統治秩序，便在社會上大力推崇「尊古、重古」的思潮，以示不忘禮之根本，而根本目的卻在維繫其統治上的合法性和禮制特權所在。由此「尊古、重古」便與「尚質」的原則緊密結合到一起。

這種意識形態上的變化進而影響到青銅禮器的製作與使用：不僅在社會上層開始流行使用今、古式兩套不同的器物組合，而且古式器物往往製作粗糙、簡單，紋飾簡略，甚至直以明器替代；而今式器物則精美厚重，多具使用痕跡。

　　不過考慮到「文、質之異」的探討所流行的時間（多記載於《禮記》之中），明顯晚於今、古式器物組合出現的年代（兩周之際），所以有理由認爲與此相關的禮制文獻的編撰，應當是在當時已推行了一段時期的社會禮制實踐的基礎上所作出的，是儒家學者對於社會現實的理論化的概括和總結。

　　另從本文的分析結果來看，「三禮」之中最爲核心的《儀禮》當主要編撰於戰國初年以後，大體參照的是當時中原地區所推行的禮器制度；而《禮記》雖多由漢儒編訂而成，但亦有不少記載確是從東周禮制中衍生而來，尤其是受到楚制的影響較大，這也是楚制、楚俗在漢初得到復興的一個重要體現和證明；《周禮》一書則是戰國後期的儒家學者們匯聚各地禮俗而擬構出的一套整齊劃一的理想化制度藍圖，在現實的禮制實踐中並未被推行過。將《周禮》看作是儒家學派對於周代社會、禮制的新設想和「改造」的集中成果，當是十分恰當的。而《儀禮》則更應被視作是一本宮廷的禮儀規則手冊。

　　此外，文中第十章又從金文的角度論證了銅器的稱名方式在東周時代所經歷的變化。可以發現，與前述鼎、豆、壺、盤、匜等青銅禮器從春秋至戰國日益繁縟（功能多樣、制度複雜、形制數量等差有別）的趨勢一樣，金文、簡牘中所見到的銅器名稱也經歷著複雜化的趨勢，其主要表現在以下兩大方面：一是代表銅器具體功能的專稱逐漸多樣化、地域化。像升（正、登）鼎、陪鼎（羞鼎）、湯鼎、饋鼎（盞）、薦鼎（鬲）、鑊鼎、鐈鼎、匜鼎、浴缶、罍等受各地方言影響的銅器專名先後出現；其二則是代表銅器使用場合、類別的「有限共名」的變化，從商、西周初年的「尊、彝」大共名逐步發展到西周時期的「寶、尊器」爲主，再在東周時期從中進一步分化出「食器」、「媵器」、「行器」、「用器」、「弄器」等不同類別。毋庸置疑，銅器的功能與使用方式都得到了極大地豐富，尤其是從最初單一的祭祀陳設（葬後代表身份）逐漸向與日常生活息息相關的各類器具的轉變，與戰國後期各地墓葬結構、隨葬品組成等方面的演化是一致的，集中地代表了人們對於青銅禮器所逐漸擁有的一種全新態度——青銅器緩緩褪去其神性，而向世俗化、生活化方向轉變。當然這其中的許多細節仍然是需要仔細斟酌的，像銅器的商品化過程究竟扮演了一個怎樣的角色，思想領域的變革對此又產生了怎樣的推動作用等等。

　　最後，我們還需回到本書之初所提到的一個尚未解答的問題：東周時代的禮制改革爲什麼會發生呢（改革的動力）？很顯然這是一個複雜的、多因

素促成的社會巨變，而筆者在這裡希望主要強調貴族內部的「新舊矛盾」所帶來的巨大影響。東周時代，政治、經濟體制的劇烈變革以及人口激增〔註4〕造成了貴族階層的不斷分化。一方面，大量名門望族因為世襲權力的喪失而日漸沒落，如《左傳・昭公三年》記載：「欒、郤、胥、原、狐、續、慶、伯，降在皁隸。」杜預注：「八姓，晉舊臣之族也」。同時許多貴胄之後的新生小貴族與主流氏族或者傳統統治階層間的血緣關係也日趨疏遠（小宗），難以享受其在政治、經濟上應有的特權，因而對現有的統治秩序產生強烈的不滿；另一方面，東周時期嚴峻的戰爭形勢催生了各國對於人才的強烈渴求，一些出身貧寒甚至起於庶人階層的有識之士，得以通過私學而迅速崛起，遊說六國，一展所長。傑出者如管仲、百里奚、吳起、龐涓、孫臏、蘇秦、白起、李斯等人，終能執掌一國之牛耳〔註5〕。這些新興的貴族自然迫切需要建立起符合他們要求的禮儀制度（通過僭越或創立新制的方式），即《左傳・襄公十年》所稱：「篳門閨竇之人而皆陵其上」。在此壓力下，為了繼續維持在禮制上的尊卑等差性（社會結構穩定的基礎），統治集團必須不斷樹立起新的禮制標準，或主動（南方楚文化區）或被動（中原地區）。在東周時期這主要是通過「復興古禮」運動來實現的，不過他們也仍然需要將中小貴族們的新設想納入到統一的制度中來，才能夠維持社會的和諧、穩定和保留住政府、軍隊的運作基礎（士）。

　　史墨在描述東周時代的社會結構巨變時，曾引用《詩經・十月之交》中的記載，「高岸為谷，深谷為陵」〔註6〕，可見其劇烈程度。相信正是在這種社會內部階級（人身等級關係）急速變革、調整的張力下，才促使新、舊禮制不斷產生、融合，推動了禮儀儀式和器用制度的日漸繁縟，終至積重難返的程度。

〔註4〕 Lothar von Falkenhasusen, Chinese Society in the Age of Confucius（1000-250 BC）, Universtiy of California, Los Angeles, 404～406.
〔註5〕 許倬雲：《春秋戰國間的社會變動》，在文中許先生通過詳盡梳理和統計文獻中所記載的東周時代的歷史人物的出身和活躍程度，揭示了從春秋到戰國公子階層、卿大夫階層和士階層的變遷情況。邢義田、林麗月主編：《社會變遷》，中國大百科全書出版社，2005年。40～66頁。
〔註6〕 《春秋左傳正義》，卷四二，5～6頁；卷五三，14頁。

參考文獻

（一）古籍文獻資料

1. 阮刻本《十三經注疏》,《上海古籍出版社》,1997 年。
2. 【清】胡培翬著、段熙仲點校:《儀禮正義》,上海古籍出版社,1993 年。
3. 【清】孫希旦:《禮記集解》,中華書局,1989 年。
4. 【清】孫詒讓:《周禮正義》,中華書局,1987 年。
5. 【清】凌廷堪著、彭林點校:《禮經釋例》,中央研究院中國文哲研究所,民國九十一年。
6. 楊伯峻:《春秋左傳注（修訂本）》,中華書局,1990 年。
7. （日）竹添光鴻:《左氏會箋》,（臺北）天工書局,2005 年再版。
8. 【清】顧棟高:《春秋大事表》,中華書局,1993 年。
9. 周祖謨:《爾雅校箋》,雲南人民出版社,2004 年。
10. 上海師範大學古籍整理研究所校點:《國語》,上海古籍出版社,1998 年。
11. 方詩銘、王修齡:《古本竹書紀年輯證（修訂本）》,上海古籍出版社,2005 年。
12. 【漢】宋衷注、【清】秦嘉秦嘉謨等輯:《世本八種》,中華書局,2008 年。
13. 【清】孫詒讓:《墨子閒詁》,中華書局,2001 年。
14. 【清】王先謙:《荀子集解》,中華書局,1988 年。
15. 黎翔鳳:《管子校注》,中華書局,2004 年。
16. 陳奇猷:《呂氏春秋校釋》,學林出版社,1984 年。
17. 【清】王先謙撰、鍾哲點校:《韓非子集解》,中華書局,1998 年。
18. 劉文典:《淮南鴻烈集解》,中華書局,1989 年。

19. 【漢】劉向撰、向宗魯校證：《説苑校證》，中華書局，1987 年。

20. 【漢】司馬遷撰、【宋】裴駰集解、【唐】司馬貞索隱、【唐】張守節正義：《史記》，中華書局，1959 年。

21. （日）瀧川資言：《史記會注考證》，北嶽文藝出版社，1998 年。

22. 【漢】班固撰、【唐】顏師古注：《漢書》，中華書局，1962 年。

23. 【漢】趙曄：《吳越春秋》，江蘇古籍出版社，1986 年。

24. 【漢】應劭：《漢官儀》，清孫星衍等輯《漢官六種》，中華書局，1990年。

25. 【漢】蔡邕：《獨斷》，程榮纂輯《漢魏叢書》，吉林大學出版社，1992年。

26. 《越絕書》，《二十五別史》（6），齊魯書社，2000 年。

27. 【清】顧炎武著、黃汝成集釋：《日知錄集釋》，上海古籍出版社，2006 年。

（二）田野考古資料

A

1. 安徽省六安縣文物管理所：《安徽六安縣城西窰廠 2 號楚墓》，《考古》1995年第 2 期。

2. 安徽省文物管理委員會、安徽省博物館：《壽縣蔡侯墓出土遺物》，科學出版社，1956 年。

3. 安徽省文化局文物工作隊：《安徽淮南市蔡家崗趙家孤堆戰國墓》，《考古》1963 年第 4 期。

4. 安徽省文物工作隊：《安徽長豐楊公發掘九座戰國墓》，《考古學集刊》2，中國社會科學出版社，1982 年。

5. 安徽省文物考古研究所等：《巢湖漢墓》，文物出版社，2007 年。

B

1. 寶雞市考古工作隊、寶雞縣博物館：《陝西寶雞縣南陽村春秋秦墓的清理》，《考古》2001 年第 7 期。

2. 北京大學考古學系、山西省考古研究所：《1992 年春天馬——曲村遺址墓葬發掘報告》，《文物》1993 年第 3 期。

3. 北京大學考古學系、山西省考古研究所：《天馬——曲村遺址北趙晉侯墓地第二次發掘》，《文物》1994 第 1 期。

4. 北京大學考古學系、山西省考古研究所：《天馬——曲村遺址北趙晉侯墓地第五次發掘》，《文物》1995 年第 7 期。

5. 北京大學考古學系、山西省考古研究所：《天馬——曲村遺址北趙晉侯墓地第六次發掘》，《文物》2001 第 8 期。

6. 北京大學考古學系商周組、山西省考古研究所：《天馬——曲村（1980～1989）》，科學出版社，2000年。

C

1. 蔡運章、梁曉景、張長森：《洛陽西工131號戰國墓》，《文物》1994年第7期。

2. 曹發展：《陝西戶縣南關春秋秦墓清理記》，《文博》1989年第2期。

3. 柴中慶等：《河南南陽楚彭氏墓地》，國家文物局主編《2008中國重要考古發現》，文物出版社，2009年。

4. 陳千萬：《谷城新店出土的春秋銅器》，《江漢考古》1986年第3期。

G

1. 郭寶鈞：《山彪鎮與琉璃閣》，科學出版社，1959年。

2. 郭寶鈞：《濬縣辛村》，科學出版社，1964年。

3. 甘肅省文物考古研究所、禮縣博物館：《禮縣圓頂山春秋秦墓》，《文物》2002年第2期。

4. 甘肅省文物考古研究所、禮縣博物館：《甘肅禮縣圓頂山98LDM2、2000LDM4春秋秦墓》，《文物》2005年第2期。

H

1. 侯俊傑等：《三門峽虢國墓地2009號墓獲重大考古成果》，《光明日報》1999年11月2日。

2. 河北省文化局文化工作隊：《河北邯鄲百家村戰國墓》，《考古》1962年第12期。

3. 河北省文化局文物工作隊：《河北邢臺南大汪村戰國墓簡報》，《考古》1959年第7期。

4. 河北省文物研究所：《燕下都》，文物出版社，1996年。

5. 河北省文物研究所：《譻墓——戰國中山國國王之墓》，文物出版社，1996年。

6. 河北省文物研究所：《戰國中山國靈壽城——1975～1993年考古發掘報告》，文物出版社，2005年。

7. 河北省文物研究所、邢臺市文物管理處：《河北邢臺市萬家莊10號墓的發掘》，《考古》2001年第2期。

8. 河南省博物館、新野縣文化館：《河南新野古墓葬清理簡報》，《文物資料叢刊》2，文物出版社，1978年。

9. 河南省文物管理局南水北調文物保護辦公室、南陽市文物考古研究所：《河南淅川縣徐家嶺11號楚墓》，《考古》2008年第5期。

10. 河南省文物考古研究所:《信陽長臺關四號楚墓的發掘》,《華夏考古》1997年第 3 期。

11. 河南省文物考古研究所:《新蔡葛陵楚墓》,大象出版社,2003 年。

12. 河南省文物考古研究所:《固始侯古堆一號墓》,大象出版社,2004 年。

13. 河南省文物考古研究所:《淅川和尚嶺與徐家嶺楚墓》,大象出版社,2004 年。

14. 河南省文物考古研究所:《新鄭鄭國祭祀遺址》,大象出版社,2006 年。

15. 河南省文物考古研究所:《鄭韓故城與弘花園與熱電廠墓地》,文物出版社,2007 年。

16. 河南省文物考古研究所、平頂山市文物管理委員會:《平頂山應國墓地八十四號墓發掘簡報》,《文物》1998 年第 9 期。

17. 河南省文物考古研究所、平頂山市文物管理局:《河南平頂山應國墓地八號墓發掘簡報》,《華夏考古》2007 年第 1 期。

18. 河南省文物考古研究所、平頂山市文物局:《平頂山應國墓地十號墓發掘簡報》,《中原文物》2007 年第 4 期。

19. 河南省文物考古研究所、三門峽市文物工作隊:《上村嶺虢國墓地 M2006 的清理》,《文物》1995 年第 1 期。

20. 河南省文物考古研究所、三門峽市文物工作隊:《三門峽虢國墓》第一卷,文物出版社,1999 年。

21. 河南省文物考古研究所、三門峽市文物工作隊:《三門峽虢國墓地 M2010 的清理》,《文物》2000 年第 12 期。

22. 河南省文物考古研究所、三門峽市文物工作隊:《三門峽虢國墓地 M2013 的發掘清理》,《文物》2000 年第 12 期。

23. 河南省文物考古研究所新鄭工作站:《新鄭市鄭韓路 6 號春秋墓》,《文物》2005 年第 8 期。

24. 河南省文物研究所:《信陽楚墓》,文物出版社,1986 年。

25. 河南省文物研究所:《河南省葉縣舊縣 1 號墓的清理》,《華夏考古》1988 年第 3 期。

26. 河南省文物研究所:《淅川下寺春秋楚墓》,文物出版社,1991 年。

27. 河南省文物研究所、平頂山市文管會:《平頂山市北滍村兩周墓地一號墓發掘簡報》,《華夏考古》1988 年第 1 期。

28. 河南省文物研究所、平頂山市文物管理委員會:《平頂山應國墓地九十五號墓的發掘》,《華夏考古》1992 年第 3 期。

29. 河南省文物研究所、周口地區文化局文物科:《河南淮陽馬鞍冢楚墓發掘簡報》,《文物》1984 年第 10 期。

30. 河南信陽地區文管會、光山縣文管會：《春秋早期黃君孟夫婦墓發掘報告》，《考古》1984 年第 4 期。

31. 湖北省博物館：《湖北枝江百里洲發現春秋銅器》，《文物》1972 年第 3 期。

32. 湖北省博物館：《襄陽山灣東周墓葬發掘報告》，《江漢考古》1983 年第 2 期。

33. 湖北省博物館：《襄陽蔡坡戰國墓發掘報告》，《江漢考古》1985 年第 1 期。

34. 湖北省博物館：《曾侯乙墓》，文物出版社，1989 年。

35. 湖北省博物館江陵工作站：《江陵馬山十座楚墓》，《江漢考古》1988 年第 3 期。

36. 湖北省荊沙鐵路考古隊：《包山楚墓》，文物出版社，1991 年。

37. 湖北省荊州地區博物館：《江陵天星觀 1 號楚墓》，《考古學報》1982 年第 1 期。

38. 湖北省荊州地區博物館：《江陵雨台山楚墓》，文物出版社，1984 年。

39. 湖北省荊州地區博物館：《江陵馬山一號楚墓》，文物出版社，1985 年。

40. 湖北省荊州博物館：《荊州天星觀二號楚墓》，文物出版社，2003 年。

41. 湖北省文物考古研究所：《江陵九店東周墓》，科學出版社，1995 年。

42. 湖北省文物考古研究所：《江陵望山沙冢楚墓》，文物出版社，1996 年。

43. 湖北省文物考古研究所：《湖北棗陽市九連墩楚墓》，《考古》2003 年第 7 期。

44. 湖北省文物考古研究所：《湖北麻城市李家灣春秋楚墓》，《考古》2000 年第 5 期。

45. 湖北省文物考古研究所：《襄陽王坡東周秦漢墓》，科學出版社，2005 年。

46. 湖北省文物考古研究所：《荊門左冢楚墓》，文物出版社，2006 年。

47. 湖北省文物考古研究所：《湖北隨州義地崗墓地曾國墓 1994 年發掘簡報》，《文物》2008 年第 2 期。

48. 湖北省文物考古研究所、湖北省文物局南水北調辦公室：《湖北鄖縣喬家院春秋殉人墓》，《考古》2008 年第 4 期。

49. 湖北省文物考古研究所、隨州市文物局：《湖北隨州市擂鼓墩墓群的勘查與發掘》，《考古》2003 年第 9 期。

50. 湖北省宜昌地區博物館：《當陽曹家崗 5 號楚墓》，《考古學報》1988 年第 4 期。

51. 湖北省宜昌地區博物館：《湖北枝江姚家港高山廟兩座春秋楚墓》，《文物》1989 年第 3 期。

52. 湖北省宜昌地區博物館、北京大學考古系：《當陽趙家湖楚墓》，文物出版社，1992 年。

53. 湖南省文管會：《長沙仰天湖第 25 號木槨墓》，《考古學報》1957 年第 2 期；

54. 湖南省博物館：《長沙瀏城橋一號墓》，《考古學報》1972 年第 1 期；

55. 湖南省博物館：《長沙子彈庫楚墓》，《文物》1974 年第 2 期：

56. 湖南省博物館：《長沙楚墓》，文物出版社，2000 年；

57. 湖南省博物館、中國社會科學院考古研究所：《長沙馬王堆一號漢墓》，文物出版社，1973 年。

58. 湖南省文物考古研究所等：《沅陵虎溪山一號漢墓發掘簡報》，《文物》2003 年第 1 期。

59. 淮陰市博物館：《淮陰高莊戰國墓》，《考古學報》1988 年第 2 期。

60. 黃岡市博物館等：《湖北黃岡兩座中型楚墓》，《考古學報》2000 年第 2 期。

J

1. 吉琨璋：《羊舌晉侯墓地》，《文物天地》2007 年第 3 期。

2. 吉琨璋等：《晉國華章——曲沃望絳墓地掃描》，《文物春秋》2000 年第 2 期。

3. 江陵縣文物工作組：《湖北江陵楚冢調查》，《考古學集刊》第 4 輯，中國社會科學出版社，1984 年。

4. 荊州博物館、鍾祥市博物館：《湖北鍾祥黃土坡東周秦代墓發掘報告》，《考古學報》2009 年第 2 期。

5. 荊州地區博物館：《湖北江陵藤店一號墓發掘簡報》，《文物》1973 年第 9 期。

6. 荊州地區博物館：《江陵張家山 201 號楚墓清理簡報》，《江漢考古》1984 年第 2 期。

K

1. 開封地區文管會等：《河南省新鄭縣唐户兩周墓葬發掘簡報》，《文物資料叢刊》2，文物出版社，1978 年。

2. 考古研究所洛陽工作隊：《洛陽西郊一號戰國墓發掘記》，《考古》1959 年第 12 期。

L

1. 劉得禎、朱建唐：《甘肅靈臺縣景家莊春秋墓》，《考古》1981 年第 4 期。

2. 盧連成、胡智生：《寶雞𢐗國墓地》，文物出版社，1988 年。

3. 臨汾地區文化局:《洪洞永凝堡西周墓葬發掘報告》,《三晉考古》第一輯,山西人民出版社,1994 年。

4. 六安縣文物管理所 褚金華:《安徽省六安縣城北楚墓》,《文物》1993 年第 1 期。

5. 洛陽博物館:《洛陽西工區戰國初期墓葬》,《文物資料叢刊》3,文物出版社,1980 年。

6. 洛陽博物館:《河南洛陽出土「繁陽之金」劍》,《考古》1980 年第 6 期。

7. 洛陽博物館:《河南洛陽春秋墓》,《考古》1981 年第 1 期。

8. 洛陽博物館:《洛陽哀成叔墓清理簡報》,《文物》1981 年第 7 期。

9. 洛陽市第二文物工作隊:《洛陽市道北鍛造廠戰國墓清理簡報》,《文物》1994 年第 7 期。

10. 洛陽市第二文物工作隊:《洛陽(洛界)高速公路伊川段 LJYM74 發掘簡報》,《文物》2001 年第 6 期。

11. 洛陽市第二文物工作隊:《洛陽市紗廠路東周墓(JM32)發掘簡報》,《文物》2002 年第 11 期。

12. 洛陽市文物工作隊:《洛陽兩座東周銅器墓》,《中原文物》1983 年第 4 期。

13. 洛陽市文物工作隊:《洛陽市西工區 203 號戰國墓清理簡報》,《中原文物》1984 年第 3 期。

14. 洛陽市文物工作隊:《洛陽西郊四號墓發掘簡報》,《文物資料叢刊》9,文物出版社,1985 年。

15. 洛陽市文物工作隊:《洛陽市中州中路東周墓》,《文物》1995 年第 8 期。

16. 洛陽市文物工作隊:《洛陽市 613 所東周墓》,《文物》1999 年第 8 期。

17. 洛陽市文物工作隊:《洛陽東周王城第 5239 號大墓發掘簡報》,《考古與文物》2000 年 4 期。

18. 洛陽市文物工作隊:《洛陽解放路戰國陪葬坑發掘報告》,《考古學報》2002 年第 3 期。

19. 洛陽市文物工作隊:《洛陽市西工區幾座春秋墓的清理》,《考古與文物》2003 年第 2 期。

20. 洛陽市文物工作隊:《洛陽王城廣場戰國墓(西區 M37)發掘簡報》,《文物》2009 年 11 期。

21. 洛陽市文物工作隊:《河南洛陽市潤陽廣場 C1M9950 號東周墓葬的發掘》,《考古》2009 年第 12 期。

22. 洛陽市文物工作隊:《洛陽王城廣場東周墓》,文物出版社,2009 年。

M

1. 馬俊才、張學濤：《上蔡縣郭莊楚墓》，《中國考古學年鑒》2007，文物出版社，2008 年。

N

1. 南陽市古代建築保護研究所：《南陽市煙草專賣局春秋、西漢墓葬的發掘》，《華夏考古》1999 年第 3 期。

2. 南陽市文物工作隊：《南陽市西關三座春秋楚墓發掘簡報》，《中原文物》1992 年第 2 期。

3. 南陽市文物考古研究所：《河南南陽市萬家園 M202 發掘簡報》，《中原文物》2007 年第 5 期。

4. 南陽市文物考古研究所：《南陽市萬家園 M181 發掘簡報》，《中原文物》2009 年第 1 期。

5. 南陽市文物考古研究所：《河南南陽春秋楚彭射墓發掘簡報》，《文物》2011 年第 3 期。

P

1. 平頂山市文物管理局、葉縣文化局：《河南葉縣舊縣四號春秋墓發掘簡報》，《文物》2007 年第 9 期。

Q

1. 喬保同等：《河南南陽楚墓發掘取得重大收穫》，《中國文物報》2008 年 8 月 29 日第 2 版。

S

1. 三門峽市文物工作隊：《三門峽市花園北街發現一座西周墓葬》，《文物》1999 年第 11 期。

2. 三門峽市文物工作隊：《三門峽市李家窯四十四號墓的發掘》，《華夏考古》2000 年第 3 期。

3. 三門峽市文物工作隊：《三門峽市盆景園 8 號戰國墓》，《中原文物》2002 年第 1 期。

4. 三門峽市文物考古研究所：《三門峽市西苑小區戰國墓（M1）發掘簡報》，《文物》2008 年第 2 期。

5. 山東省文物考古研究所：《曲阜魯國故城》，齊魯書社，1982 年。

6. 山東省文物考古研究所：《臨淄齊墓》（第一集），文物出版社，2007 年。

7. 山東省文物考古研究所、沂水縣文物管理站：《山東沂水劉家店子春秋墓發掘簡報》，《文物》1984 年第 9 期。

8. 山西省考古研究所：《山西長子縣東周墓》，《考古學報》1984 年第 4 期。

9. 山西省考古研究所：《上馬墓地》，文物出版社，1994 年。

10. 山西省考古研究所：《三晉考古》第一輯，山西人民出版社，1994 年。

11. 山西省考古研究所：《1976 年聞喜上郭村周代墓葬清理記》，《三晉考古》第一輯，山西人民出版社，1994 年。

12. 山西省考古研究所：《萬榮廟前東周墓葬發掘收穫》，《三晉考古》第一輯，山西人民出版社，1994 年。

13. 山西省考古研究所：《聞喜縣上郭村 1989 年發掘簡報》，《三晉考古》第一輯，山西人民出版社，1994 年。

14. 山西省考古研究所：《長治分水嶺東周墓地》，文物出版社，2010 年。

15. 山西省考古研究所：《山西絳縣橫水西周墓發掘簡報》，《文物》2006 年第 8 期。

16. 山西省考古研究所侯馬工作站：《山西侯馬下平望兩座東周墓》，《文物季刊》1993 年第 4 期。

17. 山西省考古研究所侯馬工作站：《侯馬市區東周墓葬、遺址發掘簡報》，《文物季刊》1996 年第 3 期。

18. 山西省考古研究所侯馬工作站：《晉都新田》，山西人民出版社，1996 年。

19. 山西省考古研究所、北京大學考古學系：《天馬──曲村遺址北趙晉侯墓地第三次發掘》，《文物》1994 第 8 期。

20. 山西省考古研究所、北京大學考古學系：《天馬──曲村遺址北趙晉侯墓地第四次發掘》，《文物》1994 第 8 期。

21. 山西省考古研究所 鄒林秀：《山西芮城東周墓》，《考古》1987 年第 12 期。

22. 山西省考古研究所、曲沃縣文物局：《山西曲沃羊舌晉侯墓地發掘簡報》，《文物》2009 年第 1 期。

23. 山西省考古研究所、山西省晉東南地區文化局：《山西省潞城縣潞河戰國墓》，《文物》1986 年第 6 期。

24. 山西省考古研究所、太原市文物管理委員會：《太原晉國趙卿墓》，文物出版社，1996 年。

25. 山西省文物工作委員會、洪洞縣文化館：《山西洪洞永凝堡西周墓葬》，《文物》1987 年第 2 期。

26. 山西省文物工作委員會晉東南工作組、山西省長治市博物館：《長治分水嶺 269、270 號東周墓》，《考古學報》1974 年第 2 期。

27. 山西省文物管理委員會：《山西長治市分水嶺古墓的清理》，《考古學報》1957 年第 1 期。

28. 山西省文物管理委員會侯馬工作站：《山西侯馬上馬村東周墓葬》，《考古》1963 年第 5 期。

29. 山西省文物管理委員會、山西省考古研究所：《山西長治分水嶺戰國墓第二次發掘》,《考古》1964 年第 3 期。

30. 陝西省考古研究所 安志：《陝西長武上孟村秦國墓葬發掘簡報》,《考古與文物》1984 年第 2 期。

31. 陝西省考古研究所寶雞工作站、寶雞市考古工作隊：《陝西隴縣邊家莊五號春秋墓發掘簡報》,《文物》1988 年第 11 期。

32. 陝西省考古研究院：《陝西韓城梁帶村遺址 M19 發掘簡報》,《考古與文物》2007 年第 2 期。

33. 陝西省考古研究院：《陝西韓城梁帶村遺址 M27 發掘簡報》,《考古與文物》2007 年第 6 期。

34. 陝西省考古研究院：《陝西韓城梁帶村遺址 M26 發掘簡報》,《文物》2008年第 1 期。

35. 陝西省考古研究院：《陝西韓城市梁帶村芮國墓地 M28 的發掘》,《考古》2009 年第 4 期。

36. 陝西省考古研究院：《陝西韓城梁帶村芮國墓地西區發掘簡報》,《考古與文物》2010 年第 1 期。

37. 陝西省文管會秦墓發掘組：《陝西戶縣宋村春秋秦墓發掘簡報》,《文物》1975 年第 10 期。

38. 陝西省文物管理委員會：《陝西寶雞陽平鎮秦家溝村秦墓發掘記》,《考古》1965 年第 7 期。

39. 陝西省雍城考古隊：《一九八一年鳳翔八旗屯墓地發掘簡報》,《考古與文物》1986 年第 5 期。

40. 陝西省雍城考古隊 尚志儒、趙叢蒼：《陝西鳳翔八旗屯西溝道秦墓發掘簡報》,《文博》1986 年第 3 期。

41. 陝西省雍城考古工作隊 吳鎮烽、尚志儒：《陝西鳳翔八旗屯秦國墓葬發掘簡報》,《文物資料叢刊》3,文物出版社,1980 年。

42. 隨州市博物館：《隨州擂鼓墩二號墓》,文物出版社,2008 年。

W

1. 王光永：《寶雞市渭濱區姜城堡東周墓葬》,《考古》1979 年第 6 期。

2. 王紅星 胡雅麗：《由包山二號楚墓看楚系高級貴族墓的用鼎制度──兼論周代鼎制的發展》,湖北省荊沙鐵路考古隊：《包山楚墓》附錄一五,477～487 頁,文物出版社,1991 年。

3. 王敏之：《河北唐縣出土西周歸父敦》,《文物》1985 年第 6 期。

4. 王明浩、楊霞：《洛陽東周王城考古有新發現》,《人民日報》（海外版）2003 年 6 月 25 日。

5. 王儒林、崔慶明:《南陽市西關出土一批春秋青銅器》,《中原文物》1982年第1期。

6. 王仲殊:《洛陽燒溝附近的戰國墓葬》,《考古學報》第八冊,1954年。

X

1. 西安市文物管理處:《陝西長安新旺村、馬王村出土的西周銅器》,《考古》1974年第1期。

2. 咸陽市文物考古研究所:《咸陽任家嘴春秋墓清理簡報》,《考古與文物》1993年第3期。

3. 襄樊市博物館:《湖北谷城、棗陽出土周代青銅器》,《考古》1987年第5期。

4. 襄樊市博物館:《湖北襄陽團山東周墓》,《考古》1991年第9期。

5. 襄樊市考古隊等:《棗陽郭家廟曾國墓地》,科學出版社,2005年。

6. 信陽地區文管會:《河南信陽發現兩批春秋銅器》,《文物》1980年第1期。

7. 信陽地區文管會、固始縣文化局:《固始白獅子地一號和二號墓清理簡報》,《中原文物》1981年第4期。

8. 信陽地區文管會、光山縣文管會:《河南光山春秋黃季佗父墓發掘簡報》,《考古》1989年第1期。

9. 信陽地區文管會、羅山縣文化館:《羅山縣高店公社又發現一批春秋時期青銅器》,《中原文物》1981年第4期。

Y

1. 楊富斗:《山西萬榮縣廟前村的戰國墓》,《文物》1958年第12期。

2. 楊富斗:《山西萬榮廟前村東周墓地調查發掘簡訊》,《考古》1963年第5期。

3. 尹俊敏:《〈南陽市西關出土一批春秋青銅器〉補記》,《中原文物》1982年第1期。

4. 尹盛平、張天恩:《陝西隴縣邊家莊一號春秋秦墓》,《考古與文物》1986年第6期。

5. 宜昌地區博物館:《湖北當陽趙巷4號春秋墓發掘簡報》,《文物》1990年第10期。

6. 宜昌博物館:《湖北當陽發現春秋時期人殉楚墓》,《江漢考古》1997年第3期。

7. 應山縣文化館文物組:《湖北應山吳店古墓葬清理簡報》,《文物》1989年第3期。

8. 雍城考古工作隊：《鳳翔縣高莊戰國秦墓發掘簡報》，《文物》1980 年第 9 期。

9. 岳陽市文物工作隊：《湖南省岳陽縣鳳形嘴山一號墓發掘簡報》，《文物》1993 年第期。

10. 運城行署文化局、運城地區博物館：《山西聞喜邱家莊戰國墓葬發掘簡報》，《考古與文物》1983 年第 1 期。

Z

1. 張劍、蔡運章：《洛陽白馬寺三座西周晚期墓》，《文物》1998 年第 10 期。

2. 張龍海：《山東臨淄出土一件有銘銅豆》，《考古》1990 年第 11 期。

3. 張天恩等：《韓城梁帶村墓地考古發掘：填補周代考古相關研究空白》，《中國文物報》2008 年 4 月 25 日第 5 版。

4. 張天恩、呂智榮：《陝西韓城梁帶村墓地 2007 年考古發掘》，國家文物局主編《2007 中國重要考古發現》，文物出版社，2008 年。

5. 趙慧民等：《山西臨猗縣程村兩座東周墓》，《考古》1991 年第 11 期。

6. 趙清等：《河南新鄭新禹公路戰國墓發掘簡報》，《考古》1994 年第 5 期。

7. 朱華：《聞喜上郭村古墓群試掘》，《三晉考古》第一輯，山西人民出版社，1994 年。

8. 早期秦文化聯合考古隊：《2006 年甘肅禮縣大堡子山東周墓葬發掘簡報》，《文物》2008 年第 11 期。

9. 鄭州市文物考古研究所、登封市文物局：《河南登封告成東周墓地三號墓》，《文物》2006 年第 4 期。

10. 鄭州市文物考古研究院、登封市文物管理局：《河南登封告成春秋墓發掘簡報》，《文物》2009 年第 9 期。

11. 鄭州市文物考古研究院、河南省文物管理局南水北調辦公室：《新鄭鐵嶺墓地 M429 發掘簡報》，《中原文物》2010 年第 1 期。

12. 中國科學院考古研究所：《輝縣發掘報告》，科學出版社，1956 年。

13. 中國科學院考古研究所：《上村嶺虢國墓地》，科學出版社，1959 年。

14. 中國科學院考古研究所：《洛陽中州路（西工段）》，科學出版社，1959 年。

15. 中國科學院考古研究所寶雞發掘隊：《陝西寶雞福臨堡東周墓葬發掘記》，《考古》1963 年第 10 期。

16. 中國社會科學院考古研究所：《陝縣東周秦漢墓》，科學出版社，1994 年。

17. 中國社會科學院考古研究所：《臨猗程村墓地》，中國大百科全書出版社，2003 年

18. 中國社會科學院考古研究所洛陽唐城隊：《1983 年洛陽西工區墓葬發掘簡報》，《考古》1985 年第 6 期。

19. 中國社會科學院考古研究所洛陽唐城隊：《河南洛陽市中州路北東周墓葬的清理》，《考古》2002 年第 1 期。

20. 中國社會科學院考古研究所洛陽唐城工作隊：《洛陽凱旋路南東周墓發掘報告》，《考古學報》2000 年第 3 期。

21. 駐馬店地區文化局、正陽縣文化局：《河南正陽蘇莊楚墓發掘報告》，《華夏考古》1988 年第 2 期。

（三）論著

B

1. 北京大學歷史系考古教研室商周組：《商周考古》，文物出版社，1979 年。

2. 畢經緯：《山東東周鼎簋制度初論》，《管子學刊》2010 年第 3 期。

C

1. 陳芳妹：《盆、敦與簋——論春秋早、中期間青銅粢盛器的轉變》，《故宮學術季刊》第二卷第三期，1985 年：

2. 陳芳妹：《簋與盂——簋與其他青銅粢盛器的關係》，《故宮學術季刊》1 卷第 2 期，1984 年：

3. 陳芳妹：《晉侯對鋪——兼論銅鋪的出現及其禮制意義》，《故宮學術季刊》17 卷第 4 期：

4. 陳芳妹：《宋古器物學的興起與宋仿古銅器》，《國立臺灣大學美術史研究集刊》第十期（臺北），2001 年。

5. 陳公柔：《士喪禮、既夕禮中所記載的喪葬制度》，《考古學報》1956 年第 4 期。

6. 陳平：《試論關中秦墓青銅容器的分期問題》，《考古與文物》1984 年第 3、4 期。

7. 陳克倫：《〈儀禮・士喪禮〉中所見喪葬、祭奠器物考略》《鄭州大學學報》哲學社會科學版，1989 年第 3 期。

8. 陳偉：《包山楚簡初探》，武漢大學出版社，1994 年。

9. 陳偉等著：《楚地出土戰國簡冊（十四種）》，經濟科學出版社，2009 年。

10. 曹瑋：《從青銅器的演化試論西周前後期之交的禮制變化》，《周秦文化研究》，陝西人民出版社，1998 年。

11. 陳振裕：《戰國秦漢漆器群研究》，科學出版社，2003 年。

12. 程永建：《東周王畿銅器墓用鼎狀況考察》，《考古與文物》2003 年第 1 期。

D

1. 鄧聲全：《清代〈儀禮〉文獻研究》，上海古籍出版社，2006 年。

2. 董全生、李長周：《南陽市物資城一號墓及其相關問題》，《中原文物》2004 年第 2 期。

3. 杜林淵、段熔：《試論楚國墓的頭向》，《延安大學學報》（社會科學版），第 28 卷第 3 期，2006 年 6 月。

4. 杜乃松：《從列鼎制度看「克己復禮」的反動性》，《考古》1976 年第 1 期。

F

1. 馮峰：《鄖縣喬家院春秋墓初識》，《南方文物》2009 年第 4 期。

G

1. 高崇文：《東周楚式鼎形態分析》，《江漢考古》1983 年第 1 期；

2. 高崇文：《兩周時期銅壺的形態學研究》，收入俞偉超主編：《考古類型學的理論與實踐》，177～220 頁，文物出版社，1987 年；

3. 高崇文：《淺談楚墓中的棺束》，《中原文物》1990 年第 1 期；

4. 高崇文：《試論晉南地區東周銅器墓的分期與年代》，《文博》1992 年第 4 期；

5. 高崇文：《試論先秦兩漢喪葬禮俗的演變》，《考古學報》2006 年第 4 期；

6. 高崇文：《試論周代棺槨構築程序及相關葬儀》，北京大學考古文博學院、中國國家博物館編著《俞偉超先生紀念文集》學術卷，文物出版社，2009 年；

7. 高崇文：《楚墓的考古發現與研究》，《古代文明》（8），文物出版社，2010 年；

8. 高崇文：《論漢簡〈葬律〉中的祭奠之禮》，《文物》2011 年第 5 期。

9. 高明：《中原地區東周時期青銅器研究》，《考古與文物》1981 年第 2～4 期。

10. 姑射：《太原金勝村 251 號墓墓主及年代》，《北方文物》1992 年第 1 期。

11. 郭寶鈞：《商周銅器群綜合研究》，文物出版社，1981 年。

12. 郭德維：《楚系墓葬研究》，湖北教育出版社，1995 年。

13. 郭沫若：《兩周金文辭大系圖錄考釋》，《郭沫若全集》考古編 7、8，科學出版社，2002 年。

H

1. 胡傳聳：《東周燕文化初步研究》，北京大學碩士研究學位論文，2006 年。

2. 胡新生：《周代殯禮考》，《中國史研究》1992 年第 3 期。

3. 胡雅麗：《包山二號楚墓所見葬制葬俗考》，《包山楚墓》附錄一四，文物出版社，1991 年。

4. 黃盛璋：《釋旅彝——銅器中「旅彝」問題的一個全面考察》，黃盛璋著《歷史地理與考古論叢》，齊魯書社，1982 年。

5. 黃錫全：《鄭臧公之孫鼎銘文考釋》，《考古》1991 年第 9 期；

6. 黃錫全：《先秦貨幣通論》，紫禁城出版社，2001 年。

7. 黃曉芬：《漢墓的考古學研究》，嶽麓書社，2003 年。

8. 侯外廬等：《中國思想通史》，第一卷，人民出版社，1957 年。

J

1. 賈連敏：《淅川和尚嶺、徐家嶺楚墓銅器銘文簡釋》，河南省文物考古研究所等編著《淅川和尚嶺與徐家嶺楚墓》，附錄一，大象出版社，2004 年。

2. 姜濤等：《商周時期應國考辨及其相關問題》，河南省文物考古學會編《河南文物考古論集》，河南人民出版社，1996 年。

L

1. 李伯謙：《從晉侯墓地看西周公墓墓地制度的幾個問題》，《考古》1997 年第 11 期；

2. 李伯謙：《晉侯墓地墓主之再研究》，北京大學中國傳統文化研究中心編《文化的饋贈》（考古學卷），北京大學出版社，2000 年。

3. 李伯謙：《晉侯墓地的發掘與研究》，上海博物館編《晉侯墓地出土青銅器國際學術研討會論文集》，上海書畫出版社，2002 年。

4. 李朝遠：《罍墓青銅器中所見戰國舊禮制的衰落》，《青銅器學步集》，文物出版社，2007 年。

5. 李豐：《黃河流域西周墓葬出土青銅禮器的分期與年代》，《考古學報》1988 年第 4 期；

6. 李豐：《虢國墓地銅器群的分期及其相關問題》，《考古》1988 年第 11 期。

7. 李宏：《輝縣琉璃閣墓地國別族屬考》，《中原文物》2008 年第 3 期。

8. 李家浩：《庚壺銘文及其年代》，《古文字研究》第十九輯，中華書局，1992 年。

9. 李零：《「楚叔之孫佣」究竟是誰》，《中原文物》1981 年第 4 期；

10. 李零：《論東周時期的楚國典型銅器群》，《古文字研究》第 19 輯，1992 年；

11. 李零：《再論淅川下寺楚墓》，《文物》1996 年第 1 期；

12. 李零：《論楚國銅器的類型》，《出山與入塞》，文物出版社，2004 年。

13. 林巳奈夫：《殷周時期青銅器之研究》，東京吉川弘文館，1984 年；《春秋戰國時期青銅器之研究》，《殷周青銅器綜覽》第三卷，吉川弘文館，1989 年。

14. 李學勤、李零：《平山三器與中山國史的若干問題》，《考古學報》1979 年第 2 期；

15. 李學勤：《論江淮間的春秋青銅器》，《文物》1980 年第 1 期；

16. 李學勤：《東周與秦代文明》，文物出版社，1984 年；

17. 李學勤：《楚青銅器與楚文化》，《綴古集》，上海古籍出版社，1998 年；

18. 李學勤：《新出青銅器研究》，文物出版社，1990 年；

19. 李學勤：《青銅器中的簠與鋪》，《中國古代文明研究》，華東師範大學出版社，2005 年。

20. 李學勤、李零：《平山三器與中山國史的若干問題》，《考古學報》1979 年第 1 期。

21. 梁雲：《周代用鼎制度的東西差別》，《考古與文物》2005 年第 3 期；

22. 梁雲：《戰國時期的東西差別——考古學的視野》，文物出版社，2008 年。

23. 林澐：《周代用鼎制度商榷》，《史學集刊》1990 年第 3 期；

24. 林澐：《讀包山楚簡札記七則》，《江漢考古》1992 年第 4 期。

25. 劉彬徽：《山東地區東周青銅器研究》，《中國考古學會第九次年會論文集》，文物出版社，1997 年；

26. 劉彬徽：《楚系青銅器研究》，湖北教育出版社，1995 年；

27. 劉彬徽：《早期文明與楚文化研究》，嶽麓書社，2001 年。

28. 劉和惠：《楚文化的東漸》，湖北教育出版社，1995 年。

29. 劉緒：《晉文化》，文物出版社，2007 年；

30. 劉緒：《晉乎？衛乎？——琉璃閣大墓的國屬》，《中原文物》2008 年第 3 期。

31. 劉緒、羅新：《天馬——曲村遺址晉侯墓地及相關問題》，《三晉考古》第一輯，山西人民出版社，1994 年。

32. 魯惟一：《通往仙境之路——中國人對長生之追求》，倫敦，1979 年。

33. 魯惟一：《漢代的信仰、神話與理性》，王浩譯，北京大學出版社，2009 年。

34. 羅森：《古代中國禮器——來自商和西周時期墓葬和窖藏的證據》，劉新光譯，《中國古代的藝術與文化》，北京大學出版社，2002 年。

35. 羅森：《是政治家，還是野蠻人？——從青銅器看西周》，《中國古代的藝術與文化》，北京大學出版社，2002 年。

36. 羅森：《西周青銅冶鑄技術的革命及其對各地鑄造業的影響》，《中國古代的藝術與文化》，北京大學出版社，2002 年。

37. 羅泰（Lothar von Falkenhausen）：The Bronzes from Xiasi and Their Owners，《考古學研究》（五），科學出版社，2003 年：

38. 羅泰：《有關西周晚期禮制改革及莊白微氏青銅器年代的新假設：從世系銘文說起》，中央研究院歷史語言研究所編：中國考古學與歷史學之整合研究》，《中央研究院歷史語言研究所會議論文集（四）》，1997 年。

P

1. 彭浩：《江陵馬山一號墓所見葬俗略述》，《文物》1982 年第 10 期。

2. 彭林：《儀禮全譯》，貴族人民出版社，1997 年。

3. 彭裕商：《西周銅簋年代研究》，《考古學報》2001 年第 1 期。

4. 彭裕商：《三門峽虢季墓新考》，《東方考古》第 2 輯，科學出版社，2005 年。

5. 彭裕商：《東周青銅盆、盞、敦研究》，《考古學報》2008 年第 2 期。

6. 蒲慕州：《追尋一己之福——中國古代的信仰世界》，上海古籍出版社，2007 年。

Q

1. 錢玄：《三禮名物通釋》，江蘇古籍出版社，1984 年。

2. 邱德修：《陪鼎考證——商周禮器考之一》，《故宮學術期刊》7 卷第 3 期，1990 年。

3. 邱德修：《鑊鼎考證——商周禮器考（一）》，《大陸雜誌》79 卷第 3 期，1989 年。

4. 邱德修：《商周用鼎制度之理論基礎》，臺北五南圖書出版股份有限公司，1989 年。

R

1. 容庚、張維持：《殷周青銅器通論》，文物出版社，1984 年。

2. 容庚：《商周彝器通考》，上海人民出版社，2008 年。

S

1. 沈文倬：《對〈士喪禮、既夕禮中所記載的喪葬制度〉幾點意見》，《考古學報》1958 年第 2 期。

2. 沈文倬：《略論禮典的實行和〈儀禮〉書本的撰作》，沈文倬著《宗周禮樂文明考論》，杭州大學出版社，1999 年。

3. 宋建：《關於西周時期的用鼎問題》，《考古與文物》1983 年第 1 期。

4. 宋玲平：《再議輝縣琉璃閣春秋大墓的國別》，《故宮博物院院刊》2003年第4期；

5. 宋玲平：《晉系墓葬制度研究》，科學出版社，2007年。

6. 孫華：《關於晉侯𩵋組墓的幾個問題》，《文物》1995年第9期。

7. 孫華：《晉侯穌／斷組墓的幾個問題》，《文物》1997年第8期。

8. 孫華：《周代前期的周人墓地》，《遠望集——陝西省考古研究所華誕四十週年紀念文集》，陝西人民美術出版社，1998年。

9. 孫華：《懸魚與振容》，《中國典籍與文化》，2000年第1期。

10. 孫華：《壽縣李三孤堆楚墓墓主的初步分析》，楚文化研究會編《楚文化研究論集》第七集，嶽麓書社，2007年。

11. 孫慶偉：《晉侯墓地M63墓主再探》，《中原文物》2006年第3期。

12. 孫慶偉：《試論曲沃羊舌墓地的歸屬問題》，北京大學震旦古代文明研究中心編：《古代文明研究通訊》總第三十三期，2007年6月。

13. 孫慶偉：《周代用玉製度研究》，上海古籍出版社，2008年。

T

1. 唐蘭：《陝西省博物館、陝西省文物管理委員會藏青銅器圖釋·序言》，文物出版社，1962年；

2. 故宮博物院編：《唐蘭先生金文論集》，紫禁城出版社，1995年。

3. 田河：《出土戰國遣策所見名物分類彙釋》，吉林大學博士論文，2007年。

4. 童書業：《春秋史》，上海古籍出版社，2010年。

W

1. 王國維：《觀堂集林》，中華書局，2004年。

2. 王恩田：《郳公孫敦的國別和年代》，《文物春秋》1992年第2期。

3. 王恩田：《東周齊國銅器的分期與年代》，《中國考古學會第九次年會論文集》，文物出版社，1997年。

4. 王紅星：《九連墩1、2號楚墓的年代與墓主身份》，楚文化研究會編《楚文化研究論集》第六集，湖北教育出版社，2005年。

5. 王紅星：《九連墩一、二號楚墓用鼎制度研究》，楚文化研究會編《楚文化研究論集》第七集，嶽麓書社，2007年。

6. 王紅星：《九連墩楚墓與荊州楚墓的異同》，楚文化研究會編《楚文化研究論集》第八集，大象出版社，2009年。

7. 王輝：《從考古與古文字角度看〈儀禮〉的成書年代》，《遠望集》，陝西人民美術出版社，1998年。

8. 王輝：《也說崇源新獲楚青銅器群的時代》,《高山鼓乘集——王輝學術文存二》,中華書局,2008 年。

9. 王立華：《試論楚墓木槨中的門窗結構及反映的問題》,《楚文化研究論集》第三集,湖北人民出版社,1994 年。

10. 王龍正等：《周代喪葬禮器銅翣考》,《考古》2006 年第 9 期。

11. 王龍正等：《新見應侯見工簋銘文考釋》,《中原文物》2009 年第 5 期。

12. 王青：《海岱地區周代墓葬研究》,山東大學出版社,2002 年。

13. 王學理等：《秦物質文化史》,三秦出版社,1994 年。

14. 王世民：《郭沫若同志與殷周銅器的考古學研究》,《考古》1982 年第 6 期。

15. 王世民：《關於西周春秋高級貴族禮器制度的一些看法》,收入王世民：《文物考古論集》,文物出版社,1986 年。

16. 巫鴻：《「明器」的理論和實踐——戰國時期禮儀美術中的觀念化傾向》,《文物》2006 年第 6 期。

17. 巫鴻：《中國早期藝術和建築中的紀念性》,斯坦福大學,1995 年。

18. 吳長青：《壽縣李三孤堆楚國大墓出土銅器的初步研究——以安徽省博物館藏該墓青銅器爲中心》,北京大學碩士研究生學位論文,2005 年。

X

1. 徐少華：《周代南土歷史地理與文化》,武漢大學出版社,1994 年。

2. 夏志峰：《新鄭器群三考》,河南博物院、臺北國立歷史博物館《新鄭鄭公大墓青銅器》,大象出版社,2001 年。

3. 謝堯亭：《〈士喪禮〉、〈既夕禮〉的考古學舉例》,《山西省考古學會論文集》(四),山西人民出版社,2006 年。

4. 徐中舒：《〈左傳〉的作者及其成書年代》,《徐中舒歷史論文選輯》(下),中華書局,1998 年。

Y

1. 楊寬：《戰國史》,上海人民出版社,2003 年。

2. 楊樹達：《積微居金文說》(修訂本),中華書局,1997 年。

3. 楊天宇：《〈儀禮〉的編纂、來源及其在漢代的流傳》,《史學月刊》1998 年第 6 期。

4. 印群：《黃河中下游地區的東周喪葬制度》,社會科學文獻出版社,2001 年。

5. 俞偉超：《先秦兩漢考古學論集》,文物出版社,1985 年。

6. 俞偉超、高明：《周代用鼎制度研究》,《北京大學學報》(哲學社會科學版),1978 年第 1、2 期,1979 年第 1 期。

7. 葉植：《楚式鼎芻議》，《江漢考古》1991 年第 4 期。

8. 余英時：《東漢生死觀》，侯旭東譯，上海古籍出版社，2005 年。

9. 袁豔玲：《長江流域東周青銅器研究──以楚系青銅器爲中心》，北京大學博士論文，2008 年。

10. 葉小燕：《秦墓初探》，《考古》1982 年第 1 期；《中原地區戰國墓初探》，《考古》1985 年第 2 期。

Z

1. 張昌平：《曾國銅器的發現與曾國地域》，《文物》2008 年第 2 期。

2. 張昌平：《曾國青銅器研究》，文物出版社，2009 年。

3. 詹鄞鑫：《神靈與祭祀：中國傳統宗教綜論》，鳳凰出版社，1992 年。

4. 張光裕：《新見楚式青銅器器銘試釋》，《文物》2008 年第 1 期。

5. 張劍：《淅川下寺楚墓的時代及其墓主》，《中原文物》1992 年第 2 期。

6. 張懋鎔：《芮國銅器初探──附論陜西韓城梁帶村墓地的國屬》，《中原文物》2008 年第 2 期。

7. 張天恩：《芮國史事與考古發現的局部整合》，《文物》2010 年第 6 期。

8. 張新斌：《輝縣固圍村戰國墓國別問題討論》，《中原文物》1994 年第 2 期。

9. 張辛：《論六尊六彝》，《考古學研究》（五），北京大學出版社，2005 年。

10. 張政烺：《哀成叔鼎釋文》，《古文字研究》第五輯，中華書局，1981 年。

11. 張亞初：《殷周青銅器器名、用途研究》，《古文字研究》第 18 輯。

12. 張亞初：《殷周金文集成引得》，中華書局，2001 年。

13. 張吟午：《先秦楚系禮俎研究》，《考古》2005 年第 12 期。

14. 趙化成：《周代棺槨多重制度研究》，《國學研究》第五卷，北京大學出版社，1998 年；

15. 趙化成：《從商周「集中公墓制」到秦漢「獨立陵園制」的演變軌跡》，《文物》2006 年第 7 期。

16. 趙世綱：《淅川下寺春秋楚墓青銅器銘文考索》，《淅川下寺春秋楚墓》附錄一，文物出版社，1991 年。

17. 鄭小爐：《吳越和百越地區周代青銅器研究》，科學出版社，2007 年。

18. 趙振華：《哀成叔鼎的銘文與年代》，《文物》1981 年第 7 期。

19. 趙瑞民、韓炳華：《晉系青銅器研究：類型學與文化因素分析》，山西人民出版社，2005 年。

20. 朱鳳瀚：《古代中國青銅器》，南開大學出版社，1995 年；

21. 朱鳳瀚：《中國青銅器綜論》，上海古籍出版社，2009 年。

22. 朱蔚：《〈儀禮・士喪禮〉、〈既夕禮〉所反映的喪葬制度研究》，廈門大學碩士學位論文，2008 年。

23. 祝振雷：《安徽壽縣蔡侯墓出土青銅器銘文集釋》，吉林大學碩士學位論文，2005 年。

（四）器物圖錄和古文字資料

B

1. 保利藝術博物館：《保利藏金》續，嶺南美術出版社，2001 年。

C

1. 陳佩芬：《夏商周青銅器研究》，上海古籍出版社，2004 年。

2. 陳芳妹：《商周青銅粢盛器特展圖錄》，臺北故宮博物院，1989 年。

G

1. 故宮博物院：《故宮青銅器》，紫禁城出版社，1999 年。

H

1. 河南博物院：《群雄逐鹿——兩周中原列國文物瑰寶》，大象出版社，2003 年。

2. 河南博物院、臺北國立歷史博物館：《新鄭鄭公大墓青銅器》，大象出版社，2001 年。

3. 河南博物院、臺北國立歷史博物館：《輝縣琉璃閣甲乙墓》，大象出版社，2003 年。

4. 湖北省博物館：《九連墩——長江中游的楚國貴族大墓》，文物出版社，2007 年。

5. 湖北省博物館、深圳博物館編：《劍舞九天——湖北出土楚文物展圖錄》，文物出版社，2010 年。

S

1. 孫秉君、蔡慶良：《芮國金玉選粹》，三秦出版社，2007 年。

2. 陝西省考古研究院：《吉金鑄華章——寶雞眉縣楊家村單氏青銅器窖藏》，文物出版社，2008 年。

3. 上海博物館：《晉國奇珍——山西晉侯墓群出土文物精品》，上海人民美術出版社，2002 年。

Y

1. 于洪亮：《臨淄新出土文物集粹》，中國國際廣播出版社，2006 年。

Z

1. 中國科學院考古研究所：《美帝國主義劫掠我國殷周青銅器集錄》，科學出版社，1962 年；

2. 中國科學院考古研究所：《殷周金文集成釋文》，香港中文大學中國文化研究所，2001 年。

3. 中國青銅器全集編輯委員會：《中國青銅器全集》（6～10），文物出版社，1997、1998、1995、1998 年。